Haag/Streber • Individuelle Förderung

Reihe »BildungsWissen Lehramt«
Herausgegeben von Eiko Jürgens

Band 124

Ludwig Haag / Doris Streber

Individuelle Förderung

Eine Einführung in Theorie und Praxis

Prof. Dr. Ludwig Haag und *Dr. Doris Streber* lehren an der Universität Bayreuth am Lehrstuhl Schulpädagogik.

Dieses Buch ist auch als E-Book erhältlich
(ISBN 978-3-407-29295-7).

Das Werk und seine Teile sind urheberrechtlich geschützt.
Jede Nutzung in anderen als den gesetzlich zugelassenen Fällen bedarf der vorherigen schriftlichen Einwilligung des Verlages. Hinweis zu § 52a UrhG: Weder das Werk noch seine Teile dürfen ohne eine solche Einwilligung eingescannt und in ein Netzwerk eingestellt werden. Dies gilt auch für Intranets
von Schulen und sonstigen Bildungseinrichtungen.

© 2014 Beltz Verlag · Weinheim und Basel
www.beltz.de

Lektorat: Heike Gras
Herstellung: Sarah Veith
Druck und Bindung: Beltz Bad Langensalza GmbH, Bad Langensalza
Umschlagabbildung: © Thinkstock
Reihengestaltung: glas ag, Seeheim-Jugenheim
Umschlaggestaltung: Sarah Veith
Printed in Germany

ISBN 978-3-407-25698-0

Inhalt

Vorwort 9

Einleitung 11

1. **Individuelle Förderung im Kontext der Unterrichtsforschung** 13

1.1 Studie zur Schul- und Bildungspolitik (2011) 13
1.2 Übersichten 14
1.2.1 Studien von Walberg 14
1.2.2 Hatties Befunde 15
1.2.3 Angebot-Nutzungs-Modell von Helmke (2003) 18
1.2.4 Merkmale guten Unterrichts (Meyer 2004) 19
1.3 Standards in der Lehrerbildung 21
1.3.1 Oser (2001) 22
1.3.2 KMK (2004) 23
1.3.3 Terhart (2006) 25
1.3.4 Zwischenfazit 25
1.4 Schulpädagogische Argumente 26
1.4.1 Begründungen von Kunze (2008) 26
1.4.2 Begründungen von Klafki und Stöcker (1982) 27
1.4.3 Gegen einen eingeschränkten Bildungsbegriff 27
1.4.4 Differenzierung und Individualisierung als Unterrichtsprinzip 28

2. **Begriffliche Klärungen** 30

2.1 Fachklassen- vs. Jahrgangsklassen-System 30
2.2 Heterogenität 34
2.2.1 Begriffliche Überlegungen 35
2.2.2 Heterogenität im Bildungswesen 36
2.3 Individualisierung 42
2.4 Differenzierung 43

2.4.1	Äußere Differenzierung	44
2.4.2	Innere Differenzierung	46
2.5	Individuelle Förderung	48
2.5.1	Kernaufgabe von Schule	48
2.5.2	Begrifflichkeit	49
2.5.3	Wirksamkeit von Förderung	53
2.5.4	Exkurs: Nachhilfe als individuelle Förderung	66
2.5.5	Fazit	69

3. Theoretische Begründungen … 70

3.1	Darstellung einschlägiger didaktischer Modelle unter dem Aspekt der Übertragbarkeit auf individuelle Förderung	72
3.1.1	Meilensteine – Klafki: Didaktische Analyse (1958) und Heimann: Berliner Didaktik (1962)	72
3.1.2	Von Ideengebern der Reformpädagogik zum didaktischen Ansatz der »optimalen Aktivierung«	77
3.1.3	Evolutionäre Didaktik (Scheunpflug 2001)	82
3.1.4	Reflexionsdidaktik/Fehlerkultur (Spychiger 2010)	84
3.2	Psychologisch orientierte Didaktiken	88
3.2.1	Aeblis operative Didaktik	88
3.2.2	Osers Basismodelle	93
3.3	Psychologische Ansätze	98
3.3.1	Motivationale Bedingungsfaktoren	99
3.3.2	Ansätze des situierten Lernens	101
3.3.3	Selbstgesteuertes Lernen (Haag 2011)	103
3.4	Wirkfaktoren erfolgreichen Lernens	106
3.4.1	Vorwissen sichern	106
3.4.2	Selbstorganisiertes Lernen	107
3.4.3	»Time on task« (Instruktionsquantität)	108
3.4.4	Lernstrategien	109
3.4.5	Individuelle Bezugsnorm	110
3.4.6	Zusammenfassendes Fazit über erfolgreiche Strategien der Förderung	111

4. Umgang mit Widerständen … 113

4.1	Beispiel aus eigener Forschung	116
4.2	Antinomien des Lehrerhandelns	122
4.2.1	Nähe-Distanz-Antinomie	123
4.2.2	Antinomie von Person und Sache	123

4.2.3	Antinomie von Einheitlichkeit und Differenz bzw. Homogenität vs. Heterogenität	124
4.2.4	Antinomie von Organisation und Interaktion	124
4.2.5	Antinomie von Autonomie und Heteronomie	124
4.3	Vorbehalte gegen das individuelle Fördern	125
4.4	Lösungsansatz: Wege vom Wissen zum Handeln	126
4.4.1	Subjektive Theorien als Schlüssel	127
4.4.2	Genese und Rechtfertigungspotenzial	127
4.4.3	Handlungsänderung über die Modifikation subjektiver Theorien	128
4.5	Möglichkeiten der Implementierung von neuen Wissens- und Handlungsbausteinen	131

5. Praktischer Umgang 134

5.1	Individuelle Förderung und motivationale Bedingungsfaktoren	134
5.1.1	Kompetenzerlebnisse	135
5.1.2	Selbstwirksamkeit	135
5.1.3	Selbstbestimmung, Mitbestimmung	136
5.1.4	Soziale Eingebundenheit	136
5.2	Classroom Management	139
5.2.1	Kounins Ansatz	140
5.2.2	Personenzentriertes Modell	141
5.2.3	Klassenführung im offenen Unterricht	142
5.2.4	Klassenführung bedeutet …	144
5.3	Weite didaktische Zugänge	145
5.3.1	Arbeitsplankonzept: Tagesplan – Wochenplan – Jahresplan	147
5.3.2	Stationenlernen/Werkstattunterricht	150
5.3.3	Freiarbeit	153
5.3.4	Tutorielles Lernen	154
5.3.5	Gruppenunterricht	156
5.3.6	Projektunterricht	160
5.3.7	Instruktionale Unterstützung	163
5.3.8	Hausaufgaben	164
5.4	Individuelle Förderung und Leistungsüberprüfung	166
5.4.1	Individuelle Bezugsnorm	167
5.4.2	Neue Prüfungskultur im Dienste einer Förderdiagnose	169
5.4.3	Beurteilungskonzept	175
5.5	Unterrichtsdiagnostik (EMU)	176
5.6	Förderpläne	178

5.6.1	Sinn von Förderplänen	178
5.6.2	Kriterien für das Erstellen	179
5.6.3	Konkrete Schritte	179
5.6.4	Beispiel von Förderplänen	182
5.7	Adaptive Lehrkompetenz	183
5.8	Merkmale gelingender individueller Förderung bei Nachhilfe	187
5.9	Umgang mit Heterogenität	191

6. Sinnvolle Bildungsgänge ... 194

6.1	Jahrgangsübergreifendes Lernen	196
6.2	Flexible Grundschule	199
6.3	Zusammenlegung von Haupt- und Realschule	200
6.4	Gemeinschaftsschule	201
6.5	Ganztagsschule	207
6.6.	Schlussgedanke	213

Literatur ... 214

Vorwort

Dieses Buch war lange überfällig. Endlich liegt eine Veröffentlichung zum schulischen Handlungsfeld der »Individuellen Förderung« vor, die den wissenschaftlichen Zusammenhang von Theorie, Empirie und Praxis herausarbeitet und begründet. Unstreitig gibt es – vor allem als Reaktion auf die Ergebnisse der internationalen Schulvergleichsstudien wie PISA und TIMSS – eine Reihe wichtiger Publikationen zu dieser Thematik, aber keine, die für Lehramtsstudierende und Referendare aller Schulformen grundständig die Entwicklung der individuellen Förderung anhand entsprechender Theoriebildungen und einschließlich didaktischer Modelle und Konzepte erörtert.

Die Komplexität und Differenziertheit der individuellen Förderung ist nämlich nur zu verstehen und zu ordnen, wenn besonderer Wert auf die Bedeutung einer umfassenden Gegenstands- und Begriffsbestimmung gelegt wird. Individuelle Förderung ist deshalb nicht allein aus der Didaktik oder eines didaktischen Theorieansatzes heraus begründbar, sondern basiert auf einem Bündel wichtiger Einflüsse aus verschiedenen Bezugswissenschaften der Schulpädagogik.

Es gelingt dem Autorenteam nicht nur vor diesem Hintergrund das Gegenstandsfeld äußerst klar und sachlogisch nachvollziehbar zu strukturieren, sondern auch, den Bezug zur Lehrerpersönlichkeit herzustellen, der von größter Relevanz für den Erfolg individueller Fördermaßnahmen ist. Es kommt nämlich nicht zuletzt auf den pädagogischen Bezug zwischen Lehrkraft und Lernenden an. Individuelle Förderung ist deshalb mehr als ein Maßnahmenkatalog oder Instrumentenkoffer. Individuelle Förderung ist abhängig von der pädagogischen Haltung von Lehrerinnen und Lehrern.

In diesem Buch wird dargelegt, warum das so ist und wie diese pädagogischen Grundüberzeugungen mit den wissenschaftlichen und empirischen Grundlagen der Modelle und Konzepte der individuellen Förderungen zu verbinden sind. Vor allem der Bezug zur Praxis erfolgt durch den Hinweis auf erprobte und bewährte Beispiele. In diesem Kontext wird auch der Bogen geschlagen zur Diagnostik, die integraler Bestandteil individueller Förderung ist und deshalb nicht fehlen darf.

Haag und Streber entwickeln detailliert und doch sehr übersichtlich die wissenschaftlichen Grundlagen für eines der wichtigsten Handlungsfelder in der Schule, indem sie, empirisch gestützt, Theorie und Praxis der Individuellen Förderung miteinander verbinden.

Bielefeld   Prof. Eiko Jürgens

Einleitung

Alle sollen zur gleichen Zeit dasselbe lernen – so lautet seit Jahrhunderten das Credo in der Allgemeinen Didaktik. Seit Bekanntwerden der PISA-Ergebnisse ist der Umgang mit Heterogenität eine Herausforderung für die Lehrkräfte aller Schularten – für die Lehrkräfte in der gemeinsamen Grundschule schon immer ein Tagesgeschäft. Individuelle Förderung und Differenzierung werden als Antworten auf diese Herausforderung gesehen – zweifelsohne eine weitere Steigerung der Komplexität pädagogischen Handelns.

Individualisierung, individualisiertes Lernen, individuelle Förderung, Differenzierung, differenzierter Unterricht, Umgang mit Heterogenität … Die Liste von Begriffen ließe sich fortsetzen, die derzeit die Schuldiskussion mitdominieren.

Im Grunde genommen geht es um eine Menschenbildannahme, inwiefern junge Menschen in Jahrgangsklassen als »Kollektiv« unabhängig von ihrem persönlichen Entwicklungsstand und gleichzeitig entsprechend ihren Fähigkeiten in »homogenen« Klassen unterrichtet werden oder ob sie eher entsprechend ihrem Entwicklungsstand in Fachklassen eingruppiert werden oder in »heterogener« Zusammensetzung gemeinsam beschult werden.

Schule tut sich hiermit schwer, wie im Augenblick die aktuell geführten Debatten um die Einführung von Gemeinschaftsschulen zeigen.

Wiater (2011) führt aus, dass das europäische Menschenbild den Menschen als Person von Anfang an sieht und »ausgestattet mit den Möglichkeiten, seine Personalität zu entwickeln und seine Individualität auszuprägen. Zu seiner Personalität gehören personale Würde, Entscheidungs- und Wahlfreiheit … Schließlich sei erwähnt, dass die Demokratie und erst recht die gesellschaftliche Entwicklung der Gegenwart die Entfaltung aller individuellen Dispositionen zum gesellschaftlichen Nutzen nötig macht« (S. 105/106).

Somit geht es also in vorliegendem Buch um eine Problematik von gesamtgesellschaftlicher und damit auch politischer Bedeutung: wie eine Gesellschaft strukturell Schule sieht und organisiert.

In vorliegendem Band wird der Umgang mit individueller Förderung als zentrale Lehrerkompetenz gesehen, die zur Professionalität beruflichen Handelns zählt. Lernende individuell zu fördern, ist für Lehrkräfte eine besondere Herausforderung. Dieses Buch soll ihnen dabei helfen, sie zu meistern.

In einem ersten Kapitel wird gefragt, welche Bedeutung der individuellen Förderung für gelingenden Unterricht zukommt. Hierzu wird eine Auswahl vorliegender Übersichtsartikel bzw. Metaanalysen zu gutem Unterricht angeführt. Der Begriff wurde in der Diskussion um Standards in der Lehrerbildung mitberücksichtigt. Es werden schulpädagogische Argumente vorgetragen, die individuelle Förderung als Gegenstand der Erziehungswissenschaft betonen.

Im zweiten Kapitel geht es um begriffliche Klärungen. Der Begriff der individuellen Förderung wird in all den Facetten umfassend beleuchtet, in denen er auftaucht. Diese Klärung ist wichtig, um den Gegenstand des Buches klar zu umreißen.

Im dritten Kapitel werden theoretische Begründungen individueller Förderung gegeben, damit wird ihr Facettenreichtum betont. Hier werden ebenso zentrale Meilensteine der Allgemeinen Didaktik bemüht, wie auch auf psychologisch orientierte Didaktiken zurückgegriffen wird. Weiterhin werden relevante Aspekte der Pädagogischen Psychologie für das vorliegende Thema berücksichtigt. Schließlich geht es um in der Forschung empirisch gut belegte Merkmale und damit Theoriebausteine, die für eine gelingende individuelle Förderung stehen.

In einem vierten Kapitel geht es um den Umgang mit Widerständen. Es geht konkret um die Frage, weshalb trotz einer Fülle an vorliegendem Material und Handreichungen zur individuellen Förderung die Umsetzung vor Ort nicht leichtfällt. Der Weg vom Wissen zum Handeln ist weit und nicht leicht, so die Befundlage. Möglichkeiten der Implementierung von neuen Wissens- und Handlungsbausteinen werden systematisch behandelt. Provozierend möchten wir behaupten: Individualisierung ist keine Technik, sondern findet im Kopf der Lehrperson statt.

Das umfangreichste Kapitel ist das fünfte. In ihm werden die bisherigen theoretischen Überlegungen zusammengeführt und Konsequenzen für die Praxis gezogen. Das Kapitel könnte auch heißen »Das alles bedeutet …«.

Im letzten Kapitel werden heute als sinnvoll erachtete und bereits praktizierte Bildungsgänge behandelt. Es geht um jahrgangsübergreifendes Lernen, um Zusammenlegungen einst getrennter Schularten, um die Gemeinschaftsschule und um die Potenziale der Ganztagsschule.

1 Individuelle Förderung im Kontext der Unterrichtsforschung

Dank der großen internationalen Schulleistungsstudien rückte in den letzten Jahren das Kerngeschäft von Schule, das Unterrichten, wieder stärker in den Fokus der Aufmerksamkeit. Bei dieser Diskussion wurde auch die Bedeutung des Lehrers für gelingenden Unterricht hervorgehoben.

Heute liegen unzählige Studien vor, die Bedingungen für Schülerleistungen erklären. Einen ausgezeichneten Überblick gibt Helmke (2010).

Vorneweg soll die Einstellung zum individuellen Fördern von Lehrern aufgezeigt werden, worüber eine Studie der Vodafone Stiftung Deutschland (2011) Auskunft gibt (1.1).

Dann sollen zunächst Übersichten bzw. Metaanalysen, in denen repräsentativ der Forschungsstand zusammengefasst und aufbereitet wird, wiedergegeben werden. Zunächst werden die beiden international bekanntesten Übersichtsstudien der Forschergruppen um Walberg und Hattie vorgestellt. National bekannt geworden sind das Angebot-Nutzungs-Modell von Helmke und Merkmalskataloge guten Unterrichts, stellvertretend hierfür soll Meyers Einteilung stehen (1.2).

Anschließend soll die Diskussion um Standards in der Lehrerbildung hinsichtlich individueller Förderung untersucht werden (1.3).

Schließlich werden schulpädagogische Argumente zusammengetragen (1.4).

1.1 Studie zur Schul- und Bildungspolitik (2011)

In einer repräsentativen Studie der Vodafone Stiftung Deutschland (2011) wurden Eltern und Lehrer zur Schul- und Bildungspolitik in Deutschland befragt. Hier werden exemplarisch für das Thema relevante Ergebnisse herausgegriffen.

Studie der Vodafone Stiftung Deutschland

Lehrer wurden nach Idealvorstellungen von einer guten Schule befragt. Es werden ausgewählte Items mit den Antworten vorgestellt (S. 21):

> »Muss in einer guten Schule unbedingt gegeben sein«:
> – engagierte Lehrer 94 %
> – gut ausgebildete Lehrer 85 %
> – gezielte Förderung von Kindern nach ihren Begabungen 74 %
> – spezielle Förderkurse für benachteiligte Schüler 71 %
> – gezielte Förderung von begabten Kindern 58 %

Befragung von Lehrkräften

Lehrer wurden im Schulalltag nach individuellen Förderungsmöglichkeiten befragt (S. 22):

	»Muss in einer guten Schule unbedingt gegeben sein«	»Trifft auf meine Schule zu«
gezielte Förderung von Kindern nach ihren Begabungen	74 %	24 %
spezieller Förderkurs für benachteiligte Kinder	71 %	36 %
zusätzliche Betreuung der Schüler durch Psychologen, Sozialarbeiter	62 %	29 %
gezielte Förderung von begabten Kindern	58 %	17 %

Der Fördergedanke ist in jedem Fall heute bei den Lehrkräften angekommen. Doch zwischen Anspruch und Wirklichkeit klafft im Bereich schulischer Förderung in der Wahrnehmung der Lehrkräfte eine große Lücke, und das bei der Bedeutung, die dieser Unterrichtsvariablen heute für gelingenden Unterricht zukommt, wie die folgenden Übersichten zeigen.

1.2 Übersichten

1.2.1 Studien von Walberg

International bekannt geworden sind Studien der Forschergruppe um Walberg. Viel zitiert ist die Aufstellung auf den Seiten 272 ff. des Artikels von Wang, Haertel und Walberg (1993), die aufgrund des umfangreichen Materials von 61 Unterrichtsforschungs-Experten, 91 Metaanalysen und 179 Handbuchartikeln und Reviews angefertigt wurde.

In vorliegendem Zusammenhang ist wichtig, dass die Lehrervariable »Instruktionsmethoden« ziemlich genau in der Mitte (t-Wert: 52) vor unterrichtsferneren Variablen wie Schulpolitik, Schulorganisation oder Curriculumfragen liegt. »Instructional strategies like reciprocal teaching, cognitive skills instruction, and *adaptive instructional systems* [eigene Hervorhebung] incorporate the kinds of proximal psychological variables which promote school learning« (S. 278).

Einflussfaktoren auf das Lernen (Rangreihe nach Wang, Haertel und Walberg 1993):

Einflussfaktoren auf das Lernen

- Klassenführung durch den Lehrer
- Metakognitive Kompetenzen der Schüler
- Kognitive Kompetenzen der Schüler
- Häusliche Umwelt und Unterstützung durch die Eltern
- Lehrer-Schüler-Interaktion
- Sozialverhalten
- Motivationale und affektive Faktoren
- Einbettung der Schüler in die Gruppe der Gleichaltrigen
- Instruktional genutzte Unterrichtszeit
- Schulkultur
- Klassenklima
- **Instruktionsmethoden**
- Organisation des Lehrplans
- Lehrer-Schüler-Unterrichtsgespräch
- Unterrichtsbewertung
- Einfluss der Gemeinde
- Psychomotorische Kompetenzen der Schüler
- Schuladministrative Entscheidungen
- Umsetzung des Lehrplans
- Elterliches Engagement in Schulfragen
- Unterstützungssysteme im Klassenzimmer
- Herkunft der Schüler
- Freizeitverhalten der Schüler
- Schuldemografie
- Politik des Staates und der Bezirke
- Schulpolitik und Schulorganisation
- Demografische Situation im Einzugsgebiet der Schüler
- Erreichbarkeit der Schule

1.2.2 Hatties Befunde (2009)

Mit seiner 2009 vorgelegten Synopse hat Hattie in beeindruckender Weise die Ergebnisse der empirischen Unterrichtsforschung aus über 800 Metaanalysen zusammengetragen und zu Kernaussagen über lernwirksame und lernunwirksame Faktoren gebündelt. Dabei wurden über

50 000 Studien mit ca. 83 Millionen Untersuchungsteilnehmern ausgewertet (Köller 2012a). Im Folgenden beziehen wir uns auf eine Zusammenfassung, die Köller 2012 vorlegte. In Tabelle 1 wird deutlich, dass mit 30 Prozent erklärter Varianz ein erheblicher Anteil auf die Quellen Lehrkraft und Unterricht zurückgeht – deutlich erklärungsmächtiger als Schulmerkmale.

Tab. 1: Bedeutung unterschiedlicher Quellen für erfolgreiches schulisches Lernen (nach Köller 2012a, S. 74, Tab. 1)

Quelle	Varianzanteil
Schüler	50 %
Familie	5–10 %
Peers	5–10 %
Schule	5–10 %
Lehrkraft und Unterricht	30 %

In einer weiteren Tabelle 2 werden Unterrichtsmerkmale Rahmenbedingungen gegenübergestellt. Hier wird in Einklang mit anderen vorliegenden Ergebnissen deutlich, dass es aufseiten der Unterrichtsvariablen weniger sogenannte Oberflächenmerkmale als vielmehr Tiefenmerkmale sind, die Leistungen steigern können. Es kommt eher auf kognitive Aktivierung der Schüler an als auf Rahmenbedingungen wie Reduzierung der Klassengröße oder Differenziertes Schulsystem.

Tab. 2: Unterrichtsmerkmale und Rahmenbedingungen in ihrer Wirkung auf Lernerfolge (nach Köller 2012a, S. 78, Tab. 6); d < 0: eine pädagogische Maßnahme schadet; 0 < d < .20: eine pädagogische Maßnahme schadet nicht; .20 < d < .40: Wissenszuwachs von ca. ½ Schuljahr; .40 < d < .60: Wissenszuwachs von ca. 1 Schuljahr; d > .60: äußerst erfolgreiche pädagogische Maßnahme

Unterrichtsmerkmale	d	Rahmenbedingungen	d
Unterrichtsqualität	.77	interne Differenzierung	.28
reziprokes Lernen	.74	Steigerung der Finanzen	.23
Lehrkraft-Schüler-Verhältnis	.72	Reduzierung der Klassengröße	.21
Feedback	.72	differenziertes Schulsystem (externe Differenzierung)	.12

Training von Selbstverbalisierungsstrategien	.67	jahrgangsübergreifender Unterricht	.04
metakognitive Strategien	.67	offener Unterricht	.01
direkte Instruktion	.59	Sommerferien	-.09
herausfordernde Ziele setzen	.59	Sitzenbleiben	-.16
mittlerer Effekt	*.68*		*.08*

Freilich ist diese Interpretation von Hattie, der sich auch Köller anschließt, so richtig, doch drei Dinge sind zu bedenken:

1. Schulisches Lernen darf sich nicht ausschließlich an kognitiv orientierten Schulleistungen messen lassen.
2. Die Rahmenbedingung »Interne Differenzierung« ist immerhin eine erfolgreiche pädagogische Maßnahme, indem sie Schülern einen Wissenszuwachs erlaubt, der in etwa mit dem Zuwachs in einem halben Schuljahr korrespondiert. Nach dem Motto »Auch Kleinvieh macht Mist« sollte dieser kleine positive Effekt nicht zu vernachlässigen sein, zumal sich auch bei der Rahmenbedingung »Interne Differenzierung« das Potenzial eines kognitiv aktivierenden Unterrichts förderlich auswirken kann.
3. Ein Lehrer, der sich individuelle Förderung auf seine Fahnen schreibt, wird auch eher bereit sein, folgende den Unterricht strukturierende Maßnahmen einzusetzen, die wiederum nach Hattie durchaus Effekte zeigen:
   – Peer-Tutoring: $d = .55$
   – Lernen in Kleingruppen: $d = .49$
   – individualisierte Instruktion: $d = .23$

   Und bei der individualisierten Instruktion merkt Hattie an, dass diese Maßnahme Lehrkräfte eher weniger beherrschen, da sie ja auf ganze Klassen fixiert und auch dementsprechend ausgebildet sind.

Abschließend sei Hattie (2009) zitiert:

»The conclusions are recast here as six signposts towards excellence in education: […]

3 – Teachers need to be aware of what each and every student is thinking and knowing, to construct meaning and meaningful experiences in light of this knowledge, and have proficient knowledge and understanding of their content to provide meaningful and appropriate feedback such that each student moves progressively through the curriculum level« (S. 238).

Diese Aussage ist bei vorliegendem Thema der individuellen Förderung sehr zentral: Erfolgreiches schulisches Lehren setzt bei den je individuellen Fähigkeiten und Fertigkeiten der einzelnen Schüler an; ein individuell gegebenes Feedback ist der Schlüssel für eigene Lernfortschritte.

1.2.3 Angebot-Nutzungs-Modell von Helmke (2003)

Im deutschsprachigen Raum ist das Angebot-Nutzungs-Modell von Helmke (2003) weit verbreitet (Abbildung 1).

Sechs Erklärungsblöcke

Das Modell sieht sechs Erklärungsblöcke vor: Lehrerpersönlichkeit, Klassenkontext und fachlicher Kontext, individuelle Eingangsvoraussetzungen, Mediationsprozesse auf Schülerseite, Lernaktivitäten der Schüler (Nutzung) und Unterricht.

Unterricht wird hier verstanden als ein Angebot, das noch keine Wirkungen per se garantiert, sondern diese sind davon abhängig, ob überhaupt und wie die Schüler das Angebot nutzen. Unterricht ist eine zentrale Größe auf der Angebotsseite. Helmke subsumiert hierunter eigens das übergeordnete »Universalprinzip der Passung«, »Adaptivität«, »sensibler Umgang mit Heterogenität und Individualisierung« (S. 43).

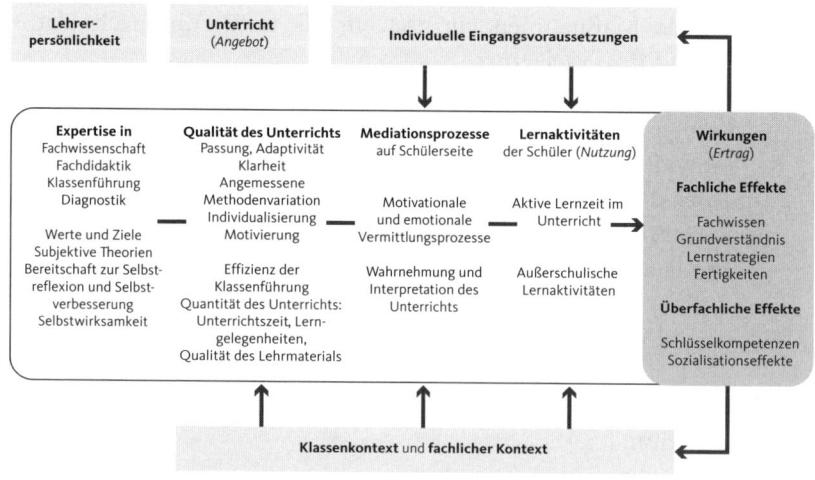

Abb. 1: Angebots-Nutzungs-Modell der Wirkungsweise des Unterrichts

1.2.4 Merkmale guten Unterrichts (Meyer 2004)

Die in diesem Kapitel vorgelegten Übersichten zeigen, welch große Bedeutung dem Lehrer für gelingenden, d.h. guten Unterricht zukommt. Neben Schülern mit ihrem Vorwissen und ihren Fähigkeiten werden Lehrer und großenteils damit zusammenhängend Unterrichtsmerkmale als erklärungsmächtigste Faktoren von Schülerleistungen gesehen.

So verwundert es nicht, dass heute Merkmalskataloge guten Unterrichts Hochkonjunktur in der Lehrerbildung haben, und zwar unserer Einschätzung nach in allen Phasen der Lehrerbildung. Hier wird den Praktikern ein Bündel an Merkmalen zur »Befolgung« an die Hand gegeben, das auf einigermaßen empirisch belastbaren Befunden beruht. Und ein Eingehen hierauf darf man als einen Fortschritt werten im Vergleich zu den jahrzehntelang in Deutschland vorliegenden normativen Entwürfen der Allgemeinen Didaktik, die für die Lehrerbildung bestimmend waren (vgl. die didaktischen Modelle Klafkis oder der Berliner Schule).

Merkmalskataloge haben Hochkonjunktur

Freilich soll nicht verschwiegen werden, dass die Attraktivität solch vorliegender Merkmalskataloge nicht ohne Bedenken ist, auf die Bohl und Kucharz (2010, S. 62 ff.) mit Recht hinweisen. So gelten die hier untersuchten Merkmale meistens für eher lehrerzentrierten Unterricht, inwieweit sie auf offene Unterrichtsformen übertragbar sind, bleibt in der Forschung eher unklar. Und Kontextbedingungen wie z.B. Klassengröße, unterschiedliche Fächer oder auch unterschiedliche Lernziele sind hierbei weniger erforscht.

Tabelle 3 (nach Bohl und Kucharz 2010, S. 65, Abb. 9) zeigt eine repräsentative Zusammenstellung solcher Merkmalskataloge.

Tab. 3: Merkmalskataloge »guten« Unterrichts

Lipowsky 2007	Meyer 2004	Helmke 2006
• allgemeindidaktische Merkmale	• klare Strukturierung	• effiziente Klassenführung und Zeitnutzung
• effektive Klassenführung	• hoher Anteil echter Lernzeit	• lernförderliches Klima
• klare Strukturierung	• lernförderliches Klima	• vielfältige Motivierung
• kooperatives Lernen	• inhaltliche Klarheit	• Strukturiertheit und Klarheit
• Übungen und Wiederholungen	• sinnstiftendes Kommunizieren	• Wirkungs- und Kompetenzorientierung
• Hausaufgaben	• Methodenvielfalt	
• Klassenklima	• individuelles Fördern	

- fachdidaktische Merkmale
- kognitive Aktivierung
- Fokussierung und inhaltliche Kohärenz
- Rückmeldungen

- intelligentes Üben
- transparente Leistungserwartungen
- vorbereitete Umgebung

- Schülerorientierung und Unterstützung
- Förderung aktiven, selbstständigen Lernens
- angemessene Variation von Methoden und Sozialformen
- Konsolidierung, Sicherung, Intelligentes Üben
- Passung an Schüler(gruppe)

Stellvertretend für einen Merkmalskatalog geben wir aus der Fülle mittlerweile vorliegender Aufstellungen und auch Interpretationen von Meyers Übersicht in Tabelle 4 die kommentierte Einteilung so wieder, wie sie Hilbert Meyer auf seiner Homepage veröffentlicht hat.

Tab. 4: Zehn Merkmale guten Unterrichts nach Meyer (2012)

1.	Klare Strukturierung des Unterrichts	Prozess-, Ziel- und Inhaltsklarheit; Rollenklarheit, Absprache von Regeln, Ritualen und Freiräumen
2.	Hoher Anteil echter Lernzeit	durch gutes Zeitmanagement, Pünktlichkeit; Auslagerung von Organisationskram; Rhythmisierung des Tagesablaufs
3.	Lernförderliches Klima	durch gegenseitigen Respekt, verlässlich eingehaltene Regeln, Verantwortungsübernahme, Gerechtigkeit und Fürsorge
4.	Inhaltliche Klarheit	durch Verständlichkeit der Aufgabenstellung, Monitoring des Lernverlaufs, Plausibilität des thematischen Gangs, Klarheit und Verbindlichkeit der Ergebnissicherung
5.	Sinnstiftendes Kommunizieren	durch Planungsbeteiligung, Gesprächskultur, Schülerkonferenzen, Lerntagebücher und Schülerfeedback
6.	Methodenvielfalt	Reichtum an Inszenierungstechniken; Vielfalt der Handlungsmuster; Variabilität der Verlaufsformen und Ausbalancierung der methodischen Großformen

7. **Individuelles Fördern**	durch Freiräume, Geduld und Zeit; durch innere Differenzierung und Integration; durch individuelle Lernstandsanalysen und abgestimmte Förderpläne; besondere Förderung von Schülern aus Risikogruppen
8. Intelligentes Üben	durch Bewusstmachen von Lernstrategien, Passgenauigkeit der Übungsaufgaben, methodische Variation und Anwendungsbezüge
9. Klare Leistungserwartungen und klare Rückmeldungen	durch Passung und Transparenz gerecht und zügig
10. Vorbereitete Umgebung	= verlässliche Ordnung, geschickte Raumregie, Bewegungsmöglichkeiten und Ästhetik der Raumgestaltung

Entsprechend der vorliegenden Befundlage beschreibt die OECD (2004) drei Hauptmerkmale, die ein erfolgreiches Schulsystem notwendigerweise erfüllen muss:

1. möglichst große Schulautonomie
2. Systeme zur Überprüfung von Schülerleistungen und Leistungen der Einzelschulen
3. umfassende Maßnahmen zur Unterstützung und Förderung von leistungsschwachen Schülerinnen und Schülern.

1.3 Standards in der Lehrerbildung

In moderner Lesart können die soeben genannten Merkmale auch als Standards und Kompetenzen in der Lehrerbildung betrachtet werden. Darauf gehen Frey und Jung in einer aktuellen Analyse ein. »Der Kompetenzbegriff wird nicht einheitlich definiert bzw. unterschiedliche Begrifflichkeiten – Kompetenz, Standards, Fertigkeiten, Qualifikation u. v. a. – werden für äquivalente oder sich überlappende Inhalte genutzt« (Frey/Jung 2011a, S. 54).

Hier sollen die unserer Meinung nach prominentesten Ansätze derzeit vorliegender Aufstellungen aufgezeigt werden.

1.3.1 Oser (2001)

Oser (2001) kommt das Verdienst zu, als erster im deutschsprachigen Raum die Lehrerausbildung so strukturiert zu haben, dass er sie auf berufliche Anforderungen bezog. Er entwickelte 88 Standards für die Lehrerbildung auf der Basis von Expertengesprächen mit Verantwortlichen der Lehrerbildung. Nachträglich wurden diese 88 Standards in 12 Gruppen unterteilt, die jeweils wiederum eine unterschiedliche Anzahl von Standards beinhalten. In Tabelle 5 ist in der linken Spalte die Übersicht nach Oser (2001) wiedergegeben, in der rechten Spalte sind die Erläuterungen eingefügt, wie sie Frey und Jung (2011b, S. 556) zusammengestellt haben.

Tab. 5: Übersicht über die Standardgruppen nach Oser (2001, S. 230)

1. Lehrer-Schüler-Beziehungen und fördernde Rückmeldung	positive Beziehung zum Schüler aufbauen, im Klassenzimmer ein menschliches, angstfreies Klima schaffen
2. Diagnose und Schüler unterstützendes Handeln	Schüler aufmerksam im Auge haben und bei kritischen Entwicklungen und Problemen eingreifen können
3. Bewältigung von Disziplinproblemen und Schülerrisiken	Regelung von Schwierigkeiten und Konflikten in der Klasse
4. Aufbau und Förderung von sozialem Verhalten	soziales Verhalten der Schüler und das Entstehen einer Gemeinschaft in der heterogenen Klasse fördern
5. Lernstrategien vermitteln und Lernprozesse begleiten	Schüler befähigen, selbstständig und effektiv zu lernen
6. Gestaltung und Methoden des Unterrichts	Gestaltung eines abwechslungsreichen und methodisch reichhaltigen Unterrichts
7. Leistungsmessung	Leistungen der Schüler vielseitig, gerecht und effizient überprüfen und beurteilen
8. Medien	Medien im Unterricht sinnvoll einsetzen
9. Zusammenarbeit in der Schule	Kooperation mit allen Personen, die ebenfalls an der Gestaltung der Schule beteiligt sind (Kollegen, Schulaufsicht, Eltern)
10. Schule und Öffentlichkeit	Kontakte zur Öffentlichkeit herstellen und die Schule nach außen vertreten

11. Selbstorganisationskompetenz der Lehrkraft	Wissen, Fähigkeiten und Ressourcen, um den Schulalltag ohne unnötigen Kräfteverschleiß erfolgreich zu bewältigen
12. Allgemeindidaktische und fachdidaktische Kompetenzen	klassische didaktische und fachdidaktische Kompetenzen

In folgenden Gruppen taucht individuelle Förderung auf:

Individuelle Förderung in den verschiedenen Gruppen Osers

Gruppe 5
Hier führt Oser aus, dass es darum geht, »dass Schüler und Schülerinnen lernen, zu ihrem eigenen Lernen, zu Fortschritt und Rückschritt, zum Umgang mit Fehlern ein ausgeglichenes Verhältnis entwickeln« (S. 234).

Ein Standard in dieser Gruppe lautet, dass gelernt wird, »wie vermieden werden kann, dass die stärkeren Schülerinnen und Schüler immer mehr und die schwächeren immer weniger gefördert werden (Differenzierung)« (S. 235).

Gruppe 6
Hier soll in der Lehrerbildung gelernt werden, »verschiedene Formen des individuellen und selbständigen Lernens im Unterricht zu verwirklichen« und »Gruppeneinteilung nach unterschiedlichen Kriterien und Prinzipien vorzunehmen und Gruppenresultate auf vielfältige Weise zu verarbeiten« (S. 236).

Gruppe 7
Angehende Lehrer müssen erfahren haben, wie oft subjektiv und ungerecht Beurteilungen nach der sozialen Bezugsnorm sein können. Sie sollen lernen, »einen Lernbericht nach Kriterien zu verfassen und mit Schülerinnen und Schülern bzw. Eltern zu besprechen« (S. 237). Hierauf wird näher bei der individuellen Bezugsnorm (5.4.1) und der Portfoliomethode (5.4.2) eingegangen.

1.3.2 KMK (Sekretariat der Ständigen Konferenz der Kultusminister der Länder) (2004)

Die Kultusministerkonferenz sieht es als zentrale Aufgabe an, die Qualität schulischer Bildung zu sichern. Ein wesentliches Element zur Sicherung und Weiterentwicklung schulischer Bildung stellt die Einführung von Standards und deren Überprüfung dar. Mit den Standards für die

Lehrerbildung definiert die Kultusministerkonferenz Anforderungen, die die Lehrerinnen und Lehrer erfüllen sollen.

Auch in den bildungswissenschaftlichen Standards für die Lehrerbildung der Kultusministerkonferenz (Sekretariat der Ständigen Konferenz der Kultusminister der Länder 2004) ist individuelles Fördern mit aufgenommen worden. So lautet ein curricularer Schwerpunkt in der Ausbildung von Lehrkräften: »Differenzierung, Integration und Förderung – Heterogenität und Vielfalt als Bedingungen von Schule und Unterricht« (S. 5).

Vier Kompetenzbereiche der KMK

Es werden folgende vier Kompetenzbereiche unterschieden, denen insgesamt zwölf Kompetenzen auf der Grundlage der Anforderungen beruflichen Handelns zugeordnet werden.

Diesen Kompetenzen werden wiederum Standards zugeordnet, die einerseits in theoretischen (schwerpunktmäßig in der universitären Ausbildung der 1. Phase) und andererseits in praktischen Ausbildungsabschnitten (schwerpunktmäßig im Vorbereitungsdienst der 2. Phase) erreicht werden sollen. Sie sind nicht als gegenseitige Abgrenzung zu verstehen.

- Kompetenzbereich: Unterrichten
  Lehrerinnen und Lehrer sind Fachleute für das Lehren und Lernen.
- Kompetenzbereich: Erziehen
  Lehrerinnen und Lehrer üben ihre Erziehungsaufgabe aus.
- Kompetenzbereich: Beurteilen
  Lehrerinnen und Lehrer üben ihre Beurteilungsaufgabe gerecht und verantwortungsbewusst aus.
- Kompetenzbereich: Innovieren
  Lehrerinnen und Lehrer entwickeln ihre Kompetenzen ständig weiter.

Im Kompetenzbereich »Beurteilen« lautet die Kompetenz 7 »Lehrerinnen und Lehrer diagnostizieren Lernvoraussetzungen und Lernprozesse von Schülerinnen und Schülern; sie fördern Schülerinnen und Schüler gezielt und beraten Lernende und deren Eltern« (S. 11).

Dabei werden für die theoretischen Ausbildungsabschnitte u. a. folgende Standards formuliert:

> »Die Absolventinnen und Absolventen …
> – wissen, wie unterschiedliche Lernvoraussetzungen Lehren und Lernen beeinflussen und wie sie im Unterricht berücksichtigt werden.
> – kennen Formen von Hoch- und Sonderbegabung, Lern- und Arbeitsstörungen.
> – kennen die Grundlagen der Lernprozessdiagnostik« (S. 11).

Für die praktischen Ausbildungsabschnitte lauten u. a. folgende Standards:

»Die Absolventinnen und Absolventen …
- erkennen Entwicklungsstände, Lernpotentiale, Lernhindernisse und Lernfortschritte.
- erkennen Lernausgangslagen und setzen spezielle Fördermöglichkeiten ein.
- erkennen Begabungen und kennen Möglichkeiten der Begabungsförderung« (S. 11).

1.3.3 Terhart (2006)

Für Terhart (2006) ist der Umgang mit Heterogenität zentral, wie seine Auflistung neuer, sowohl über die traditionellen als auch über die für alle Lehrkräfte gegenwärtig geltenden Erwartungen hinausgehender Kompetenzen zeigt (S. 234 f.). An erster Stelle nennt er
- »die Fähigkeit zum konstruktiven Umgang mit der wachsenden Heterogenität der Grundschüler«.

Diese Fähigkeit ergänzt er um
- »die Fähigkeit zum Erkennen von speziellen Lern- und Förderbedürfnissen«,
- »die Fähigkeit zur Bereitstellung eines stärker individualisierten Angebots von Lernmöglichkeiten«,
- »die Fähigkeit zur Zusammenarbeit mit Familien sowie mit außerschulischen Institutionen der sozialen Hilfe«.

1.3.4 Zwischenfazit

Individuelle Förderung wird von den Lehrkräften gefordert, die Umsetzung in den Schulen lässt noch zu wünschen übrig, so die eine Befundlage. Auf der anderen Seite zeigen die international wohl bekanntesten vorliegenden Metaanalysen, dass individuelle Förderung eine Conditio sine qua non für guten Unterricht ist. Diese Erkenntnisse fließen in Modelle, die guten Unterricht erklären, ebenso mit ein wie in vorhandene Merkmalskataloge guten Unterrichts. Folgerichtig wurde individuelle Förderung auch zu den Lehrerstandards mitaufgenommen.

So halten wir fest: Auch wenn mit individueller Förderung allein der Unterrichtserfolg noch keineswegs garantiert wird, so ist sie dennoch kein Selbstzweck, sondern eine unabdingbare Voraussetzung für die Sicherung anspruchsvollen Unterrichts.

Die Bedeutung von individueller Förderung

1.4 Schulpädagogische Argumente

1.4.1 Begründungen von Kunze (2008)

Warum individuelle Förderung?

Weshalb gerade heute unser vorliegendes Thema, bereits in der Reformpädagogik ein Topos (Oelkers 2005), wiederum gefordert wird, führt Kunze (2008) mit Begründungen aus:

- Seit dem eher mäßigen Abschneiden in den internationalen Schulleistungsvergleichsstudien wurden die verschiedensten Maßnahmen ergriffen. Ein gemeinsamer Kern betrifft verbesserten Umgang mit Heterogenität bzw. Differenzen.
- Die Grundschulen setzen bereits länger auf stärkere Individualisierung, was die weiterführenden Schulen in einen gewissen Zugzwang bringt. Grundschulen machen gute Erfahrungen mit binnendifferenzierenden und individualisierenden Maßnahmen, wie ja auch das Abschneiden bei IGLU gezeigt hat.

> IGLU ist die deutsche Abkürzung für Internationale Grundschul-Lese-Untersuchung. Die internationale Bezeichnung ist PIRLS (Progress in International Reading Literacy Study).
> In dieser Studie werden Lesefähigkeiten bzw. das Leseverständnis von Viertklässlern verglichen. Im Gegensatz zu den damals vorliegenden PISA-Ergebnissen liegen die Fähigkeiten der deutschen (Grund-)Schüler nach dieser 2003 veröffentlichten Studie im internationalen Vergleich erfreulicherweise im vorderen Mittelfeld (Bos et al. 2003).

- Das veränderte Schulwahlverhalten der Eltern hin zu höheren Schulabschlüssen mag ein Grund sein, dass Nachhilfe stärker nachgefragt wird. Diese zunehmende Nachfrage nach Nachhilfe wird auch als Versagen der Schule und der Bildungspolitik bewertet. Schulen kommen in Zugzwang, durch individualisierende Maßnahmen hier gegenzusteuern.
- Der soziologische Befund, dass sich Lebensverhältnisse und Lebensentwürfe heute immer stärker individualisieren, mag ein Grund für die stärkere Beachtung des Individuums auch im öffentlichen Schulwesen sein.
- Der in der Pädagogik geführte Heterogenitätsdiskurs liefert gewichtige Argumente, auch in der Schule die Heterogenität stärker zu beachten.
- Schule bot bisher unter der Prämisse gleicher Rechte allen Schülern das gleiche Bildungsangebot. Da dieses homogene Angebot nun

nachweislich zur Leistungsheterogenität führte, sollte das Angebot also auch heterogener gestaltet werden.

Durch eine vermeintliche Zusammensetzung homogener Schüler wird einer de facto existierenden Heterogenität ganz konkret im Unterricht zu wenig Aufmerksamkeit geschenkt. Deshalb ist heute die Notwendigkeit, Integration zu fördern und mit Heterogenität umgehen zu lernen, gesellschaftlich besonders spürbar.

1.4.2 Begründungen von Klafki und Stöcker (1982)

Klafki und Stöcker erheben bereits im Jahre 1982 Einwände dagegen, das Prinzip einer möglichst weitgehenden Homogenisierung der lernenden Gruppe durchzusetzen.

Einwände gegen Homogenisierung

- Selbst bei einer Reduktion der Klassenstärken wäre das Ziel, wirklich ausgangshomogene Klassen zu bilden, nur sehr begrenzt erreichbar.
- Rigorose Homogenisierung wäre nur möglich, wenn ein einziges Auswahlkriterium angelegt würde, doch da es auf mehrere ankommt, wäre es wahrscheinlich, dass die betreffenden Kriterien bei einzelnen Schülern oft unterschiedlich ausgeprägt wären.
- Die unterschiedlichen Lernmöglichkeiten von Schülern sind weitgehend sozialisationsbedingt und damit sozialschichtenbedingt; konsequente Homogenisierung führt daher zu einer Trennung von Kindern verschiedener Sozialschichten.
- Es gibt keine empirische Evidenz, dass alle Schüler in homogenen Lerngruppen erfolgreicher lernen.

1.4.3 Gegen einen eingeschränkten Bildungsbegriff

Wie oben aufgeführt, kann man die derzeitige Diskussion um individuelle Förderung als Reflex auf das Abschneiden in den PISA-Ergebnissen sehen. Messner (2003) setzt die PISA-Basiskompetenzen in Beziehung zu dem Begriff der Allgemeinbildung.

In diesem Zusammenhang darf man nach dem Bildungskonzept, das der individuellen Förderung zugrunde liegt, fragen. Und hier sind Parallelen zum PISA-Ansatz durchaus sichtbar.

Der Bildungsbegriff von PISA

Messner arbeitet heraus: PISA ist im Hinblick auf Inhalt und Reichweite seines Allgemeinbildungskonzepts in mehrfacher Hinsicht selektiv: Aus dem Fächerspektrum der Schule werden nur die Bereiche

Deutsch, Mathematik und Naturwissenschaften ausgewählt. Somit sind wesentliche Zielbereiche schulischer Bildung nicht Gegenstand von PISA. Dies betrifft beispielsweise die Bildungsgegenstände Geschichte, Sozialkunde oder die Fremdsprachen, dies betrifft aber auch spezifische Aspekte der schulischen Bildung, nämlich die umfassend sprachliche, die ästhetische, soziale und politische Dimension. Konkreter formuliert: Die soziale Dimension betrifft u. a. Aspekte des Zusammenlebens mit anderen, der politischen Verantwortlichkeit und des Einsatzes für das gemeinsame Wohl.

PISA bezieht sich eingeengt auf den sachlich-intellektuellen Gehalt der Fächer. Doch die handlungspraktisch-ethischen und kritischen Momente eines bildenden Fachunterrichts thematisiert PISA kaum.

Der schulischen Weltbegegnung ist stets eine erzieherische Dimension zu eigen. Diese lässt sich nicht allein durch Fachinhalte abbilden, sie wird vielmehr durch die Gestaltung von Schule und Unterricht als sozialem und kulturellem Raum repräsentiert. Hier ist auf den geläufigen Topos des »Erziehenden Unterrichts« zu verweisen, wie er in der Schulpädagogik seit Herbarts berühmtem Ausspruch diskutiert wird (vgl. Wiater 2009): »Und ich gestehe gleich hier, keinen Begriff zu haben von Erziehung ohne Unterricht; so wie ich [...] keinen Unterricht anerkenne, der nicht erzieht« (1806, S. 22).

Die Bildungsfrage wird bei PISA, ganz in ihrer Anlage als Schulvergleichsstudie, notwendigerweise auf das Produkt schulischen Lernens im Sinne messbarer Leistungen verlagert. Die gesamten Prozesse schulischen Lernens (Schlagworte wie »Erziehender Unterricht« oder »Sich-Bilden« sollen hier genügen) bleiben außen vor. »Insofern ist es kein Zufall, dass in der PISA-Folgen-Debatte die Tendenz besteht, die Bildungsfrage auf die Optimierung von Fachleistungen zu verkürzen« (Messner 2003, S. 409).

Und es ist darauf zu achten, dass individuelle Förderung nicht genau in diesem Duktus, unter diesem Bildungsbegriff, wie PISA ihn versteht, bildungstheoretisch eingeengt verortet wird. *Denn nach der Bildungsaufgabe von Schule geht es um eine Förderung in allen Persönlichkeitsdimensionen.*

1.4.4 Differenzierung und Individualisierung als Unterrichtsprinzip

Hier soll darauf hingewiesen werden, dass Differenzierung in der Schulpädagogik als Unterrichtsprinzip gesehen wird. Und nach Wiater (2011) wird Differenzierung in ihrer ausgeprägtesten Form zur Individualisierung, »dann nämlich, wenn die Heterogenität so groß ist, dass eine Gruppierung der Schüler beim Lernen nicht möglich ist« (S. 105).

Unterrichtsprinzipien sind nach Kiel (2013) übergreifende Handlungsempfehlungen oder Inszenierungshinweise für die Gestaltung von Unterricht als Lernangebot, die sich auf ausgewiesene normative, empirische und theoretische Prämissen gründen. Damit greift diese Definition zurück auf das bereits oben genannte Angebot-Nutzungs-Modell des Unterrichts von Helmke (2003).

Man unterscheidet häufig fundierende (manchmal auch konstituierende genannt) und regulierende Unterrichtsprinzipien, wenngleich diese Unterscheidung in der Literatur nicht wirklich disjunkt erfolgt. Für Wiater (2011) wie auch Kiel (2013) handelt es sich um ein regulierendes Unterrichtsprinzip. »Regulierende Unterrichtsprinzipien sind Grundsätze, deren Einhaltung einen erfolgreichen und – nach den Vorstellungen der jeweiligen Zeitepoche – guten Unterricht erwarten lassen« (Wiater 2011, S. 95). Dadurch soll sichergestellt werden, dass der geplante und durchgeführte Unterricht den aktuell gültigen didaktischen und pädagogischen Qualitätskriterien entspricht. Sie fungieren als regulative Ideen, an denen sich die methodischen Entscheidungen des Lehrers orientieren sollen, so Wiater weiter. Noch wichtig: Es muss darauf hingewiesen werden, dass regulierende Unterrichtsprinzipien überfachlich sind, sie in ihrer Geltung und Bedeutsamkeit aber in den unterschiedlichen Schulfächern variieren.

Einteilung von Unterrichtsprinzipien

Mit der Zuordnung von Differenzierung und Individualisierung neben Selbsttätigkeit bzw. Aktivierung, Veranschaulichung, Motivierung, Ganzheit, Zielorientierung und Zielverständigung, Strukturierung sowie Ergebnissicherung und Nachhaltigkeit zu den regulierenden Unterrichtsprinzipien wird vorliegendem Begriff eine besondere Bedeutung bei der methodischen Gestaltung von Unterricht zuteil.

2 Begriffliche Klärungen

Individualisierung, individualisiertes Lernen, individuelle Förderung, Differenzierung, differenzierter Unterricht, Umgang mit Heterogenität – allesamt zentrale Begriffe, die bei dem Thema auftauchen.

Bevor diese Begriffe in diesem Kapitel behandelt werden, soll es in einem ersten Unterpunkt um die Problematik Fachklassen vs. Jahrgangsklassen gehen. Man könnte auch sagen, dass aufgrund dieser Unterscheidung und letztendlich auch Festlegung im öffentlichen Schulsystem zugunsten von Jahrgangsklassen erst Probleme mit in Kauf genommen wurden, die zu lösen nun unter dem Stichwort Individualisierung erst heute in Angriff genommen wird.

2.1 Fachklassen- vs. Jahrgangsklassen-System

»Die pädagogische Herausforderung liegt – stark vereinfacht – darin, dass heterogene Lerngruppen auf eine Lehrerschaft stoßen, die eine homogene schulische Lerngruppe erwartet« (Scheunpflug 2008, S. 66).

Jawohl, wie im nächsten Unterpunkt aufgezeigt wird, ist das Jahrgangsklassen-System keineswegs so homogen, wie man mit seiner Einführung stillschweigend voraussetzte. Und eine solche Sichtweise ist auch der bisherigen Sichtweise zumindest der Allgemeinen Didaktik geschuldet, die eben Wert auf den Blick der Klasse als Ganzes legte.

Comenius: Omnes – omnia – omnino

Comenius, der als Wegbereiter der Schulorganisation des 19. Jahrhunderts gilt, war ein Verfechter eines homogenisierenden Lernens. Sein Leitmotto »Omnes – omnia – omnino« zielt auf eine Art gemeinsamer Schule für alle ab.

Seine Argumentation im Wortlaut:

»Aus folgenden Gründen kann die Jugend ohne Rücksicht auf ihre besondere Beschaffenheit mittels ein und derselben Methode geführt werden:
1. Alle sind von einer Natur.
2. Alle eilen dem gleichen Ziele zu.

Folgende drei Gründe sprechen dafür, dass die Jugend, wie auch ihr Charakter gemischt ist, gemeinsam und auf ein und dieselbe Art erzogen werden kann.
1. Alle Menschen, welches Gehabe sie auch an sich tragen, sind doch von menschlicher Beschaffenheit und derart ausgestattet, dass sie Menschen sind …
2. Alle sollen einem Ziel, nämlich der Heiligkeit, der Tugend und der Weisheit zugeleitet werden.
3. In sich und außer sich sollen sie zu einem Gleichgewicht gebracht werden. Die Charakterunterschiede sind […] ein Abweichen vom natürlichen Gleichgewicht. […] Denn darum haben wir unsere Methode an mittelmäßigen Köpfen, die wohl stets am häufigsten vorkommen, orientiert« (Comenius 1970 (1632), Kap. XII, S. 80/81).

Ingenkamp (1969) fasst die wichtigsten Prinzipien zusammen:

»1. Alle Menschen sollen zu den gleichen Zielen geführt werden und haben die gleiche Natur.
2. Die Verschiedenheit der geistigen Anlagen ist eine Anomalie, ein Mangel der natürlichen Harmonie, und kann durch die geeignete Methode ausgeglichen werden.
3. Dieselbe Methode gilt für alle Fächer und alle Schüler.
4. Das Pensum wird jahresweise bestimmten Altersstufen zugeordnet und in detaillierter, genau vorgeschriebener Reihenfolge durchgenommen.
5. Zur gleichen Zeit wird nur ein Gebiet behandelt. [Hier spricht er sich gegen die zeitgleiche Vielfächerei aus; dies wurde später, als man Comenius als Gewährsmann für Jahrgangsklassen zitierte, nicht mehr berücksichtigt.]
6. Der Lehrer kann sehr viele Schüler gemeinsam und gleichzeitig zum gleichen Ziel führen, wenn er sich nicht einzelnen Schülern individuell zuwendet« (S. 19).

Damit gilt Comenius als entscheidender Wegbereiter der Gliederung von Unterricht in Klassen und Jahrgänge. Jeder Klasse schreibt er im Ideal einen eigenen Raum, einen eigenen Lehrer, ein gemeinsames Buch und ein stufengemäßes Pensum zu. Die tiefere Begründung für das Jahrgangsprinzip sieht er in der Ordnung der von Gott geschaffenen Natur, welcher er in der Schule folgen will.
Demgegenüber schrieb knapp 200 Jahre später Herbart:

»Die Verschiedenheit der Köpfe ist das große Hindernis aller Schulbildung. Darauf nicht zu achten ist der Grundfehler aller Schulgesetze, die den Despotismus der Schulmänner begünstigen und alles nach einer Schnur zu hobeln veranlassen. Der Schein des Vielleistens, wo nicht viel geleistet werden kann [...] Bürgerschulen beklagen sich, wenn man ihnen die Kinder [...] zuweist, die für Gymnasien nicht taugen. Sie begreifen nicht, daß man ihnen die Vielseitigkeit zuweist« (Herbart 1957 (1826), S. 176).

Beispiele für die Geschichte der Klassenorganisation

Doch der Reihe nach, im Folgenden geben wir Beispiele für die Geschichte der Klassenorganisation, die für das deutsche Schulwesen wichtig sind. Dabei beziehen wir uns auf Ingenkamp (1969), der einen ausgezeichneten Überblick bietet.

Das früheste Zeugnis, nach dem Jungen (!) auf Klassen verteilt werden, stammt von Quintilian (40 n. Chr. – ca. 120 n. Chr., »pueros in classes distribuere«). Das Mittelalter kannte die Einrichtung der Schulklasse nicht. Der Unterricht wurde als Einzelunterricht, allenfalls als kollektiver Einzelunterricht geführt.

Zunächst dominierte ein Organisationsmodell, das nicht an Jahrgangsklassen, sondern am Lehrstoff ausgerichtet war, wie folgende Beispiele zeigen: Melanchthons im Jahre 1528 entworfene Kursächsische Schulordnung sah ausdrücklich die Versetzung nach individuellem Lerntempo vor. In Brandenburg erfolgte nach einer Ordnung von 1573 die Versetzung oder Zurückstellung alle zwei Monate. In Straßburg variierte die Zahl der Kurse von drei bis zehn, auch ihre Dauer war nicht einheitlich geregelt.

Francke

Im 18. Jahrhundert war in den höheren Schulen das Fachklassensystem vorherrschend. Ein Wegbereiter war August Hermann Francke, der dies 1696 im Pädagogium in Halle einführte (Ingenkamp 1969, S. 19 f.). Ihm ging es darum, die individuell unterschiedliche Leistungsfähigkeit zu berücksichtigen.

Das Fachklassensystem berücksichtigte die verschiedenen Eingangsvoraussetzungen und unterschiedlichen Lerngeschwindigkeiten der Schüler in verschiedenen Fächern und »ermöglichte durch einen Parallelismus der Lektionen (mehrere abgestufte Niveaukurse eines Faches werden gleichzeitig angeboten) die Kompensation sozialer Benachteiligungen und die besondere Förderung spezifischer Begabungen« (Müller/Zymek 1978, S. 77 f.). So konnte ein Schüler einen Mathematikkurs in Untersekundaniveau und einen Lateinkurs in Quintaniveau belegen. »In die damaligen Schulen wurden zu jeder Zeit des Jahres Schüler aufgenommen und nach ihren Kenntnissen in verschiedene Abteilungen eingestuft, die sie nach ihrem individuellen Lerntempo unterschiedlich schnell absolvierten« (Ingenkamp 1969, S. 15).

Condorcet

Einen ähnlichen Weg propagierte später Condorcet (1792) in Frankreich: Sein Bericht und Entwurf einer Verordnung über die allgemeine

Organisation des öffentlichen Unterrichtswesens, den er als Präsident und zugleich als Vorsitzender des Komitees für das öffentliche Unterrichtswesen der Nationalversammlung in Paris vortrug, erhielt seine weiterwirkende Kraft, indem diese Grundgedanken die Bildungssysteme aller modernen Industrienationen beeinflussen sollten (Condorcet 1966). Er plädierte in den Primärschulen dafür, die verschiedenen Unterrichtsgegenstände auf vier Kurse aufzuteilen, die jeweils für ein Jahr die Kinder mit **gemeinsamer Befähigung** (eigene Hervorhebung) beschäftigen sollen (S. 24). Weiter plädierte er aufbauend für ein Kurswahlsystem, bei dem ein Schüler, je nach Begabung, einen bis vier Kurse bei dem gleichen Lehrer besuchen kann: Innerhalb von fünf Jahren kann er den gesamten Stoff übersehen, »wenn er eine leichte Auffassungsgabe hat«, oder er kann sich auf ein einziges Gebiet beschränken, »wenn er weniger glücklich veranlagt ist«. Und weiter: »Man kann sogar in jedem Fach an diesem oder jenem Punkt verweilen und ihm mehr oder weniger Zeit widmen; so dass diese verschiedene Kombinationen sich für alle Begabungsarten und alle persönlichen Verhältnisse eignen« (Condorcet 1966, S. 44).

Schulze

Das Jahrgangsklassensystem wurde von Johannes Schulze um 1820 in Preußen eingeführt, parallel zur Einführung der allgemeinen Wehrpflicht. Trotz der damals vorherrschenden Kritik scheint bis zum Ende der Dreißigerjahre jedoch überall das Fachklassensystem durch das Jahrgangsklassensystem abgelöst worden zu sein. Merkmale waren die jahrgangsweise Einschulung, die jährliche Versetzung nach dem Leistungsstand in allen Fächern, der verbindliche Fächerkanon, die Wochenstundenzahlen und die detaillierte Stoffverteilung. Ingenkamp weist darauf hin, dass die Details der Institutionalisierung noch nicht genügend erforscht seien (1969, S. 22).

Die Einführung der Jahrgangsklasse kann als eine zentrale bildungspolitische Weichenstellung angesehen werden, die zunächst das höhere Schulwesen und sehr viel später erst die Volksschule betraf (s. dazu genauer Ingenkamp 1969, S. 24). Im Grundschulgesetz vom 11.8.1919 heißt es dazu: »Die Volksschule ist in den vier untersten Jahrgängen als die für alle gemeinsame Grundschule, auf der sich auch das mittlere und höhere Schulwesen aufbaut, einzurichten.«

Die Schüler wurden nicht nach Fach, sondern nach Alter gruppiert. Damit wurde Lebens- und Lernalter als gleichläufig angesehen, eine theoretische Annahme, die empirisch nie bewiesen wurde. Für den Problemkreis Klassengröße ist diese Neuerung deshalb von Bedeutung, weil Schülergruppen in allen Fächern gleich groß waren. Man verzichtete damit auf Flexibilität zugunsten einer bürokratischen Regelung.

Ingenkamp schließt seine Analysen mit folgendem Satz ab: »Der absolutistische Staat des 19. Jahrhunderts schuf eine Organisationsform, die seinen Interessen entsprach [d.h. durch möglichst gleichförmige Verhältnisse die Schulen besser kontrollieren zu können]. Wir sollten sorgfältiger als bisher prüfen, ob diese Form der Klassenorganisation tatsächlich auch den Interessen einer demokratischen Gesellschaft gerecht werden kann« (S. 42).

2.2 Heterogenität

Längsschnittstudie von Rohlfs

Ein kleiner Exkurs in das Freizeitverhalten heutiger Kinder soll zeigen, dass wir wohl in keinem Lebensbereich von homogenen Schülergruppen ausgehen dürfen. Beispielhaft am Freizeitverhalten aufgezeigt, kann man nicht von *dem* Freizeitverhalten sprechen. Es gestaltet sich in einem Spannungsfeld zwischen den Polen Individualität und Kongruenz, wie Rohlfs (2006) in einer Längsschnittstudie über das Freizeitverhalten von Grundschulkindern herausgearbeitet hat. So gibt es nicht pauschal die Medienkindheit. Vielmehr sind heutige Kinder auch Medienkinder. Sie beschäftigen sich mit Videospielen, doch genauso spielen sie Gesellschaftsspiele oder sie basteln und bauen. Auch gibt es nicht die verplante und institutionalisierte Kindheit. »Es ist auffällig, dass Kinder, die recht viel feste und regelmäßige Termine in der Woche wahrnehmen, auch ihre übrige Freizeit facettenreich gestalten und insbesondere sehr viel Wert darauf legen, diese Zeit mit ihren Freunden zu verbringen« (Rohlfs 2008, S. 21).

Allgemein lässt sich konstatieren, dass Kindheit heute von Heterogenität geprägt ist, Heterogenität verstanden »als eine Wechselbeziehung zwischen individueller Vielfalt (der Kinder und ihrer Deutungsmuster) und gesellschaftlicher Vielschichtigkeit (der Lebenswelten und Chancen der Kinder)« (Rohlfs 2008, S. 26).

Kiper (2008a) stellt den Umgang mit Heterogenität in einen gesamtgesellschaftlichen Zusammenhang und diskutiert ihn mit dem Ziel der Beförderung von Gerechtigkeit, Emanzipation und gesellschaftlicher Teilhabe. Hierzu macht sie (S. 79) mehrere Dimensionen mit entsprechenden Teilzielen auf (Tabelle 6).

Tab. 6: Dimensionen in Umgang mit Heterogenität nach Kiper (2008, S. 79)

	Teilziele (exemplarisch hier)
rechtliche Dimension	Menschenrechte für alle
politische Dimension	Verwirklichung der Demokratie
soziale Dimension	Herstellung sozialer Gerechtigkeit
wirtschaftliche Dimension	Förderung des Wohlstandes für Viele
kulturelle Dimension	gleicher Zugang zur Kultur
bildungsbezogene Dimension	»Gleicher Zugang zur Bildung für alle; Aufhebung der Privilegierung bestimmter gesellschaftlicher Gruppen durch Rahmenbedingungen der Bildung (Kosten, Zugangsmöglichkeiten, Auswahlverfahren, Struktur des Schul- und Bildungssystems; ungleich förderliche Bildungsgänge)« (S. 79)

2.2.1 Begriffliche Überlegungen

Doch wenn man die Schülerschaft insgesamt betrachtet, würde man sie altersgemäß im Vergleich zu Senioren als homogene Gruppe betrachten. Deshalb ist zunächst der allgemeinen Definition von Wenning (2007) zuzustimmen: »Heterogenität ist ein ›relativer‹ Begriff, sie hängt vom Maßstab ab und ist nur zusammen mit Homogenität zu betrachten, wird erst durch Vergleichsoperationen ›hergestellt‹ und ist wandelbar« (S. 24). Diese Definition impliziert auch, dass ein objektives Maß für Heterogenität nicht verfügbar ist.

Heterogenität: kein objektives Maß

Doch um mit dem Begriff arbeiten zu können, ist vorneweg eine Einengung notwendig: »Unter dem Stichwort ›Heterogenität‹ werden sowohl soziale oder kulturelle Unterschiede als auch die divergenten leistungsbezogenen Ausgangsbedingungen der Schülerschaft gefasst« (Gröhlich/Scharenberg/Bos 2009, S. 87).

Wenn wir heute im Kontext von Schule von Heterogenität sprechen, wird wie auch bei der soeben gegebenen Definition Heterogenität allein auf die Schülerschaft reduziert. Heterogenität besteht beispielsweise auch hinsichtlich der Lehrer, was gerade in einem Kollegium deren Alter betrifft, oder der Eltern, was deren Engagement für schulische Belange insgesamt oder insbesondere für ihr eigenes Kind angeht, oder auch bezüglich der Ausstattung mit Lehrmaterialien in der Schule.

2.2.2 Heterogenität im Bildungswesen

Umgang mit Heterogenität ist heute mehr als ein Schlagwort im Bildungskontext (im Folgenden Haag/Streber 2012). Während ein Strukturmerkmal der Bildungssysteme moderner Gesellschaften eine einheitliche Beschulung im Primarbereich ist, variieren jedoch im Sekundarbereich strukturelle Modelle zwischen den Ländern z. T. erheblich. Während beispielsweise Finnland oder Schweden das Prinzip der einheitlichen Beschulung auch im Sekundarbereich beibehalten, weisen gerade die deutschsprachigen Länder Deutschland, Österreich und Schweiz eine leistungsbezogene Differenzierung nach Schulformen auf.

Sehnsucht nach homogenen Lerngruppen

Für Deutschland kann die versuchte Homogenisierung von Lerngruppen als die »dominierende Strategie« des Schulsystems bezeichnet werden (Tillmann/Wischer 2006, S. 45). »Dieser Maßnahme liegt eine regelrechte ›Sehnsucht nach der homogenen Lerngruppe‹ [...] und die Überzeugung zugrunde, dass sich der Unterrichtsstoff in homogenen Lerngruppen leichter auf ein mittleres Niveau ausrichten lasse, um Überforderung bei den Leistungsschwächeren und Unterforderung bei den Leistungsstärkeren zu vermeiden« (Bos/Scharenberg 2010, S. 73 f.).

Ausnahme bleibt die Grundschule. Mit dem Prinzip sozialer Koedukation in der Weimarer Verfassung von 1919 wird Heterogenität der Normalfall. »Die ausgeprägte Heterogenität der Schülerschaft bedingt eine grundschulpädagogische Theorie, die ›Vielfalt in der Gemeinsamkeit‹ als Gegebenheit und Chance versteht und gleichermaßen ›Gemeinsamkeit in der Vielfalt‹ als Aufgabe im Blick behält« (Schorch 2007, S. 84).

Seit den Ergebnissen der PISA-Studien sehen sich gerade diese Länder mit gegliederten Systemen verstärkter Kritik ausgesetzt. So ist die sozial selektive Verteilung der Schüler auf die verschiedenen Schulformen in einem gegliederten Bildungssystem ein gut dokumentierter Befund (Maaz/Watermann/Baumert 2007). Dazu kommt es zu einer größeren Leistungsheterogenität zwischen den Schulformen, als eigentlich durch die Homogenisierungsmaßnahme intendiert ist.

Sogenannte Homogenitätserwartungen wurden in den letzten Jahren gerade durch die PISA-Ergebnisse erschüttert. In nationalen sowie internationalen Vergleichen gab es in der Lesekompetenz und mathematischen Grundbildung Überlappungen zwischen Hauptschulklassen und Gymnasialklassen, wie exemplarisch die Abbildungen 2–5 zeigen.

In Abbildung 2 wird deutlich, dass sich die mittleren Leistungsniveaus der Schüler der vier Bildungsgänge erheblich unterscheiden. So liegt beispielsweise der Mittelwert der Hauptschule bei 394, der des Gymnasiums bei 582. Und dennoch gibt es erhebliche Überlappungen – auch eine gemeinsame Schnittmenge zwischen Hauptschule und Gymnasium.

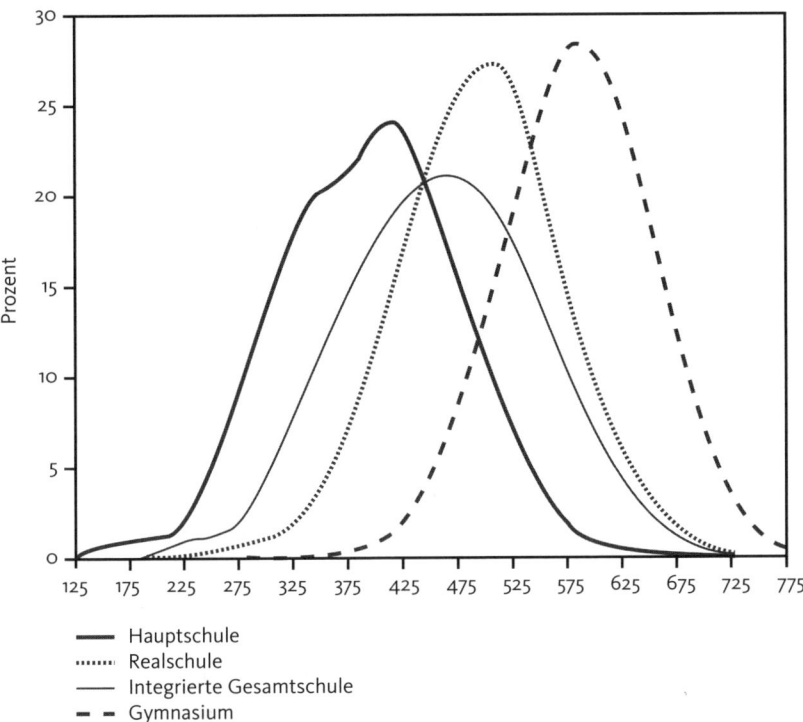

Abb. 2: Verteilung der Lesekompetenz nach Bildungsgang (aus: Deutsches PISA-Konsortium 2001, S. 121)

Auch in Abbildung 3 sind deutliche Überlappungen erkennbar. Der Mittelwert des Gymnasiums (M = 579) wird noch von 13 Prozent der Realschüler und 8 Prozent der Schüler in integrierten Bildungsgängen erreicht oder überschritten.

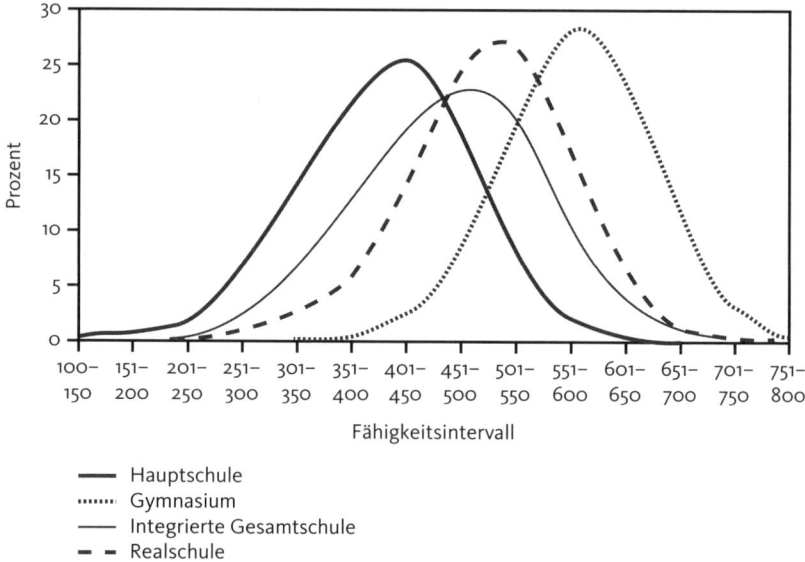

Abb. 3: Verteilung der mathematischen Kompetenz nach Bildungsgang (aus: Deutsches PISA-Konsortium 2001, S. 180)

Im Vergleich der Schulformen fällt auch in PISA 2003 auf, dass trotz der signifikant verschiedenen Mittelwertunterschiede für Schüler unterschiedlicher Schulformen Überschneidungen zwischen den Schulformen erheblich sind (Abbildung 4 und 5). Dies heißt letztendlich, dass man in jeder Schulform Schüler auf allen Kompetenzstufen findet.

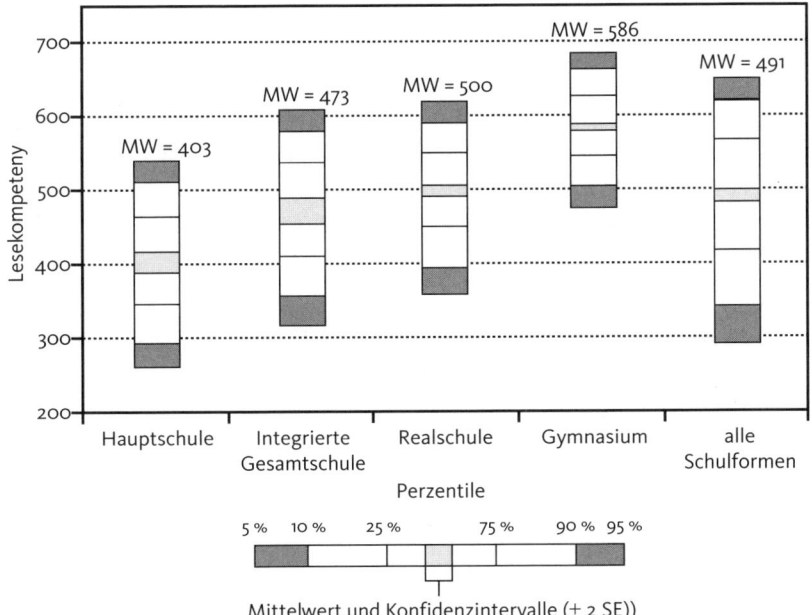

Abb. 4: Perzentilvergleich für die Lesekompetenz nach Bildungsgang in PISA 2003 (aus: PISA-Konsortium Deutschland 2004, S. 106)

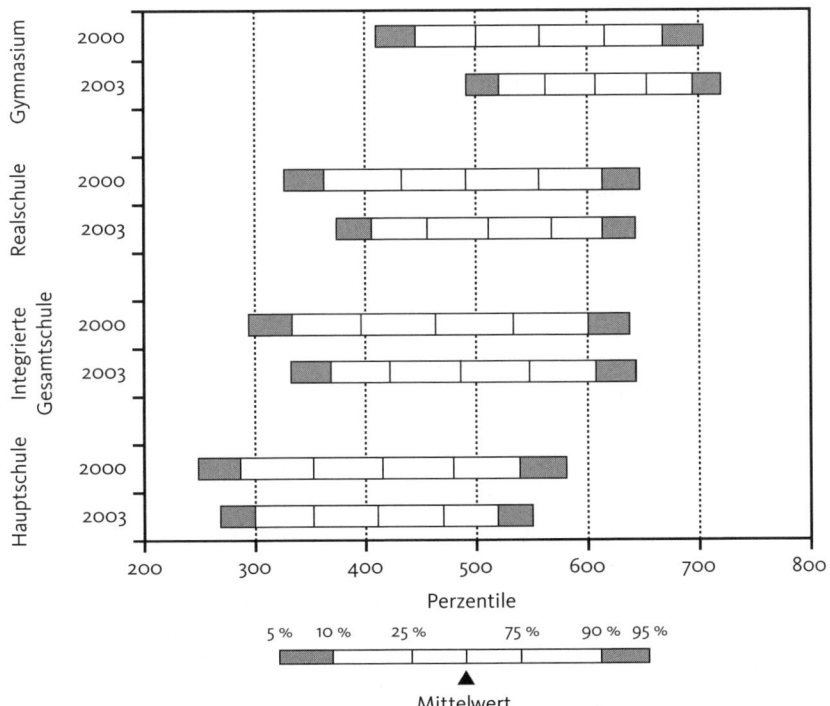

Abb. 5: Perzentilvergleich für die mathematische Kompetenz nach Bildungsgang in PISA 2000 und 2003 (aus: PISA-Konsortium Deutschland 2004, S. 87)

In der KESS-Studie (Bos/Pietsch 2006) konnte nachgewiesen werden, dass das gegliederte Schulwesen leistungsheterogen durchmischt ist. In Tabelle 7 sind die Schullaufbahnpräferenzen der Lehrer und die Kompetenzen, über Leistungstests am Ende der vierten Jahrgangsstufe der Hamburger Grundschüler erfasst, vergleichend zu betrachten. Gerade bei der Realschule wird deutlich, dass sich die Schüler aller drei diagnostizierten Leistungsbereiche im Lehrerurteil für die Realschule wiederfinden lassen.

Tab. 7: Schullaufbahnpräferenz der Lehrkräfte differenziert nach Leistungsbereichen (KESS 4-Studie; Bos et al. 2007, S. 281)

	Hauptschule	Realschule	Gymnasium	total
unterer Leistungsbereich	**59,6 %**	32,3 %	8,2 %	100,1 %
mittlerer Leistungsbereich	24,6 %	**44,2 %**	31,1 %	99,9 %
oberer Leistungsbereich	6,3 %	29,7 %	**64,1 %**	100,1 %

Die Debatte um Heterogenität in der Schule ist als kontrovers zu betrachten, wie Gröhlich u. a.(2009) aufzeigen (auch Bos/Scharenberg 2010): Auf der einen Seite, so die Annahme, werden durch angenommene Homogenisierungsmaßnahmen wie die leistungsbezogene Differenzierung nach Schulformen die Schülerleistungen gesteigert, einfach deshalb, weil Stoff und Methoden besser an die jeweiligen Schülervoraussetzungen angepasst werden können und so schneller und passgenauer gearbeitet werden kann. Auf der anderen Seite profitieren gerade die leistungsschwächeren Schüler, da in heterogenen Gruppen auch sie einen Leistungsanspruch »nach oben« spüren können. Auch wird auf die stigmatisierende Wirkung, wenn nur leistungsschwache Schüler unter sich sind, hingewiesen.

Die Autoren fassen den Forschungsstand so zusammen:

- Leistungshomogenisierung hat eher positive Auswirkungen auf die Lernentwicklung der leistungsstärkeren Schüler. Dieser Gewinn geht zulasten der leistungsschwächeren Schüler, deren Lernerträge in leistungshomogenen Gruppen eher besonders gering ausfallen.
- In leistungsheterogenen Lerngruppen profitieren gerade die leistungsschwächeren Schüler von einem Unterricht, der die Verringerung des klasseninternen Leistungsspektrums zum Ziel hat, während für die leistungsstarken Mitschüler dies kein Nachteil sein muss.

So konnten die Autoren in der Hamburger Schulleistungsstudie KESS zeigen, dass sich Leistungsheterogenität innerhalb von Lerngruppen weder positiv noch negativ auf den Lernerfolg von Schülern auswirkt:

Für die Entwicklung des Leseverständnisses und der Mathematik in den Klassen 7 und 8 ergeben sich keine signifikanten Nachteile für die Schüler bei einer höheren Leistungsheterogenität innerhalb der Schulklassen. Unter Kontrolle der Schulform und weiterer Merkmale auf der Individual- und Klassenebene lässt sich sogar für die Entwicklung des Leseverständnisses in den Jahrgangsstufen 5 und 6 ein kleiner positiver Effekt der Leistungsstreuung nachweisen, d.h., je heterogener die Schulklassen in Bezug auf ihr Vorwissen zusammengesetzt sind, desto höher fallen die individuellen Lernstände aus.

Ergebnisse der Hamburger Schulleistungsstudie KESS

Es soll auf eine Studie eingegangen werden, deren Ergebnisse »politisch« aufgeregt diskutiert wurden, weil es um die in Deutschland viel diskutierte Frage nach dem sinnvollen Zeitpunkt für einen Wechsel auf weiterführende Schulen, vor allem auf das Gymnasium, geht. Der Berliner Senat beauftragte Lehmann mit seinem Team, anhand einer empirischen Studie, die Kompetenzentwicklung von Schülern der 5. und 6. Jahrgangsstufe an Grundschulen und grundständigen Gymnasien zu vergleichen. In Berlin und Brandenburg gibt es neben der sechsjährigen Grundschule, die die Regel ist, ein sogenanntes grundständiges Gymnasium, das mit der Jahrgangsstufe fünf beginnt. Davon machten in den letzten Jahren ca. 8 Prozent der Schüler eines Altersjahrgangs Gebrauch.

Lehmann und Lenkeit (2008) legten 2008 den Abschlussbericht der Studie »ELEMENT. Erhebung zum Lese- und Mathematikverständnis. Entwicklung in den Jahrgangsstufen 4 bis 6 in Berlin« vor. Darin heißt es:

Studie von Lehmann und Lenkeit

> »Somit steht auch die ihrerseits kognitiv und sozial positiv ausgelesene Gruppe derer, die erst nach Ende der Klassenstufe 6 ans Gymnasium wechselt, deutlich hinter den Schülern in den grundständigen Gymnasialklassen zurück: Um nahezu eine halbe Standardabweichung im Fach Englisch, um zwei Drittel einer Standardabweichung im Leseverständnis und mehr als drei Viertel im Fach Mathematik. […] Für alle untersuchten Fächer war, wie gesagt, festzustellen, dass der mutmaßlich anspruchsvollere Gymnasialunterricht in den Klassenstufen 5 und 6 in allen dort vertretenen Leistungsgruppen höhere Lernerfolge zeitigt« (S. 83).

Diese Aussage war natürlich »Wasser auf die Mühlen« der Verfechter eines Gymnasialwechsels nach vier Jahren Grundschule – und zwar bundesweit.

Baumert, Becker, Neumann und Nikolova (2009) reanalysierten die vorliegenden Daten der Schüler aus den Berliner grundständigen Gymnasien (N = 1758) und Grundschulen (N = 3167). Vor allem kontrollierten sie die Eingangsunterschiede zwischen den Schulformen. Sie kommen zu folgendem Ergebnis, dass mit dem frühen Übergang auf ein grundständiges Gymnasium keine generelle Förderung der Lesefähigkeit und des mathematischen Verständnisses besonders leistungsfähiger Schüler erreicht wird. »In keinem Leistungsbereich sind Förderwirkungen des grundständigen Gymnasiums nachweisbar. Dies gilt sowohl für den ein- wie den zweijährigen Besuch dieser Einrichtungen« (S. 210). Eine Folgerung der Autoren ist, dass von den grundständigen Gymnasien, was zumindest die Unterstufe in Berlin betrifft, keine differenzielle Förderwirkung ausgeht, obwohl diese Schulart für eine Niveaudifferenzierung nach Leistung steht, in unserem Kontext für eine Homogenisierung nach Leistung.

Aufgrund dieser vorliegenden empirischen Ergebnisse, nach denen man in hoch selektierten Schulsystemen bei weitem nicht von homogenen Gruppierungen sprechen kann und Homogenität kein Gütekriterium per se darstellt, erhält individuelle Förderung heute eine neue Bedeutung. In den Merkmalskatalogen guten Unterrichts ist sowohl bei Meyer (2004) unter dem Stichwort »Individuelles Fördern« als auch bei Helmke (2010) unter dem Stichwort »Passung an Schüler(gruppe)« Heterogenität miteinbezogen (s. Kap. 1).

2.3 Individualisierung

Im Hinblick auf die Bewältigung der besonderen Heterogenitätsproblematik wird deutlich, dass die bisherige Ausbildung/Sozialisation in der traditionellen Didaktik nicht ausreicht und es deshalb Ergänzungen bedarf. Gesucht wird nach Möglichkeiten, so weit wie möglich Unterricht unter der Perspektive der Individualisierung des Lernens zu betrachten, bei einem Aufbrechen des Klassenverbandes.

Dabei steht soziales Lernen nicht im Widerspruch zu individuellem Lernen, sondern Selbst- und Sozialkompetenz bedingen sich gegenseitig – vor allem unter der konstruktivistischen Perspektive, dass Lernen nur vom Individuum selbst realisiert werden kann. Ein solches Lernen steht in Zusammenhang mit persönlicher Identität, wobei es um eine Balance zwischen personalen und sozialen Ansprüchen geht, und der

Ausformung des Selbstkonzepts, das aus der Interaktion mit der Umwelt und der Wahrnehmung und Bewertung von Situationen und den eigenen Handlungen in diesen Situationen entsteht (Schorch 2007).

Individualisierung ist nach Glöckel (2003) ein fundierendes Unterrichtsprinzip, das unterschiedliche Interessen, Neigungen, Motivationen, Begabungen, Vorkenntnisse und Vorerfahrungen der Schüler zu berücksichtigen und Identität und Selbstkonzept positiv zu beeinflussen sucht.

Allzu schnell und damit leichtfertig werden Individualisierung und Differenzierung zusammen in den Mund genommen. Denn ein Lehrer mag den Schülern seiner Klasse beispielsweise 30 Einzelaufträge im Sinne einer Einzelarbeit verordnen, ohne dabei inhaltlich differenzierte Aufgaben zu stellen. Mit Individualisierung ist also nicht eine Spezialform der Differenzierung gemeint, sondern ein didaktischer Oberbegriff, dem entsprechende Organisations- und Unterrichtsformen untergeordnet werden. Dazu gehören einerseits Maßnahmen der Differenzierung, andererseits Formen offenen Unterrichts (Schorch 2007).

2.4 Differenzierung

Man beachte das Datum folgenden Zitats:

»Unter den pädagogischen Fragen, denen das Unesco-Institut für Pädagogik in Hamburg seine Aufmerksamkeit gewidmet hat, ist das Problem der Differenzierung in der Schule zur Zeit eines der wichtigsten. Differenzierung liegt jeder Gesellschaft ohne Rücksicht auf den Entwicklungsstand ihres Erziehungssystems und auf ihre allgemeinen Erziehungsziele zugrunde« (Yates 1972, S. 5).

Ähnlich plakativ sei aus diesem Jahr folgender Titel genannt: »Der Irrgarten der Forschung zur Leistungsdifferenzierung« (The maze of the research on ability grouping) (Passow 1972).

Die Frage der Differenzierung im Unterricht hat auch heute wieder eine enorme politische Bedeutung. Durch die 2009 erfolgte Ratifizierung der UN-Konvention über die Rechte behinderter Menschen gilt es, auch Lerner mit besonderem Förderbedarf in die Regelschulen zu integrieren. Artikel 24 verlangt von den Vertragsstaaten »ein inklusives Bildungssystem auf allen Ebenen«. Dies ist unter anderem nur mit besonderem Aufwand in Hinblick auf eine innere Differenzierung möglich.

Differenzierung: enorme politische Bedeutung

Differenzierung in der Schule findet nach unterschiedlichen Strukturprinzipien statt. Dabei geht es darum, die nach vielen Kriterien vorfindbare natürliche Heterogenität der Lernenden zu ordnen (Paradies/Linser 2006).

In Anlehnung an Fends schultheoretische Betrachtungen (2008), bei denen er das Bildungssystem mehrebenentheoretisch konzeptionalisiert, entwickeln die Autoren Trautmann und Wischer (2011) ein Schema, in dem sie die wesentlichen Aspekte von Differenzierung zusammenstellen. Sie gehen von *drei Ebenen des Schulsystems* aus:

- Makroebene (interschulische Differenzierung): Schultypen, -formen
- Mesoebene (intraschulische Differenzierung): Klassen, Kurse, zusätzliche Angebote
- Mikroebene (unterrichtliche Differenzierung): Gruppen-, Einzelarbeit

Im Folgenden werden *mögliche Kriterien* auf der Mikroebene aufgeführt:

- Leistung
- Geschlecht
- Lebensalter
- Nationalität
- Konfession
- soziale Herkunft
- besondere Begabung
- Interessen

Während international auf einer ersten Ebene Differenzierung eher in interschulische und innerschulische ausgeformt dargestellt wird, wird im deutschsprachigen Raum zwischen der äußeren und inneren Differenzierung unterschieden. Im Folgenden soll eine Einteilung der Differenzierung wiedergegeben werden, wie sie Saalfrank (2012) vorschlägt.

2.4.1 Äußere Differenzierung

Äußere Differenzierung ist überwiegend durch organisatorische Kriterien geprägt, die sich weitgehend dem Entscheidungsrahmen einzelner Lehrkräfte entziehen. Zur äußeren Differenzierung zählt Saalfrank die interschulische Dimension, die intraschulische Dimension (z. B. Zweige in einer Schule oder Wahlfächer) und die Schulprofildimension.

In der Tabelle 8 sind diese unterschiedlichen Dimensionen mit Beispielen weiter erläutert.

Tab. 8: Dimensionen der äußeren Differenzierung (nach Saalfrank 2012, S. 69 ff.)

Interschulische Dimension	*Intraschulische Dimension*	*Profilbildungsdimension*
parallele Schulsysteme: getrennte Einrichtungen für Kinder unterschiedlicher Begabung, d. h. unterschiedliche Schularten; z. B. Dreigliedrigkeit vs. Gesamtsysteme Maßstab: Einteilung nach Jahrgangsklassen	Einteilung nach Schulleistung: Streaming (in fast allen Fächern getrennt unterrichtet) Setting (in einigen Kernfächern getrennt unterrichtet) geplante heterogene Differenzierung (Umkehrung des Streaming) gezielte flexible Differenzierung (Gruppen unterschiedlicher Größe, unterschiedlich lange Unterrichtseinheiten) Einteilung nach Wahl etc.: Schulzweige Wahlfächer Arbeitsgemeinschaften Sonderklassen (z. B. Sprachförderung)	Einteilung nach Profilen, z. B.: musisch-künstlerisch mathematisch-naturwissenschaftlich Hochbegabte Sportschwerpunkt Europaschulen Internationale Schulen

Was lässt sich über die Ergebnisse unterschiedlicher Differenzierungsmaßnahmen aussagen? Gibt es wissenschaftlich-empirische Belege für die Unterschiede beispielsweise eines differenzierten, gegliederten Schulsystems gegenüber einem integrativen bzw. inklusiven Schulsystem? Um mögliche Antworten einordnen zu können, sei folgende Überlegung vorangestellt:

Generell ist von einem sehr differenzierten Profil der Stärken eines Kindes, die in den Unterricht in den unterschiedlichsten Fächern einfließen, auszugehen. Es gibt nicht generell den Interessierten oder Uninteressierten, nicht generell den Begabten oder Unbegabten. Von daher ist es immer problematisch, eine schematische Einteilung der Schüler nach Jahrgangsklassen vorzunehmen.

Dazu ein zusammenfassender Befund von 1972:

Die Zuordnung der Schüler zu verschiedenen Schultypen aufgrund ihres Begabungsniveaus ist pädagogisch wenig vorteilhaft. »Falls *streaming* – oder eine andere Differenzierungsmethode – allein im Hinblick auf ihren Beitrag zum Lernerfolg beurteilt werden soll, sind derartige Sachverhalte weitgehend irrelevant« (Yates 1972, S. 66).

An dieser mittlerweile 40 Jahre alten Befundlage hat sich offenbar nichts geändert: »Erst einmal lässt sich festhalten, dass sich in den internationalen Schulleistungsstudien wie PISA keine Evidenz ergibt, dass Länder mit gegliedertem System erfolgreicher wären« (Köller 2012b, S. 7).

2.4.2 Innere Differenzierung

»Untersuchungsergebnisse zur innerschulischen Differenzierung liegen reichlich vor, aber sie widersprechen sich. Einige Studien berichten von unverkennbaren Fortschritten im Lernerfolg infolge homogener Differenzierung; aus anderen geht hervor, dass in dieser Hinsicht die heterogene Differenzierung vorteilhaft ist; wieder andere zeigen keinen wesentlichen Unterschied zwischen beiden Methoden« (Yates 1972, S. 80/81).

Die Gründe sind vielfältiger Art: Zum einen sind sie in der methodischen Anlage der Studien zu sehen. Verzerrte Stichproben oder unzureichende Stichprobengrößen, ein zu kurz gewählter Zeitraum oder auch invalide Messinstrumente lassen sich hier anführen. Zum anderen sind sie in der Art des Treatments zu suchen. Wenn auf eine erfolgte Differenzierung für die unterschiedlichen Gruppen derselbe Unterricht stattfindet, also keine passgenaue Förderung erfolgt, läuft das ganze Procedere der Differenzierung ins Leere. Damit wird als weiterer Grund die Rolle des Lehrers gesehen. Es liegt in seiner Macht, was er aus den Bedingungen macht oder eben nicht – doch dazu mehr im Kapitel 4.

Klafki und Stöcker (1982) geben drei Gründe an, weshalb gerade leistungsschwächere Schüler für ihr Fortkommen auf leistungsstärkere angewiesen sind:

- In homogen zusammengesetzten Leistungsgruppen fehlt für die Leistungsschwächeren die Anregung durch die Leistungsstärkeren.
- Eine Zuweisung in homogene Gruppen führt dazu, dass auch die Lehrer bestimmte Zuschreibungen vornehmen.
- Eine Zuweisung in homogene Gruppen hat mit der Zeit Auswirkungen auf die Schülerselbsteinschätzungen. Schwache Schüler erleben sich mit der Zeit auch so, und man kann bei ihnen von einer nur ein-

geschränkten Selbstwirksamkeit im schulischen Fortkommen ausgehen.

Wenn dem so ist, ist professionelles Handeln in Schule in einem Spannungsfeld zwischen Individualität und Gemeinsamkeit zu sehen, d. h., es kommt auf eine sinnvolle innere Differenzierung an.

Somit erscheinen folgende Grundsätze zielführend:

»1. Heterogenität verlangt Differenzierung, aber alle Kinder sollten beim gemeinsamen Inhalt bleiben.
2. Das Ausmaß der Lernhilfen muss so gestaltet sein, dass alle Kinder Lernfortschritte wahrnehmen können.
3. Es ist soviel Differenzierung zu schaffen, dass alle Kinder angemessen lernen können.
4. Die differenzierten Aufgaben müssen in den gemeinsamen Unterricht eingebettet sein. Die Lernaufgaben müssen zum gemeinsamen Lernen beitragen und dorthin führen.
5. Die Kinder mit Lernproblemen brauchen die Person des Lehrers/der Lehrerin besonders« (Rohlfs 2008, S. 34 f.).

Grundsätze zur inneren Differenzierung

Köller lenkt ganz klar die Sichtweise auf den Unterricht vor Ort: »Unterm Strich hängt letztendlich der Lernerfolg an der Quantität und Qualität des Unterrichts« (2012b, S. 7).

Für innere Differenzierung oder auch Binnendifferenzierung bilden die Lernvoraussetzungen der Schüler und die regelmäßige Beobachtung ihrer Lernprozesse die entscheidenden Grundlagen. Individualisierung bedeutet also, jedem Schüler die Chance zu geben, sein motorisches, intellektuelles, emotionales und soziales Potenzial umfassend zu entwickeln und ihn dabei durch geeignete Maßnahmen zu unterstützen, wie durch die Gewährung ausreichender Lernzeit, durch spezifische Fördermethoden, durch angepasste Lernmittel und gegebenenfalls durch Hilfestellungen weiterer Personen mit Spezialkompetenzen (Meyer 2004, S. 97). Der pädagogische Wert einer solchen Individualisierung liegt nicht darin, möglichst homogene Gruppen zu schaffen, sondern allein oder in Kleingruppen sich selbst erfahren und so weiterentwickeln zu können. In Tabelle 9 orientieren wir uns an den von Saalfrank (2012) vorgeschlagenen Dimensionen der inneren Differenzierung.

Definition

Tab. 9: Dimensionen der inneren Differenzierung (nach Saalfrank 2012, S. 72 ff.)

Unterrichtsorganisatorische Dimension	*Didaktische Dimension*	*Unterrichtsgestaltungsdimension*
Einzelne Schüler oder Lerngruppen werden bezüglich bestimmter Kriterien durch den Lehrer gruppiert:	Alle Differenzierungsmaßnahmen richten sich nach dem jeweiligen individuellen Lernen der Schüler. Kriterium ist unterschiedliches Material:	Die Variation des Unterrichts richtet sich nach dem Grad der Individualisierung:
Ziele (z. B. heterogene Ziele in Fördergruppen mit unterschiedlichen Schwierigkeiten)	Lerninteresse	individualisierter Unterricht (z. B. Wochenplanarbeit, Freiarbeit)
Inhalte (z. B. individualisierte Aufgabenstellungen)	Motivation	kooperativer Unterricht (z. B. Projektunterricht, Gruppenunterricht)
Methoden und Medien (z. B. Präsentationstechniken)	Lerntempo	gemeinsamer Unterricht (z. B. Klassenunterricht)
Sozialformen (z. B. Einzel- und Partnerarbeit)	Lernstile/Lernpräferenzen	Blended Learning
Lernvoraussetzungen (z. B. interessenbezogene Lerngruppen)		
Organisation und Zufall (z. B. Lerngruppen, die sich aus der Sitzordnung ergeben)		

2.5 Individuelle Förderung

2.5.1 Kernaufgabe von Schule

Im Folgenden soll anhand zweier Schulgesetze die Bedeutung individueller Förderung aufgezeigt werden.

Exemplarisch soll das Bayerische Gesetz über das Erziehungs- und Unterrichtswesen (BayEUG) zitiert werden. Im Artikel 56 »Rechte und Pflichten« (von Schülerinnen und Schülern), Paragraph 1, Absatz 2, heißt es in der Fassung vom 31.5.2000:

> »(1) 2 Alle Schülerinnen und Schüler haben gemäß Art. 128 der Verfassung ein Recht darauf, eine ihren erkennbaren Fähigkeiten und ihrer inneren Berufung entsprechende schulische Bildung und Förderung zu erhalten.«

BayEUG

Prinzipiell geht jedes Landesschulgesetz auf die Förderung von Schülern ein.

Doch explizit auf den Begriff der individuellen Förderung nimmt Nordrhein-Westfalen Bezug. Im Schulgesetz für das Land Nordrhein-Westfalen in der Fassung vom 1.7.2011 lautet der Paragraf 1, Absatz 1:

Schulgesetz Nordrhein-Westfalen

> »§ 1 Recht auf Bildung, Erziehung und individuelle Förderung
> Jeder junge Mensch hat ohne Rücksicht auf seine wirtschaftliche Lage und Herkunft und sein Geschlecht ein Recht auf schulische Bildung, Erziehung und individuelle Förderung. Dieses Recht wird nach Maßgabe dieses Gesetzes gewährleistet.«

Es ist hervorzuheben, dass in diesem Schulgesetz der Begriff der individuellen Förderung gleichrangig neben demjenigen der Bildung und Erziehung steht. Individuelle Förderung betrifft also alle Schüler in allen Schularten!

Somit sind prinzipiell die Lehrer aller Schularten gefordert, den einzelnen Schüler zu betrachten.

»Unterschiedliche soziokulturelle Hintergründe, Sozialisationserfahrungen, Interessen, Fähigkeiten und Fertigkeiten, Lernbiographien, Lerntypen, Lerntempi und vieles mehr sind wahrzunehmen und im Kontext von Unterricht zu betrachten. Angesichts dieser Realität wird individuelle Förderung zu einer Kernaufgabe von Schule werden«, so heißt es in einer Broschüre des Landesinstituts für Schulentwicklung in Baden Württemberg (2009, S. 6).

2.5.2 Begrifflichkeit

Ursprünglich stammt der Förderbegriff aus der Heil- und Sonderpädagogik und wurde später in die Allgemeine Didaktik transferiert. Im Folgenden beziehen wir uns auf die ausgezeichnete Aufarbeitung und Analyse des Begriffs von Rechter (2011).

Der Begriff der Förderung wird sehr weit gefasst: Förderung wird als Oberbegriff für alle pädagogischen Handlungen verstanden, die auf die Bildung und Erziehung von Menschen ausgerichtet sind und zwar so, dass sie möglichst optimal verläuft (Ricken 2008).

Definition

Eine weitere Spezifizierung wird mit dem Zusatz der individuellen Förderung vorgenommen. So definiert Kunze (2008, S. 19): »Unter individueller Förderung werden alle Handlungen von Lehrerinnen und Lehrern und von Schülerinnen und Schülern verstanden, die mit der Intention erfolgen bzw. die Wirkung haben, das Lernen der einzelnen Schülerin/des einzelnen Schülers unter Berücksichtigung ihrer/seiner spezifischen Lernvoraussetzungen, -bedürfnisse, -wege, -ziele und -möglichkeiten zu unterstützen«.

In Anlehnung an die Publikation der Abschlussempfehlungen des von Bund und Ländern getragenen »Forum Bildung« (2002) definieren Klieme und Warwas (2011): »*Zusammenfassend soll hier ›individuelle Förderung‹ als erzieherisches Handeln unter konsequenter Berücksichtigung personaler Lern- und Bildungsvoraussetzungen definiert werden*« (S. 808).

Eine weitere Akzentuierung stellt die Bezeichnung des Förderunterrichts dar. Dieser zielt ursprünglich auf die Behebung von Lerndefiziten bei Schülerinnen und Schülern mit Lernschwierigkeiten.

Doch so scharf wird heute nicht mehr unterschieden: Wenn heute von Förderunterricht gesprochen wird, dann werden darunter auch den Regelunterricht begleitende Fördermaßnahmen verstanden; ebenso verhält es sich mit den Begriffen Förderlehrer und Förderschüler: Dieser Begriff ist nicht mehr nur auf Schüler mit sonderpädagogischem Förderbedarf und deren Lehrer beschränkt, wie gerade das in 2.5.3 skizzierte Projekt der Stiftung Mercator zeigt: Die Regelschulen besuchenden Jugendlichen mit Migrationshintergrund werden als Förderschüler und die sie betreuenden Studenten als Förderlehrer bezeichnet. Auch wird von den Einrichtungen, an denen die Studierenden ihre Schüler zusätzlich förderten, als Förderzentren gesprochen, ein Begriff, der ansonsten eher für die Einrichtungen der Sonderpädagogik reserviert ist.

Pädagogisches Verständnis von individueller Förderung

Klieme und Warwas (2011) unterscheiden drei Varianten eines pädagogischen Verständnisses von individueller Förderung:

- *Kompensatorische Trainings- und Zusatzangebote:* Nach einer erfolgten Differenzialdiagnostik geht es um die Bereitstellung kompensatorischer Zusatzangebote, die einzeln oder in Kleingruppen durchgeführt werden. Solche Angebote sind dann wirksam, wenn die Maßnahmen vom Lehrer strategisch ausgerichtet, Feedback-gebend, gut strukturiert und übungsbetont durchgeführt werden.
- *Vielfältige Lernwege durch offenen Unterricht:* Den Schülern wird eine Vielfalt von Lernangeboten, Lernwegen und Methoden angeboten, und es wird die Selbsttätigkeit der Lernenden als zentrales Prinzip realisiert, wie durch Freiarbeit, Projektarbeit, Lernen nach Arbeitsplankonzepten oder Stationenlernen. Offener Unterricht ist

dann lernförderlich, wenn der Unterrichtsgegenstand so strukturiert ist, dass Schüler neue Inhalte mit bestehendem Wissen verknüpfen und ihre Konzepte erweitern und umstrukturieren können.
- *Binnendifferenzierung durch adaptiven Unterricht:* Der Lehrer wählt aus verschiedenen Instruktionen und Lerngelegenheiten die für die Schüler angemessene Variante aus. Im Gegensatz zum offenen Unterricht ist eine gezielte Steuerung durch den Lehrer vorgesehen.

Sandfuchs (2001) unterscheidet folgende fünf Organisationsformen von Förderung:

- individuelle Maßnahmen im Unterricht, insbesondere durch Teamteaching
- Maßnahmen der inneren Differenzierung (besondere Lernhilfen im Klassenunterricht für einzelne Schüler oder Gruppen)
- fachgebundener, längerfristiger und unterrichtsersetzender Förderunterricht als äußere Differenzierung für kleine Gruppen mit lernschwachen Schülern
- zusätzliche Förderstunden durch Lehrkräfte oder Bildung von langfristigen Kleinlerngruppen
- außerschulische Fördermaßnahmen wie z.B. Hausaufgabenhilfe oder Nachhilfe

Nach dieser Definition und Systematik gehört Nachhilfe zur individuellen Förderung (vgl. auch 2.5.4). Bei aller unterschiedlichen Bewertung, was den Sinn von Nachhilfe betrifft, herrscht zumindest heute in der Begrifflichkeit Einigkeit: Unter Nachhilfeunterricht (engl. »tutoring«) versteht man einen außerhalb des regulären Schulunterrichts und zusätzlich zu ihm stattfindenden, mehr oder weniger regelmäßigen und häufig vorübergehenden Einzel- oder Gruppenunterricht durch Lehrer, Studenten, Schüler und Laien zum Zwecke einer dem Schulunterricht nachfolgenden Erfolgssicherung in bestimmten Unterrichtsfächern (Haag 2010).

Förderprozess

Im Vergleich zum individualisierten Lernen wird bei individueller Förderung eher vom Lehrer aus gedacht. Die Begriffe Förderunterricht oder Förderschulen verdeutlichen das Gemeinte: Defizite, inhaltlich neutral verstanden, werden durch Fördern ausgeglichen. Dabei werden die Lernenden als Objekte des Förderns gesehen. Eine solche Sichtweise verträgt sich nur schwer mit den modernen pädagogischen Konzepten, die eher von der Subjektseite, vom aktiven, konstruktiven selbstgesteuerten Lerner ausgehen. Deshalb ist ein besonderes Augenmerk auf die Beteiligung der Schüler im Förderprozess zu richten, Förderung sollte stets vom Standpunkt des Subjekts und seinen jeweiligen Lerninteressen betrachtet werden.

»Individuelles Fördern im Unterricht bedeutet: Lehrerinnen und Lehrer sind aufgefordert, Schülerinnen und Schüler kompetent zu machen, ihr Lernen selbst zu steuern und zu verantworten. Die Lehrkraft, die individuell fördert, plant, organisiert und begleitet individuelle Lernprozesse, denn diese lassen sich nur eingeschränkt lehren. Damit wird individuelle Förderung zu einer Kernaufgabe in einer veränderten Lernkultur werden« (Landesinstitut für Schulentwicklung BW 2009, S. 8).

Idealiter sollte ein Förderprozess folgende Phasen beinhalten (Rechter 2011, S. 20):

1. Feststellung der Personendaten
2. Anlass und Rahmenbedingungen
3. Ausgangsfragestellung und Hypothesen
4. Eingangsdiagnostik und weiterführende Fragen
5. Integration der Befunde und Feststellung des Förderbedarfs
6. Aufstellen des Förderplans
7. Durchführung und Dokumentation der Förderung
8. Evaluation der Förderung

Da mittlerweile auch an den allgemeinbildenden Schulen z. T. von den Lehrkräften Förderpläne verlangt und damit aufgestellt werden, soll die Phase 6 näher im Kapitel 5 »Praktischer Umgang« (5.6 »Förderpläne«) ausgeführt werden.

Dimensionsmodell

Rechter (2011) skizziert ein multiples Dimensionsmodell des Förderbegriffs (S. 24), das von folgenden Dimensionen ausgeht:

- Adressatengruppe (alle Schüler; Schüler mit besonderen Lernvoraussetzungen wie hochbegabt, sozial-emotional auffällig, lernbeeinträchtigt; eine spezifische Teilgruppe)
- Ausbildung und Professionalisierung der Förderpersonen

- zeitliche und institutionelle Organisation (unterrichtsintegriert, -ergänzend, -ersetzend; schulisch – außerschulisch; spezielle Maßnahmen wie Hausaufgabenhilfe, Nachhilfe)
- Sozialform (Einzel-, Gruppenförderung)
- Grad des Einbezuges der Schüler in die Förderplanung
- Umfang der Förderdiagnose und der Dokumentation der Fördermaßnahme
- Grad der inhaltlichen und methodischen Individualisierung
- inhaltliche Aspekte wie bereichsspezifisch, -übergreifend

2.5.3 Wirksamkeit von Förderung

Insgesamt muss man konstatieren, dass Studien zum Einfluss von Schüler-, Familien-, Lehrkraft- und Organisationsmerkmalen auf den Fördererfolg eher selten sind.

Relativ stabil scheint zu sein (Rechter 2011, S. 123 ff.):

Einflussfaktoren auf die Wirksamkeit von Förderung

- Möglichst früh ansetzende Fördermaßnahmen scheinen besonders erfolgversprechend zu sein.
- Die Qualifikation der Förderlehrkraft wirkt sich zwar positiv aus, doch bei umfangreicher Vorstrukturierung der Förderinhalte und einer spezifischen Fortbildung können auch nicht professionelle Förderlehrkräfte deutliche Fördererfolge verzeichnen. Dies mag auch der Grund sein, weshalb in der breit angelegten Studie von Streber (2011) der unterschiedliche Qualifizierungsgrad der Nachhilfelehrer sich nicht unterschiedlich auf die Leistungen ausgewirkt hat.
- Die Wirksamkeit eines Trainings hängt im Vorfeld von der Genauigkeit der Diagnose individueller Fähigkeiten ab.
- Kürzere Fördermaßnahmen mit einer großen Anzahl an Fördereinheiten pro Woche sind am effektivsten. Der Zusammenhang zwischen Förderdauer und Fördererfolg kann als eine asymptotische Kurve beschrieben werden, d. h., ab einer gewissen Förderdauer steht der Ertrag in keinem Verhältnis mehr zum Aufwand.
- Der Erfolg hängt eher von Prozessmerkmalen als von Organisationsmerkmalen ab. Sowohl unterrichtsintegrierte vs. unterrichtsergänzende Förderung als auch bereichsspezifische vs. bereichsübergreifende Trainingsprogramme können effektiv sein. Auch zwischen Einzelförderung und Kleingruppenförderung zeichnen sich keine klaren Ergebnisse zugunsten einer Form ab. Es kommt auf einen bedarfs- und situationsabhängigen sowie flexiblen Einsatz an.

Einzel- vs. Kleingruppenförderung

Widersprüchliche Ergebnisse

Gerade die Effektivitätsfrage zwischen Einzel- und Kleingruppenförderung ist von großer praktischer Relevanz. International liegen die meisten Studien zu verschiedenen Fördermodellen im Bereich Lesen vor. Während eine repräsentative internationale Metaanalyse keinen signifikanten Unterschied zwischen Einzel- und Gruppenförderungen nachweisen konnte (Erlbaum et al. 2000), liegen einzelne widersprüchliche Forschungsergebnisse internationaler Studien vor: Es gibt Studien, die keinen Unterschied der beiden Sozialformen zeigen, und Studien, die jeweils einen leichten Vorteil für die Einzelförderung oder für die Gruppenförderung nachweisen (Ehri et al. 2007). Einig sind sich jedoch alle Studien darin, dass ein Training auf der Klassenebene oder in großen Gruppen weniger effektiv ist als ein Einzel- oder Kleingruppentraining.

Im deutschsprachigen Raum liegen ebenfalls mehrere Studien vor, die der Frage nachgegangen sind, ob ein Einzeltraining einem Gruppentraining in spezifischen Lernbereichen (Intelligenzentwicklung; Förderung des Leseverständnisses) überlegen ist (z. B. Marx 2008). Insgesamt lässt sich sagen, dass im Vergleich zu Kontrollgruppen sowohl Einzel- als auch Gruppentrainings (3–4 Schüler) positiv wirkten. Zwischen Einzeltrainings und Gruppentrainings konnten sowohl kurzfristig als auch längerfristig keine signifikanten Effektunterschiede gefunden werden, und wenn, dann stets zugunsten der Gruppensituationen.

Die Sichtung der wissenschaftlichen Literatur gerade im Bereich der Leseförderung ist inkonsistent, mit der Tendenz, dass Gruppentrainings Einzeltrainings überlegen sind. Erklärt wird das Ergebnis mit einem »social facilitation«-Effekt: Während im Rahmen einer Einzelförderung die Förderinhalte noch leichter auf die individuellen Bedürfnisse zugeschnitten werden können, besteht in der Gruppe die Möglichkeit des Voneinander-Lernens und gegenseitigen Austausches:

- Nervosität und Prüfungsangst, häufig Begleiter von schlechten Noten, werden in einer Gruppenarbeitssituation effektiver abgebaut.
- Gemeinsames Lernen, gerade am Nachmittag, macht mehr Spaß.
- Eine »Frontalbeschulung« eines einzelnen Kindes ist für dieses zu massiv. Es braucht auch Phasen des eigenen Lernens, der Verarbeitung und selbstständigen Reflexion.

Verhältnis Förderprogramme zum regulären Klassenunterricht

Hier soll noch auf das Verhältnis zwischen regulärem Klassenunterricht und einem zusätzlichen förderorientierten Unterricht eingegangen werden (May 2001, S. 39):

- Ein erfolgreicher Unterricht leistet einen entscheidenden Beitrag, dass es nicht zu Lernschwierigkeiten kommt. Deshalb ist der beste Förderunterricht in sehr vielen Fällen ein guter Klassenunterricht.
- Guter Förderunterricht sollte auf den Klassenunterricht bezogen sein. Dies erfolgt über Absprachen zwischen den beteiligten Lehrkräften.
- Im Klassenunterricht zeigen sich die Lernschwierigkeiten, deretwegen ein Teil der Schüler eine gezielte Förderung erhält.
- Gerade Formen des integrativen Förderunterrichts können auch den Klassenunterricht verbessern, indem auch im Klassenunterricht gezielt auf die Schwierigkeiten einzelner Schüler eingegangen wird.

Zur Rolle der »normalen« Lehrkraft im Förderunterricht passt sehr gut folgendes Zitat von Klicpera/Gasteiger-Klicpera (1995), zwei Experten im Bereich der Lese-, Rechtschreibforschung: »So dürfte doch klar sein, dass der Klassenlehrer auch in ein Förderprogramm, das außerhalb des regulären Unterrichts stattfindet, einbezogen werden muss und dass er darauf achten soll, dass die Schüler ihre Lernfortschritte in der Klasse zur Geltung bringen können« (S. 377). Weiter machen sie darauf aufmerksam, dass die Trennung von Klassen- und Förderunterricht zur Folge hat, dass das im Förderunterricht Gelernte außerhalb dieses Unterrichts nicht oder zumindest nur sehr begrenzt geübt wird. Diese fehlende Bezugnahme auf den Klassenunterricht verstärkt das Dilemma für die im Förderunterricht eingesetzten Lehrer und verunsichert sie in ihrer Entscheidung, ob sie sich an die Programme halten oder stärker am Unterricht der jeweiligen Klasse orientieren sollen.

Rolle der Lehrkraft

Im Folgenden soll von zwei relativ großen Projekten und einem eher kleinen Projekt berichtet werden, die zeigen, wie konkret Förderung umgesetzt wird.

Förderunterricht für Kinder und Jugendliche mit Migrationshintergrund der Stiftung Mercator

Dieses Projekt ist das größte Einzelprojekt deutscher Stiftungen im Bereich von Integration und Migration (europäisches forum für migrationsstudien 2009). Im Folgenden orientieren wir uns sehr nahe an der auf der entsprechenden Homepage veröffentlichten Kurzfassung der Evaluation.

Defizite der Integrationspolitik

In Deutschland leben etwa eine Million 6- bis 18-jährige Kinder und Jugendliche mit Migrationshintergrund. Internationale Schulleistungsstudien wie PISA 2000 und PISA 2003 sowie nationale Statistiken zu Bildungsabschlüssen zeigen, dass diese Schülerinnen und Schüler gegenüber solchen ohne Migrationshintergrund sowohl hinsichtlich ihrer schulischen Leistungen als auch ihrer Bildungsabschlüsse, ihrer späteren Ausbildungsquote und ihrer möglichen Berufsabschlüsse benachteiligt sind. Im Bildungsbereich sind die Defizite der deutschen Integrationspolitik somit eklatant.

Das Angebot wurde 2004 bundesweit auf 35 Standorte ausgedehnt. In außerschulischem Förderunterricht wurden circa 6 500 Kinder und Jugendliche mit Migrationshintergrund der Klassenstufen fünf bis zehn (Sekundarstufe I) durch circa 1 500 Studierende zwei bis vier Stunden in der Woche unterrichtet. Dabei verfolgt das Projekt zwei Ziele: Zum einen sollen die sprachlichen und fachlichen Fähigkeiten der Förderschüler erhöht und so ein Beitrag zur Verbesserung ihrer Bildungschancen geleistet werden; zum anderen sollen den als Förderlehrer eingesetzten Lehramtsstudierenden intensive Praxiserfahrungen im Umgang mit heterogenen Gruppen geboten werden, um sie so besser auf ihre berufliche Zukunft vorzubereiten.

Datenerhebung

Im Rahmen der Evaluation wurde eine Reihe von Daten erhoben.

Quantitative Daten wurden u. a. zu folgenden Aspekten des Projekts erhoben:

- Anzahl, Merkmale und Motive der am Projekt beteiligten Schüler und Studierenden
- Unterstützung der Förderschüler durch ihr persönliches Umfeld
- Durchführung des Förderunterrichts
- sprachliche und fachliche Entwicklung der Förderschüler und Notenentwicklung der Förderschüler im Vergleich zu einer Kontrollgruppe
- persönliche Weiterentwicklung der Förderlehrer sowie Nutzen durch das und Zufriedenheit mit dem Projekt

Qualitative Daten wurden zu folgenden Aspekten erhoben:

- verschiedene Fördermodelle

- verschiedene Handlungsfelder des Förderunterrichts
- Beziehungen innerhalb der Fördergruppen

Für die Evaluation des Projekts wurde ein Untersuchungsdesign mit vier Erhebungswellen entwickelt, und es wurden Erhebungen im Abstand von circa einem halben Jahr durchgeführt. 70 Prozent der 6 600 Förderschüler und 70 Prozent der 1 500 Förderlehrer wurden zwischen der ersten und zweiten Erhebungswelle neu in das Projekt aufgenommen. Zwischen der zweiten und der dritten Erhebungswelle kamen 36 Prozent der 6.400 Förderschüler und 35 Prozent der 1.150 Förderlehrer zum Projekt hinzu. Aufgrund dieser Fluktuation kann nur bedingt von einem Längsschnittvergleich ausgegangen werden.

Vier Erhebungswellen

Zusätzliche qualitative Interviews wurden gegen Ende an vier Standorten durchgeführt. Insgesamt wurden 66 Interviews durchgeführt, im Einzelnen mit fünf Projektleitern und Standortkoordinatoren, 19 Förderlehrern, 24 Förderschülern, 13 Klassen- bzw. Fachlehrern, einer Referendarin (ehemalige Förderlehrerin), einem Universitätsdozenten und drei Mitarbeitern des Jugendmigrationsdienstes des Diakonischen Werks.

Basisdaten zu den Förderschülern und Förderlehrern

Die große Mehrheit der Förderschüler ist zwischen 11 und 17 Jahre alt und besucht die fünfte bis einschließlich zehnte Klasse. In den Erhebungswellen besucht jeweils ein Viertel der Schüler die Schulformen Hauptschule, Realschule oder Gesamtschule. Circa 15 Prozent gehen auf ein Gymnasium. Der Anteil sonstiger Schulformen, zu denen etwa die Förderschule zählt, liegt bei 10 Prozent. Das Geschlechterverhältnis der Förderschüler ist relativ ausgewogen. Die befragten Kinder gaben zu 95 Prozent an, dass mindestens eines ihrer beiden Elternteile im Ausland geboren sei.

Die Aufenthaltsdauer beträgt in allen Erhebungswellen bei annähernd der Hälfte der eingewanderten Förderschüler weniger als vier Jahre, im Längsschnittvergleich bei einem Drittel der Förderschüler weniger als drei Jahre. Das heißt, der Förderunterricht erreicht eine Gruppe, bei der aufgrund der relativ kurzen Aufenthaltsdauer ein starker Förderungsbedarf besteht.

Acht von zehn Förderlehrern, und damit die überwiegende Mehrheit, ist weiblich. Die meisten Förderlehrer sind zwischen 20 und 24 Jahre alt. Über die Hälfte der Förderlehrer strebt den Abschluss eines Staatsexamens und damit eine Berufslaufbahn als Lehrer an. Die größte Gruppe der angehenden Lehrer studiert Gymnasiallehramt, die zweitgrößte Gruppe Grundschullehramt. Beinahe die Hälfte der Förderlehrer befindet sich zum Zeitpunkt der Befragung im fünften bis einschließlich achten Fachsemester.

Vor dem Hintergrund der in den Niederlanden entwickelten Methode des »ethnic mentoring« kommt dem Migrationshintergrund der Förderlehrer eine besondere Bedeutung zu. Dem Modell zufolge werden Förderschüler durch erfolgreiche Schüler oder Studierende mit der gleichen ethnischen Herkunft unterrichtet.

Wird der Migrationshintergrund der Förderlehrer betrachtet, zeigt sich, dass circa 20 Prozent der Förderlehrer selbst im Ausland geboren wurden. Der Gesamtanteil der Förderlehrer mit Migrationshintergrund liegt bei circa 40 Prozent.

Förderunterricht

Dem Projektziel entsprechend werden die meisten Kinder und Jugendlichen im Förderunterricht in Deutsch und damit hinsichtlich ihrer mündlichen und schriftlichen Sprachkompetenzen gefördert. 40 Prozent der Förderschüler erhalten (zusätzlich) eine fächerbegleitende Förderung für das Fach Mathematik und knapp ein Drittel für das Fach Englisch. Der Förderunterricht findet in der Regel nachmittags an den Schulen der Kinder und Jugendlichen für zwei bis maximal vier Stunden pro Woche statt. Die für das Halten der Förderunterrichtsstunden verwendete Vorbereitungszeit der Studierenden variiert und beträgt in der Regel bis zu zwei Stunden pro Woche. Drei Viertel der Förderlehrer berücksichtigen bei der Festlegung der Unterrichtsinhalte immer oder zumindest oft die Wünsche ihrer Fördergruppe. Dies schließt jedoch nicht aus, dass die Förderlehrer Unterrichtsinhalte (auch) in eigener Regie festlegen, wie circa 60 Prozent der Förderlehrer angeben.

Als Arbeitsformen wählen zwei Drittel der Förderlehrer immer oder zumindest oft Konversations- und Grammatikübungen. Ebenfalls sehr verbreitet sind Übungen zum Lösen von Schulaufgaben sowie Sprachspiele – eine etwas untergeordnetere Rolle nehmen Übungen zum Verfassen von Aufsätzen, Hausaufgabenhilfen, Diktatübungen und Bücherlesen ein. 70–80 Prozent der Förderlehrer lassen ihre Förderschüler einzeln arbeiten, circa die Hälfte lässt die Kinder (auch) in Gruppen und Teams arbeiten, und ein Viertel der Studierenden organisiert Diskussionsrunden.

Bei der Durchführung des Förderunterrichts wählen die Förderlehrer größtenteils eigene, selbst erstellte Unterrichtsmaterialien. Materialien der Projektleitung werden von 25–33 Prozent der Förderlehrer verwendet. Wie bereits bei der Festlegung der Unterrichtsinhalte fällt die

Kooperation mit der Schule der Förderschüler auch bei der Auswahl der Unterrichtsmaterialien gering aus: Nur 10 Prozent der Förderlehrer nutzen Materialien, die sie von Klassen- und Fachlehrern erhalten haben. Eine Nachbereitung des Förderunterrichts wird von einem Großteil der Studierenden praktiziert: So notieren zwei Drittel der Studierenden die Fortschritte ihrer Förderschüler und circa die Hälfte die eigenen Fortschritte durch das Projekt.

Lernerfolg bei den Schülern

Anhand der Notenentwicklung wurde überprüft, ob Leistungssteigerungen stattgefunden haben. Vor Beginn des Förderunterrichts lag der Notendurchschnitt der Förderschüler für alle drei Hauptfächer (Deutsch, Mathematik und Englisch) im Mittel im befriedigenden bis ausreichenden Bereich. Nach dem Besuch des Förderunterrichts verbessern sich circa 50 Prozent der Förderschüler in der ersten Erhebungswelle, 40 Prozent in der zweiten Erhebungswelle und die Hälfte in der dritten Erhebungswelle um mindestens eine Note. Ein Drittel der Förderschüler in der ersten Erhebungswelle, 40 Prozent der Förderschüler in der zweiten Erhebungswelle und ein Viertel der Förderschüler/innen in der dritten Erhebungswelle behalten ihre durchschnittliche Gesamtnote in den drei Hauptfächern bei. Ein Fünftel bis ein Viertel der Förderschüler verschlechtert sich.

Verbesserungen um mindestens eine Note

Am stärksten können versetzungsgefährdete Förderschüler von dem Förderunterricht profitieren: 70 Prozent der Förderschüler mit anfangs mangelhaften und ungenügenden Noten in Deutsch und Englisch und über die Hälfte der Förderschüler mit anfangs mangelhaften und ungenügenden Noten in Mathematik können sich um mindestens eine Note verbessern.

Das Projekt der Stiftung Mercator versteht sich vor allem als Sprachförderprojekt. Die Entwicklung im Fach Deutsch, für das 80 Prozent der Förderschüler explizit gefördert werden, trifft daher auf besonderes Interesse. Ein genauerer Blick auf das Fach Deutsch im Längsschnittvergleich zeigt, dass sich mehr als ein Drittel der Förderschüler nach eineinhalb Jahren um mindestens eine Note verbessern können. Circa die Hälfte behält die Ausgangsnote bei, während sich circa 10 Prozent trotz der Fördermaßnahme verschlechtern. Eine durchschnittliche Notenverbesserung für alle Förderschüler von 0,3 Notenstufen ist feststellbar.

Erfolg bei den Förderlehrern

Bezogen auf die Förderlehrer ist es das Ziel des Projekts, dass sich die Studierenden umfassend persönlich und fachlich weiterentwickeln. Die Förderlehrer wurden darum gefragt, ob sie seit Beginn des Förderunterrichts bzw. seit der letzten Erhebungswelle in verschiedener Hinsicht vom Förderunterricht profitieren konnten.

So meinen 90 Prozent, selbstsicherer mit Schülern umgehen zu können. 80 Prozent haben gelernt, auf die Probleme der Schüler einzugehen, sich besser in die Situation der Schüler hineinversetzen zu können, eine Unterrichtsstunde besser zu organisieren oder Unterrichtsmethoden gezielt auszuprobieren. 70 Prozent geben an, durch das Abhalten der Förderstunden besser mit kultureller Vielfalt umgehen sowie Schülern komplexe Sachverhalte besser vermitteln zu können. Fast zwei Drittel der Förderlehrer haben gelernt, das Interesse der Schüler zu wecken, und mehr als der Hälfte der Förderlehrer ist klar geworden, dass sie auf alle Fälle Lehrer werden möchten, ihr Berufswunsch hat sich verfestigt.

Vergleich verschiedener Fördermodelle

Durch die qualitativen, vertiefenden Untersuchungen an vier Standorten konnten zwei verschiedene Fördermodelle identifiziert werden: das »zentrale Förderzentrum« und der »Förderunterricht an Schulen«.

Modell des zentralen Förderzentrums

- *Das zentrale Förderzentrum:* An einem der vier Standorte, dem Standort A, wird das Modell des »zentralen Förderzentrums« praktiziert. Das »zentrale Förderzentrum« wird von den Förderlehrern und Förderschülern am Nachmittag besucht, um dort Förderunterricht zu geben bzw. zu erhalten. Somit findet der Förderunterricht räumlich getrennt von den Schulen der Kinder und Jugendlichen statt. Im Gegensatz zu der häufig negativ vorbelasteten eigenen Schule bietet das »zentrale Förderzentrum« den Schülern einen geschützten Raum zum Lernen. Die Standortkoordinatorin respektiert den Wunsch vieler Kinder und Jugendlichen, ihre Klassen- und Fachlehrer nicht von dem Besuch des Förderunterrichts zu informieren. Möchten die Förderlehrer mehrere Förderkurse an einem Nachmittag oder in der Woche abhalten, müssen sie hierfür nicht verschiedene Schulen anfahren. Dadurch sparen sie Zeit, und für die Schüler wird der Förderunterricht insofern attraktiver, als sie diesen nicht mit Unterricht konnotieren, sondern als eine zusätzliche Nebentätigkeit am Nachmittag ansehen. Das Büro der Standortkoordinatorin befindet sich im Gebäude des »zentralen Förderzentrums«.

Ihre hieraus resultierende Präsenz vor Ort ermöglicht ihr die Aufnahme persönlicher Kontakte mit Förderlehrern und Förderschülern. Das Büro dient als Treffpunkt, in dem sich die Förderlehrer untereinander oder auch noch mit einzelnen Förderschülern nach deren Förderunterricht austauschen und unterhalten können. So erreicht die Standortkoordinatorin eine hohe Interaktionsdichte und -frequenz. Das »zentrale Förderzentrum« wirkt sich in vielfacher Hinsicht positiv auf den Erfolg des Projekts aus: So werden das Verhalten der Förderschüler am Standort A ebenso wie ihre sprachliche Entwicklung in Deutsch und ihre schulnotenunabhängige Entwicklung in den Hauptfächern von ihren Förderlehrern positiv beurteilt. Der Standort A schneidet bei der Notenentwicklung im Vergleich zu den anderen in der vierten Erhebungswelle evaluierten Standorten am besten ab.

- *Förderunterricht an Schulen:* Das zweite Fördermodell, »Förderunterricht an Schulen«, wurde an den drei Standorten B, C und D implementiert. Die Schüler bleiben an der Schule, und der Förderunterricht beginnt in der Regel am Nachmittag. Durch den Unterricht an der eigenen Schule ist das Angebot für unmotivierte Kinder und Jugendliche durch die wegfallende Anfahrt niedrigschwellig. Nach Ansicht der befragten Klassenlehrer und Förderlehrer können dadurch die schwächsten Schüler eher erreicht werden. Da der Förderunterricht in der Regel im Anschluss an den regulären Schulunterricht stattfindet, ist das Zeitfenster für Begegnungen beider Lehrergruppen sehr klein. In der Regel sind die Klassen- und Fachlehrer gerade im Begriff, ihren Heimweg anzutreten, oder bereits gegangen, wenn die Förderlehrer eintreffen. Da der Förderunterricht an der eigenen Schule stattfindet und die anderen Schüler längst nach Hause gegangen sind, wird der Förderunterricht gelegentlich als »Nachsitzen« empfunden. Das Modell »Förderunterricht an Schulen« bietet den Förderschülern nur geringe Wahlmöglichkeiten hinsichtlich des Zeitpunkts, der Fördergruppe und des Förderfachs, da an den meisten Schulen nur wenige Kurse oder sogar nur ein Förderkurs in der Woche stattfinden. Sobald Schwierigkeiten innerhalb der Fördergruppen auftauchen, stehen den Förderschülern (und Förderlehrern) kaum Alternativen zur eigenen Fördergruppe zur Verfügung. Für das Modell »Förderunterricht an Schulen« kann eine Integration in die Ganztagsschulen viele der angesprochenen Schwächen des Modells lösen: Der Förderunterricht wird von den Förderschülern nicht mehr als »Nachsitzen« oder Strafe empfunden, sondern ist vielmehr in den normalen Regelunterricht eingebunden. Durch die Anwesenheit der Lehrer am Nachmittag bestehen deutlich mehr Möglichkeiten des Austauschs und der Kontaktaufnahme. Die För-

Modell des Förderunterrichts an Schulen

derlehrer fühlen sich in ihrer Arbeit am Nachmittag und bei organisatorischen Schwierigkeiten oder Problemen mit der Fördergruppe weniger »alleingelassen«, da immer Ansprechpartner zur Verfügung stehen. Durch die Integration des Förderunterrichts in den regulären Unterricht einer Ganztagsschule werden die Pausen dem Lernrhythmus der Kinder angepasst.

Erfolgsbedingungen des Förderunterrichts im Fach Deutsch

Untersuchung verschiedener Einflussfaktoren

Zum einen wurden mögliche Einflussfaktoren auf die Notenentwicklung der Förderschüler im Fach Deutsch und zum anderen mögliche Einflussfaktoren für die Zufriedenheit der Förderlehrer mit dem bisherigen Projektverlauf untersucht.

- Die Art der Anmeldung zum Förderunterricht beeinflusst den Fördererfolg: Förderschüler, die sich selbst zum Förderunterricht anmeldeten, können ihre Deutschnote häufiger verbessern als Förderschüler, die am Förderunterricht teilnehmen, weil ihre Lehrer in der Schule dies wünschen. Außerdem schneiden Förderschüler, die Hilfestellungen bei ihren Hausaufgaben z. B. durch ihre Eltern erhalten, in ihrer Notenentwicklung besser ab.
- Zudem wurde der Einfluss des Migrationshintergrunds der Förderlehrer auf den Fördererfolg ihrer Förderschüler vor dem Hintergrund der in den Niederlanden entwickelten »ethnic mentoring«-Theorie analysiert. Tatsächlich können die Annahmen des Modells bestätigt werden: Förderschüler, die von Förderlehrern mit Migrationshintergrund und Kenntnissen ihrer Herkunftssprache unterrichtet werden, können ihre Deutschnote zu 40 Prozent verbessern. Förderschüler, die von Förderlehrern ohne Migrationshintergrund und Kenntnis ihrer Herkunftssprache unterrichtet werden, verbessern sich dagegen »nur« in einem Viertel der Fälle.
- Ebenfalls bedeutsam für den Fördererfolg der Förderschüler ist die zuvor und während der Fördertätigkeit erbrachte Ausbildung und Betreuung ihrer Förderlehrer: Förderschüler, deren Förderlehrer in pädagogischen Methoden vorbereitet und in Deutsch als Zweitfach und Deutsch als Fremdsprache ausgebildet werden sowie eine nach Ansicht der Förderlehrer zufriedenstellende Betreuung durch Projektleitung und Universität erhalten, können eher ihre Deutschnote steigern.

Zentrale Ergebnisse

- Förderunterricht trägt erheblich zur Verbesserung der Schulleistungen in Deutsch, Mathematik und Englisch bei den geförderten Migrantenkindern bei. Versetzungsgefährdete und schwache Schüler profitieren besonders stark vom Förderunterricht.
- Die im Projekt als Förderlehrer eingesetzten Lehramtsstudierenden stufen den persönlichen und professionellen Nutzen des Projekts als sehr hoch ein. Sie fühlen sich in ihrer Ausbildung bedeutend weiterqualifiziert und in ihrer Berufswahl entscheidend bestärkt.
- Quantitative und qualitative Analysen zeigen, dass Schüler mit Migrationshintergrund von der Förderung durch Mentoren der gleichen ethnischen Herkunft besonders profitieren.
- Erfolg und Zufriedenheit im Förderunterricht hängen bei den Schülern stark mit ihrer Teilnahmemotivation zusammen. Der Unterricht ist erfolgreicher, wenn sich die Schüler freiwillig angemeldet haben.
- Der Erfolg des Förderunterrichts hängt von seiner Dauer ab. Erst ab einem halben Jahr zeigen sich bedeutsame Erfolge.
- Schüler und Förderlehrer wünschen und praktizieren häufig eine Verbindung von Sprachförderung und Arbeit an Hausaufgaben sowie Vorbereitung auf Klassenarbeiten.
- Freizeitaktivitäten in der Fördergruppe stärken die Beziehung zwischen Förderlehrern und Schülern sowie der Schüler untereinander und verbessern das Lernklima in der Fördergruppe.
- Die Integration des Förderunterrichts in den Nachmittagsunterricht von Ganztagsschulen ist zeit- und ressourceneffektiv, erleichtert die Standortkoordination, den Kontakt der Förderlehrer zu den Klassen- und Fachlehrern und vermeidet weitgehend eine Stigmatisierung der geförderten Schüler.
- Bei Schulen ohne Ganztagsunterricht erweist sich die Einrichtung eines zentralen Förderzentrums als besonders effektiv.

Lernförderlicher Unterricht (May 2001)

Diese Studie ist deshalb hier interessant, weil in vielen Schulen ein zusätzlicher Förderunterricht in enger Abstimmung mit dem regulären Klassenunterricht organisiert wird.

In vorliegender Studie wird Förderunterricht als integraler Bestandteil des Klassenunterrichts aufgefasst.

Längsschnittstudie

Ab dem Schuljahr 1993/94 wurde in Hamburg das Projekt »Lesen und Schreiben für alle« (PLUS) gestartet. Daran nahmen insgesamt 136 Schulklassen über die vier Grundschuljahre längsschnittlich teil.

Neben Kindern mit normaler Leistungsfähigkeit wurden mehrere Gruppen mit schriftsprachlichen Lernschwierigkeiten verglichen:
- Einzelne Kinder wurden im Rahmen einer integrativen Förderung durch eine zusätzliche Förderlehrerin innerhalb des Klassenunterrichts gezielt unterstützt.
- Kinder wurden nach dem Konzept der traditionellen LRS-Einzelhilfe außerhalb des Klassenunterrichts betreut.
- Kinder wurden im Rahmen einer außerunterrichtlichen Lernhilfe von Lerntherapeuten gefördert.
- Kinder wurden nicht zusätzlich zum Klassenunterricht gefördert.

Ergebnisse

Aus diesem Projekt sollen zentrale Ergebnisse mitgeteilt werden:

- Kleinere Fördergruppen waren effektiver als größere, allerdings war Kleingruppenunterricht erfolgreicher als Einzelunterricht.
- Zunächst überrascht die negative Korrelation zwischen der verfügbaren Zahl der Förderstunden und dem Lernerfolg. Dies hängt damit zusammen, dass leistungsschwächere und damit einen größeren Bedarf an Förderstunden benötigende Klassen diese Stunden nicht zugestanden bekommen hatten.
- Interessant ist das Ergebnis, dass die integrative Form der Förderung durch zwei Lehrkräfte in der Klasse gegenüber dem Klassenunterricht ohne zusätzliche Förderlehrkraft sowie dem externen Förderunterricht insgesamt weniger lernförderlich ausgefallen ist. May gibt als Begründung, dass sich die Förderlehrkraft nicht ausschließlich auf die Förderkinder gerichtet hat, sondern dass sie auch andere Kinder betreut hat. Diese Konstellation erschwerte die Orientierung für alle Kinder, die Anwesenheit zweier Lehrkräfte führte dazu, dass ein großer Teil der Unterrichtszeit für nicht unterrichtsbezogene Aktivitäten verwendet wurde. Außerdem praktizierten beide Lehrkräfte relativ offene Unterrichtsformate, die gerade für Kinder mit Lernschwierigkeiten eher hemmend waren.

In der Tabelle 10 (May 2001, S. 359) werden die im Projekt ermittelten Vorteile des integrativen und des externen Förderunterrichts zusammengestellt. Dabei geht es um die kontrastierende Sichtweise, wie im Projekt beide Formen untersucht wurden. Die Ergebnisse dürften nicht generalisiert, losgelöst vom Projekt interpretierbar sein. Denn der erste Punkt »erhöhte Motivation« als Vorteil beim externen Förderunterricht sollte natürlich bei einem adaptiv geführten Unterricht (5.7) auch in heterogen zusammengesetzten Klassen möglich sein.

Tab. 10: Vorteile eines integrativen vs. externen Förderunterrichts

Vorteile des integrativen Förderunterrichts	Vorteile des externen Förderunterrichts
Vorteile für das Förderkind:	Vorteile für das Förderkind:
• keine Ausgrenzung: Vermeidung der Stigmatisierung, kein Sonderstatus, Beteiligung am Gruppengeschehen, keine Versäumnisse, Teilnahme am laufenden Unterricht, Erhalt des emotionalen und atmosphärischen Rahmens • flexible Förderung: wechselnde Schüler, kurzfristige gezielte Förderung, flexible Arbeitsformen, Möglichkeit zum direkten Aufgreifen von Problemen des Unterrichts, zeitlich individuell gestaltete Förderphasen • Anregungen durch Mitschüler: stimulierende Möglichkeiten im Klassenverband durch gemeinsames Lernen, Ansporn durch Leistungen anderer Kinder, Hilfen durch Mitschüler • Diagnostik im sozialen Kontext: individuelle Probleme werden in der Klasse leichter ersichtlich, dadurch Frühdiagnose erleichtert, Beobachtung des Lernverhaltens im sozialen Umfeld unter Einbeziehung vielfältiger Aspekte erbringt Aufschlüsse über eigenständiges Lernen	• erhöhte Motivation: Lob und Anerkennung bei kleinen Fortschritten, fehlende Konkurrenz, eigenes Tempo möglich, individuelle Interessen berücksichtigen, eigenen Zugang zur Schrift finden • Ruhe und Entspannung: Konzentrationssteigerung, Abbau von Hemmungen, Ungestörtheit, keine Ablenkung • intensivere Zuwendung: um persönliche Probleme kümmern, emotionale Wärme, Bedürfnisbefriedigung, Selbstwertsteigerung • gezielte Förderung: Aufarbeiten von Lernrückständen, individuelle Lernprobleme, intensives Üben, spezielle Übungen (z. B. Bewegungsübungen, laute Leseübungen, Hörübungen mit Tonband, spielerische Aktivitäten, besondere Hilfsmittel), Extraraum für Bewegung, kontinuierliche Arbeitsweise, unabhängig von der Klasse

Vorteile für den Unterricht:	Vorteile für den Unterricht:
• bessere Bedingungen für den Klassenunterricht: entspanntes Arbeitsklima, größerer Wirkungskreis, durch Doppelbesetzung mehr Aufmerksamkeit für alle, Unterstützung auch der anderen Kinder • mehr Kooperation: Entlastung der Klassenlehrer, Teamarbeit möglich, gemeinsame Reflexionen, klassenbezogene Frühdiagnose, flexiblere Arbeitsformen, zu zweit auf Erfordernisse reagieren • bessere Koordination: Planung, Absprachen über Förderkonzept, Anpassung an den Klassenunterricht	• bessere Bedingungen für den Klassenunterricht: keine Störung durch Fördermaßnahmen, keine Ablenkung, Entlastung der Lehrkraft, Ruhe, vertraute Atmosphäre, kontinuierliches Arbeitstempo

Wirkung individueller Einzelförderung (Rechter 2011)

Förderung von Studierenden im Rahmen eines Seminars

Schließlich soll von einer Studie berichtet werden, in der individuelle Einzelförderung von Studierenden der Universität Hildesheim im Rahmen eines Seminars angeboten wurde. Diese Förderung wurde im Umfang von 20 Stunden über 10 Förderwochen mit 238 Schülerinnen und Schülern der 3. und 4. Jahrgangsstufe durchgeführt. Pro Woche fanden entweder zwei kürzere oder eine längere Fördereinheit statt (2×1 Stunde bzw. 1×2 Stunden), die in der Regel unterrichtsergänzend durchgeführt wurde. Gemessen wurden die Mathematik-, Lese- und Rechtschreibleistungen sowie Selbstwirksamkeitserwartung, Lernfreude und Fähigkeitsselbstkonzept in Mathematik insgesamt dreimal, in der ersten und zehnten Förderwoche sowie acht Wochen später.

Bei den drei psychologischen Variablen zeigt sich ein relativ konstanter Anstieg über die drei Messzeitpunkte. Dabei konnte kein unterschiedlicher Einfluss zwischen den zwei kürzeren oder der einen längeren Fördereinheit festgestellt werden. Die Fachleistungen steigen zwischen den drei Messzeitpunkten an, wobei die Anstiege zwischen dem ersten und zweiten Messzeitpunkt höher ausfallen als zwischen dem zweiten und dritten Messzeitpunkt.

2.5.4 Exkurs: Nachhilfe als individuelle Förderung

Wenn es um individuelle Förderung geht, muss hier zwangsläufig ein Reizthema der bundesdeutschen Pädagogik hier angeführt werden, das

Nachhilfewesen – eine Form der Förderung, die sich am Halbtagesmodell von Schule orientiert.

»Eine Fünf auf dem Zeugnis? Das Angebot ›5 weg oder Geld zurück‹ der Schülerhilfe schafft Abhilfe. Es richtet sich an alle Schülerinnen und Schüler, die in einem Unterrichtsfach eine Fünf auf dem letzten Zeugnis hatten«. Mit diesem Slogan startete einer der beiden größten Anbieter für Nachhilfe in Deutschland eine werbeträchtige Kampagne. Dieser Slogan zeugt von einem Selbstbewusstsein eines Unternehmens, wie es beispiellos in der Geschichte des Nachhilfeunterrichts ist. Zu sehr ist der kommerziellen Nachhilfe gerade seitens der Schulen eine große Skepsis entgegengebracht worden. Dieser Skepsis scheint mit diesem Slogan der Nährboden weitgehend entzogen zu sein, was die vorliegende Verbreitung, die Motivwahl und die Wirksamkeit betrifft.

Verbreitung

Wenn man die vorliegenden Daten zusammen betrachtet, kann man davon ausgehen, dass ca. 10 Prozent aller Schüler aktuell Nachhilfeunterricht erhalten, bei den Sekundarschülern der Anteil bei ca. 25 Prozent liegt. Summa summarum nimmt im Laufe ihrer Schulzeit ca. ein Drittel aller Schüler Nachhilfe in Anspruch.

Wenn man gerade die Daten der PISA-Studie und der Shell-Jugendstudie über die Jahre betrachtet, so wird deutlich, dass die Nachfrage nach Nachhilfeunterricht eher zugenommen hat. Bei genauerem Hinschauen ist dies mit einer Zunahme der Nachhilfe gerade unter den Hauptschülern zu erklären. Während in der Shell-Studie 2002 noch deutlich mehr Schüler an den Realschulen und Gymnasien mit 19 Prozent als an den Hauptschulen mit 15 Prozent Nachhilfe in Anspruch genommen haben, hat sich das Verhältnis 2006 umgekehrt. 26 Prozent der Hauptschüler berichten gegenüber 21 Prozent an Realschulen bzw. Gymnasien von Nachhilfeunterricht. Im Rahmen von PISA 2003 zeigen sich in fast allen Bundesländern entweder an der Hauptschule oder an der Realschule die höchsten Nachhilfequoten, nie am Gymnasium.

Zunahme der Nachfrage nach Nachhilfeunterricht

Wenn wir heute insgesamt von einer relativen Gleichverteilung zwischen den Sekundarschulformen sprechen können, dann kann man diesen Befund als Zeichen deuten, dass in Anbetracht der ungünstigen Arbeitsmarktchancen für Hauptschulabsolventen diese höhere Bildungsabschlüsse anstreben und daher vermehrt Nachhilfeunterricht in Anspruch nehmen.

Gründe

Im Angebot der Nachhilfegeber haben sich in den letzten Jahren die Anteile entscheidend verschoben. Der Anteil der Institute hat sich innerhalb der letzten zehn Jahre mehr als verdoppelt. So geht man mittlerweile davon aus, dass die kommerziellen Nachhilfeinstitute einen Marktanteil von ca. 40 Prozent haben dürften, den Rest teilen sich ca. zu je 30 Prozent Studenten/ältere Schüler und Lehrkräfte.

Und der Boom der Nachhilfeinstitute lässt sich gut erklären: Unterricht in einer Kleingruppe ist die Domäne der Nachhilfeinstitute. Denn Nachhilfeinstitute sind natürlich Wirtschaftsunternehmen, die sowohl ihre Kosten erwirtschaften als auch Gewinne erzielen müssen. Sie haben Kosten für Werbung, Verwaltung und Miete. Sie können eigentlich nur dadurch mit privater Nachhilfe konkurrieren, dass sie Nachhilfeschüler in Gruppen zusammenfassen.

Nachhilfe in Kleingruppen

Allgemein lässt sich sagen, dass Nachhilfe in kleinen Gruppen nicht nur preiswerter, sondern meist auch pädagogisch sinnvoller ist. Nervosität und Prüfungsangst, häufig Begleiter von schlechten Noten, können in einer Gruppenarbeitssituation effektiver abgebaut werden. Auch macht gemeinsames Lernen, gerade am Nachmittag, mehr Spaß.

Und in der Regel setzt der Unterricht in Nachhilfeinstitutionen an den Hausaufgaben an. Hierfür gibt es gute Argumente. Denn ein sinnvoll organisierter außerschulischer Förderunterricht wie Nachhilfe muss am aktuellen Stoff des Schülers ansetzen. Was bietet sich da besseres an, als an den täglichen Hausaufgaben anzusetzen, zumal man voraussetzen kann, dass diese von einem Schüler mit schulischen Problemen eben nicht richtig und selbstständig erledigt werden können? Jetzt sind wir beim Thema: Hausaufgabenbetreuung in Kleingruppen am Nachmittag – wäre das nicht auch im öffentlichen Schulsystem möglich?

Motive

Gründe für Nachhilfeunterricht

Weiterhin dominieren die beiden klassischen Nachhilfemotive, die Verbesserung schwacher Schulleistungen und der Ausgleich von Leistungsschwächen, wie z. B. Lese- Rechtschreib-Schwäche oder Rechenschwäche. Im Einzelnen sind solche leistungsbezogenen Gründe:

- Faulheit
- Desinteresse
- schlechte Klassenarbeiten und Zeugnisnoten
- Gefährdung der Versetzung
- Krankheit
- Umzug
- persönliche, familiäre Krisen
- schlechte schulische Rahmenbedingungen wie häufiger Lehrerwechsel, Stundenausfall, didaktische Defizite der Lehrer, fehlende Übung in der Schule

Es fällt auf, dass Nachhilfeunterricht zwar häufiger, aber längst nicht nur von leistungsschwachen Schülern in Anspruch genommen wird. Nachhilfe wird von einem nicht unbeträchtlichen Prozentsatz immer weniger zum Abbau von Leistungsdefiziten genommen, sondern wird als ein gezieltes Mittel im Wettstreit um gute Noten und zur individuellen Verbesserung auf dem Arbeitsmarkt gesehen. Anhaltspunkt liefert die IGLU-Studie 2006 (Bos et al. 2007): 25 Prozent der Nachhilfeschüler nutzen den zusätzlichen Nachhilfeunterricht, obwohl sie Leistungen auf der höchsten Kompetenzstufe erbringen.

Wirksamkeit

Immer noch liegen zu wenige Studien vor, die den hierzu notwendigen methodischen Standards wie Repräsentativität, längsschnittlich angelegtem Design, Einbeziehung einer Kontrollgruppe genügen.

Die bisher vorliegenden Studien bieten einige Trends: Es ist dabei nicht sonderlich überraschend, dass positive Bewertungen überwiegen und positive Folgen wie Motivationssteigerung, verstärkte Lernfreude oder erhöhter Arbeitseinsatz genannt werden. Nachhilfe wird von den Beteiligten also mehrheitlich als effektiv angesehen. Hinsichtlich der Schulnoten wird durchschnittlich eine Verbesserung um eine Notenstufe angegeben. Allerdings wird die Interpretation dieser Ergebnisse durch die Subjektivität der Einschätzungen sowie das Fehlen eines Referenzmaßstabes bei den angegebenen Notenverbesserungen erheblich erschwert.

Nachhilfe wird als effektiv angesehen

Insgesamt gibt es gute Gründe zu sagen, dass Nachhilfe besser sein dürfte als ihr Ruf. Das macht auch in der Weise Sinn, dass Eltern wohl nicht umsonst riesige Summen hier investieren würden.

2.5.5 Fazit

Individuelle Förderung ist Kernaufgabe einer modernen Schule. Der heutige Begriff wird sehr weit gefasst und enthält vielfältige Organisationsformen. Zur Wirksamkeit, die gut erforscht ist, liegen mittlerweile differenzierte Ergebnisse vor. Die zukünftige Herausforderung sowohl für die Praxis als auch für die Forschung dürfte sein, wirksame und zugleich praktikable Formen im öffentlichen Schulsystem zu etablieren.

3 Theoretische Begründungen

Wenn man Leser pädagogischer Literatur mit dem Wort »Theorie« konfrontiert, werden schnell zwei Lager deutlich. Die einen halten es eher mit Mephisto, wenn er im ersten Teil von Goethes »Faust« spricht: »Grau, teurer Freund, ist alle Theorie!«, die anderen eher mit dem Ausspruch Kurt Lewins, des Begründers der modernen Sozialpsychologie: »Es gibt nichts Praktischeres als eine gute Theorie!«

Wer davon ausgeht, dass zwischen Theorie und Praxis ein Gegensatz besteht, womöglich sogar ein unüberbrückbarer, behindert sich selbst nicht nur in seiner geistigen Weiterentwicklung, sondern auch in seiner professionellen Praxis. Denn gerade für Praktiker sollten Theorien wichtig sein, da sie in mehrerlei Hinsicht helfen (im Folgenden Schnotz 2006). Man unterscheidet vier Grundformen der Theorieanwendung:

1. differenziertes Wahrnehmen (= Beschreibung)
2. rückschauendes Begreifen (= Erklärung)
3. vorsorgliche Folgenabschätzung (= Prognose)
4. zielerreichendes Handeln (= Technologie)

Vier Grundformen der Theorieanwendung

Theorien helfen also, auftretende Phänomene zu beschreiben (1.), dann diese auf allgemeine Gesetzmäßigkeiten zurückzuführen, d.h. sie zu erklären (2.), auf dieser Grundlage Prognosen zu machen (3.) und Handlungsempfehlungen zu geben (4.). Es geht darum, die Komplexität der Realität – und die pädagogische Realität ist wirklich komplex – in den Griff zu bekommen und die richtigen Ansatzpunkte für ein wirksames Handeln zu finden.

Sogar hinter einem »ziellosen« Ausprobieren steht eine Theorie, nämlich: »Wenn ich nur genügend herumprobiere, wird schon eine halbwegs richtige Lösung dabei sein«.

Gleichsam als Brücke zwischen Theorie und Praxis fungieren die psychologisch orientierten Handlungstheorien. Sie modellieren den Zusammenhang zwischen Wissen und beobachtbarem Handeln (Haag 1999). So kommt theoretischem Wissen wie beispielsweise den Lehrerkognitionen die Funktion einer Wissensbasis zu, die unter bestimmten Bedingungen, jedoch nicht automatisch im Verlauf von Handlungen aktiviert wird und steuernd eingreift.

So weiß der »Theoretiker«, dass in der Praxis die direkte Anwendung allgemeiner Gesetzmäßigkeiten in Form von direkt abgeleiteten Handlungsregeln kaum vorkommt. Dafür sind praktisch-pädagogische Probleme zu komplex.

Dazu weiß der »Theoretiker« noch, dass er eine Art Orientierungswissen zur Verfügung stellen kann, mit dessen Hilfe sich leichter praktische Lösungen finden lassen.

Und der »Theoretiker« weiß um den Ausspruch von James (1899), dass zwischen Wissenschaft und Anwendung ein erfinderischer Geist zwischengeschaltet werden muss. Die Wissenschaft kann nur den Rahmen festlegen, was innerhalb dieses Rahmens zu tun ist, bleibt der schöpferischen Kraft des Praktikers überlassen. Skinner (1967) drückt es in einem Aufsatz so aus: »Die Wissenschaft des Lernens und die Kunst des Lehrens«.

Gedankengänge von James und Skinner

Diese Gedankengänge von James und Skinner nehmen Beck und Krapp (2001) auf und formulieren in Anlehnung an Shulman: Der wissenschaftliche Experte nimmt die Rolle eines Kundschafters ein, »der für eine Fahrt durch unwegsames Gelände das voraus liegende Terrain erkunden soll. Wenn er seine Aufgabe gut erfüllt, wird er nicht mit einem einzigen, in allen Details ausgearbeiteten Routenvorschlag zurückkommen, sondern mit einem sehr komplexen Abbild des Terrains, mit sehr vielen Detailkenntnissen über Geländeformationen, Unwegsamkeiten und mögliche Streckenführungen. Um in dieser Situation eine optimale Entscheidung für die nächsten Handlungsschritte treffen zu können, muss man die vorliegenden Informationen sichten, ordnen und nach Maßgabe der Handlungsziele auswählen. Dabei wird sich der professionelle Praktiker z. T. auch auf seine eigenen (früheren) Erfahrungen bei der Bewältigung vergleichbarer Problemlagen stützen« (S. 47).

Und wenn im Folgenden Ansätze zur individuellen Förderung gegeben werden, dann soll damit die Komplexität dieses facettenreichen Begriffs herausgestrichen werden. Denn individuelle Förderung kann aus unterschiedlichen theoretischen Strömungen hergeleitet werden.

Zunächst werden einschlägige didaktische Modelle unter dem Aspekt der Übertragbarkeit auf individuelle Förderung hin untersucht (3.1). Hier soll und kann kein Platz sein, die allseits wiedergegebenen Theorien der Allgemeinen Didaktik weiter zu tradieren, sondern zentrale Meilensteine zu benennen. In einer Art Synopse werden die vorliegenden Erkenntnisse in einen modernen didaktischen Ansatz der »optimalen Aktivierung« zusammengefasst. Besonderes Augenmerk soll hier auf psychologisch orientierte Didaktiken gelegt werden (3.2). Vor allem geht es um Hans Aeblis in Deutschland vernachlässigte Didaktik, die unseres Erachtens ein bisher so nicht gesehenes Potenzial der individuellen Förderung hat. Weiterhin sollen heute in der Pädagogischen Psychologie prominente Aspekte, die lernpsychologisch relevant sind, auf ihre Bedeutung für vorliegendes Thema hin abgeklopft werden (3.3). Schließlich sollen empirisch gut belegte Merkmale und damit Theoriebausteine gelingender individueller Förderung, wie sie im Kontext der Nachhilfeforschung entwickelt wurden, dargestellt werden (3.4).

3.1 Darstellung einschlägiger didaktischer Modelle unter dem Aspekt der Übertragbarkeit auf individuelle Förderung

Die Allgemeine Didaktik als Theorie des Lehrens und Lernens (auf eine nähere Begrifflichkeit soll nicht näher eingegangen werden, vgl. Klafki 1963) wird hier hinterfragt, inwieweit sie den einzelnen Schüler als zu fördernden berücksichtigt hat.

Aus einem traditionellen Verständnis heraus legte die Allgemeine Didaktik ihren Wert auf den Blick der Klasse als Ganzes. Hierfür steht Comenius Pate mit seinem Leitmotto »Omnes – omnia – omnino«, wie im Kapitel 2.1 aufgezeigt wurde.

In der zweiten Hälfte des 20. Jahrhunderts haben sich Erziehungswissenschaftler mit der reichen geistesgeschichtlichen Tradition zum Thema Bildung auseinandergesetzt. Auf unterschiedlichste Weise haben sie versucht, den Begriff der Bildung näher zu bestimmen und mit Inhalt zu füllen. Hierzu sollen in historischer Dimension zentrale Positionen der Allgemeinen Didaktik betrachtet werden. Dabei beziehen wir uns vor allem auf die Einteilung nach Bönsch (2006), der einen historisch klaren Überblick bietet.

»Individuelles Fördern« in didaktischen Modellen

Es geht uns nicht um bildungstheoretische Aussagen an sich, sondern wir fragen, inwieweit didaktische Modelle den einzelnen Schüler im Blick haben und individuelles Fördern eine eigene Bedeutung erhält.

3.1.1 Meilensteine – Klafki: Didaktische Analyse (1958) und Heimann: Berliner Didaktik (1962)

Die Werke beider Autoren stellen Meilensteine in der Didaktikdiskussion dar, indem sie beide integrative Ansätze mit hohem Theoretisierungsanspruch beinhalten. »KLAFKI machte den bildungstheoretischen Ansatz praktisch, die Berliner hoben die Analyse und Planung von Unterricht auf eine intersubjektiv nachvollziehbare Reflexionsebene« (Bönsch 2006, S. 24).

Beide Modelle betrachten Unterricht aus einer lehrerzentrierten Perspektive. Die Effektivität des Unterrichts wird vor allem auf die Wirksamkeit des Lehrenden zurückgeführt. In der ursprünglichen Form der bildungstheoretischen Didaktik war es das sogenannte Primat der Didaktik gegenüber der Methodik, das die Frage der Inhalte ins Zentrum der Theorieentwicklung stellte. Gleichsam als Gelenkstück zwischen seiner Didaktik als Bildungslehre und der davon abgekoppelten Unterrichtsmethodik und der Unterrichtspraxis entwickelte Klafki seine didaktische Analyse, um so den Lehrern eine Hilfestellung bei der Begründung des Stundenthemas zu geben. Zur Bewältigung dieser Aufgabe hat Klafki in dem Aufsatz »Die didaktische Analyse als Kern der Unterrichtsvorbereitung« (1958, auch in: Klafki 1963) die berühmten fünf Grundfragen formuliert (S. 135–142):

Klafki: didaktische Analyse

- *Gegenwartsbedeutung:* Welche Bedeutung hat der betreffende Inhalt bereits im geistigen Leben der Kinder meiner Klasse, welche Bedeutung sollte er – vom pädagogischen Gesichtspunkt aus gesehen – darin haben?
- *Zukunftsbedeutung:* Worin liegt die Bedeutung des Themas für die Zukunft der Kinder?
- *Sachstruktur:* Welches ist die Struktur des (durch die Fragen 1 und 2 in die spezifische pädagogische Sicht gerückten) Inhaltes?
- *Exemplarische Bedeutung:* Welchen allgemeinen Sachverhalt, welches allgemeine Problem erschließt der betreffende Inhalt?
- *Zugänglichkeit:* Welches sind die besonderen Fälle, Phänomene, Situationen, Versuche, in oder an denen die Struktur des jeweiligen Inhalts den Kindern dieser Bildungsstufe, dieser Klasse interessant, fragwürdig, zugänglich, begreiflich, »anschaulich« werden kann?

In der Didaktik der Berliner Schule sind Ziele, Inhalte, Methoden und Medien Gegenstand der Entscheidungen der Lehrer bei ihrer Unterrichtsplanung.

Berliner Schule

Auch wenn beide auf anthropogene Voraussetzungen bei den Schülern wie beispielsweise deren Lernkapazitäten und weitere Gegebenheiten verweisen, werden die Perspektive der Lernenden und die Unterschiedlichkeit ihrer Lernprozesse vernachlässigt. Wenn auch Heimann in bewusster Absetzung zur bildungstheoretischen Didaktik von lerntheoretischer sprach, so ist hier ein Anschluss an psychologische Lerntheorien, wie sie mit Heinrich Roths Arbeiten (Roth 1957) oder mit Aeblis psychologischer Didaktik (Aebli 1963) vorgelegt wurden, nicht erkennbar.

Klafkis Studien zur inneren Differenzierung

Wolfgang Klafki soll deshalb eigens herausgehoben werden, weil er in der Fokussierung auf den Schüler zumindest für den Lehrer das Potenzial einer Binnendifferenzierung sieht.

Klafki: Kategoriale Bildung

Dies klingt bereits in Klafkis Bildungstheorie an. Er unterscheidet materiale von formaler Bildung, die er in seiner »Kategorialen Bildung« zusammenfließen lässt. Im Ansatz der formalen Bildung geht er davon aus, dass der Schüler als Subjekt durch Lernprozesse in der Lage sein soll, später Lebenssituationen selbst zu bewältigen. »Der Schüler erschließt sich seinerseits die Wirklichkeit«, so ein zentraler Satz von ihm.

Hier unterstützt Klafki bereits das Bestreben von Differenzierung, den Schüler mit all seinen Bedürfnissen in den Mittelpunkt zu stellen, die es zu fördern gilt. Es geht um ein »Aufgehen allgemeiner Einsichten, Erlebnisse, Erfahrungen auf der Seite des Subjektes« (Klafki 1963, S. 43).

Klafkis kritisch-konstruktive Didaktik

Mit einem gewandelten Wissenschaftsverständnis, das nun auch erfahrungswissenschaftliche Erkenntnisse integriert, konzipiert Klafki seine bildungstheoretische Didaktik nun als kritisch-konstruktive Didaktik (1985; 1991). Unter Berücksichtigung der Aufklärungs- und Demokratisierungsbewegung der Sechzigerjahre des letzten Jahrhunderts werden nun die Leitziele Emanzipation und Mündigkeit aufgenommen.

Selbstbestimmung, Mitbestimmung, Solidarität

Der kategoriale Bildungsbegriff wird zu einem allgemeinen Bildungskonzept. Bildung wird nun unter den Zielvorstellungen der Mündigkeit und Emanzipation als Zusammenhang von drei Grundfähigkeiten verstanden: Gebildet ist, wer zu Selbstbestimmung, Mitbestimmung und Solidarität mit andern, vor allem den Schwächeren, in der Lage ist. Dieser Bildungsbegriff beinhaltet für den Unterricht mehreres: Durch die Ausdehnung des Bildungsbegriffs auf die gesellschaftliche Mitverantwortung nehmen nun »Schlüsselprobleme« eine zentrale Rolle ein.

Selbstbestimmung verlangt ein anderes Lernen, es geht nun um selbstständiges, verstehendes und entdeckendes Lernen. Die Idee des selbstständigen Lernens hat die Ansätze zum schülerorientierten und offenen Unterricht der letzten Jahrzehnte mit inspiriert (Messner 2007). Man kann feststellen, dass Klafkis relativ geschlossenes und stark auf den Lehrer bezogenes Konzept der Unterrichtsvorbereitung (1963) nun durch die Einbeziehung von schüleraktiven Elementen geöffnet wurde.

Eine solche geforderte Fokussierung auf den Schüler als Subjekt – eine Sichtweise, der sich Hartmut von Hentig anschließt, indem er auch Bildung als wesentlich für die Entfaltung des Subjektes ansieht (von Hentig 1999) – erfordert ein entsprechendes Unterrichtskonzept bzw. eine bestimmte Unterrichtsgestaltung. Dieser Forderung kann, so Klafki, der Lehrer mithilfe unterschiedlichster Arten von Differenzierung gerecht werden.

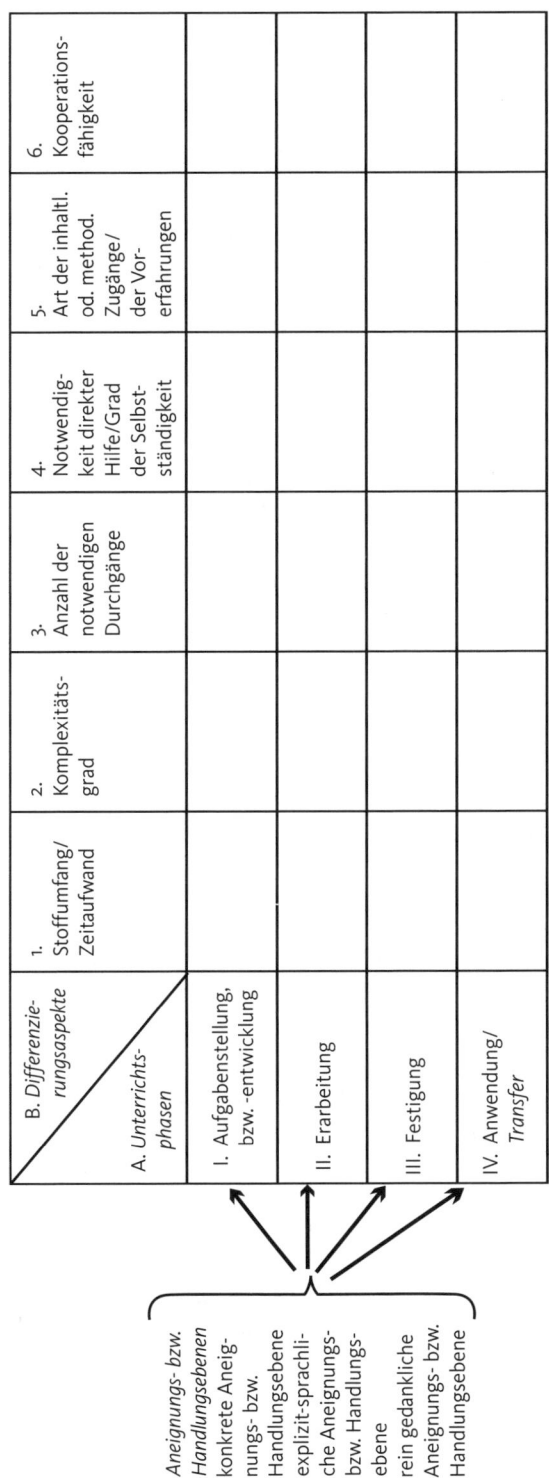

Abb. 6: Dimensionen- und Kriterienraster zur inneren Differenzierung (aus: Klafki 1985, S. 134)

Klafki und Stöcker setzten sich bereits vor 30 Jahren (1982) mit der inneren Differenzierung auseinander, und sie plädierten dafür, den Unterrichtsstoff nach einem Fundamentum und einem Additum zu unterscheiden. Alle Schüler sollen mindestens die Lernziele und den Stoff des Fundamentum beherrschen, damit sie anschlussfähig weiter beschult werden können.

Die Autoren entwickelten ein Dimensionen- und Kriterienraster zur inneren Differenzierung, das Abbildung 6 wiedergibt. Sie gingen von folgenden drei Dimensionen aus: Unterrichtsphasen (A), Differenzierungsaspekte im Hinblick auf die Schüler (B), Aneignungs- bzw. Handlungsebenen (C).

Dieses Raster zeigt, »in welcher Weise die Selbstbestimmungsfähigkeit als pädagogisch-politische Anforderung an die Schule mit einer methodischen Öffnung des Unterrichts verbunden werden kann« (Stübig/Stübig 2007, S. 114).

Diese Systematik beeinflusste im Folgenden neuere Modelle der Allgemeinen Didaktik. In Anlehnung an Klafki und Stöcker gibt Kiper (2008a) in der Tabelle 11 einen systematischen Einblick, was inneres Differenzieren bedeutet.

Tab. 11: Vorgehen in der Klasse vs. beim inneren Differenzieren (Kiper 2008a, Tab. 6, S. 96)

Vorgehen in der Jahrgangsklasse	*Vorgehen beim inneren Differenzieren in der Jahrgangsklasse*
gleiche Lernziele	differenzierte Lernziele
gleicher Stoffumfang	Unterscheidung der Anforderungen in Fundamentum und Additum
gleiche Materialien	unterschiedliche Materialien
gleicher Abstraktionsgrad beim Erwerb von Wissen und Können	Eröffnung von unterschiedlichen Aneignungs- und Handlungsebenen (bei sich unterscheidendem Abstraktionsgrad)
gleicher Komplexitätsgrad mit Blick auf die Aufgabenstellungen	Differenzierung der Aufgabenstellungen (mit Blick auf Komplexitätsgrad und Umfang)
gleiche Bedingungen für das Lernen	Gewähren unterschiedlicher Grade direkter und indirekter Hilfe

zeitliche Konstanz bei der Aufgabenbearbeitung	zeitliche Variabilität bei der Aufgabenbearbeitung
	Ermöglichung unterschiedlicher Tempi
	Ermöglichung eines unterschiedlichen Zeitumfangs beim Lernen
	Ermöglichung einer sich unterscheidenden Anzahl von Durchgängen beim Lernen
gleicher Grad an Selbstständigkeit	unterschiedlicher Grad an Selbstständigkeit beim Erarbeiten der Aufgaben

3.1.2 Von Ideengebern der Reformpädagogik zum didaktischen Ansatz der »optimalen Aktivierung«

Bönsch (2006) stellt den Theoriearsenalen der Didaktik, die er in mehrere Epochen einteilt, wichtige Ideengeber in der Zeit der Reformpädagogik voraus. Als Grundtenor, gleichsam als Reflex auf die einseitige Buchschule, lässt sich ein erweiterter Lernbegriff festmachen, bei dem es vor allem um folgende Aspekte geht:

Aspekte der Reformpädagogik

- »freie geistige Arbeit«, d.h. neue Arbeitsformen und praktizierte Selbsttätigkeit (Hugo Gaudig)
- »selbstständiges Handeln«, auch körperliches Arbeiten (Hermann Lietz)
- »konstruktive Betätigung« (Georg Kerschensteiner: vgl. Planung und Herstellung eines Starenkastens, des viel zitierten Beispiels in der Literatur)
- »Projektarbeit« (Fritz Karsen)
- »Vorhaben« (Otto Haase)
- »Vollendung eines Werkes« (Adolf Reichwein)

Und wenn es nun gerade um ein Fördern aller Schüler geht, sollte es eine generelle Überlegung wert sein, inwieweit bei unterschiedlichen Schülern Fortschritte einseitig über »geistige« Werke festgemacht werden sollten oder ob nicht von vornerein von einem erweiterten Lernbegriff ausgegangen werden sollte, wie er sich in den Positionen der Reformpädagogik wiederfinden lässt.

Erweiterter Lernbegriff

Diese Gedanken waren zunächst lange verschüttet, bis sie konkret auch wieder in Lehrplänen aufgetaucht sind. Von Ideengebern der Reformpädagogik ausgehend wurde im »Haus des Lernens« ein ganzheitliches Lernkonzept entwickelt, wie es von der Bildungskommission

Nordrhein-Westfalen 1995 vorgeschlagen wurde. Zu einem ganzheitlichen umfassenden Lernen »gehören neben dem Lernen als Erwerb von Wissen und Können auch soziales und moralisches Lernen und das Einüben von Handlungskompetenz« (Bildungskommission NRW 1995, S. 89).

Jürgens veranschaulicht das Gemeinte in einem Vier-Faktoren-Modell einer ganzheitlichen Lernkompetenz (2006, S. 35) (Abbildung 7).

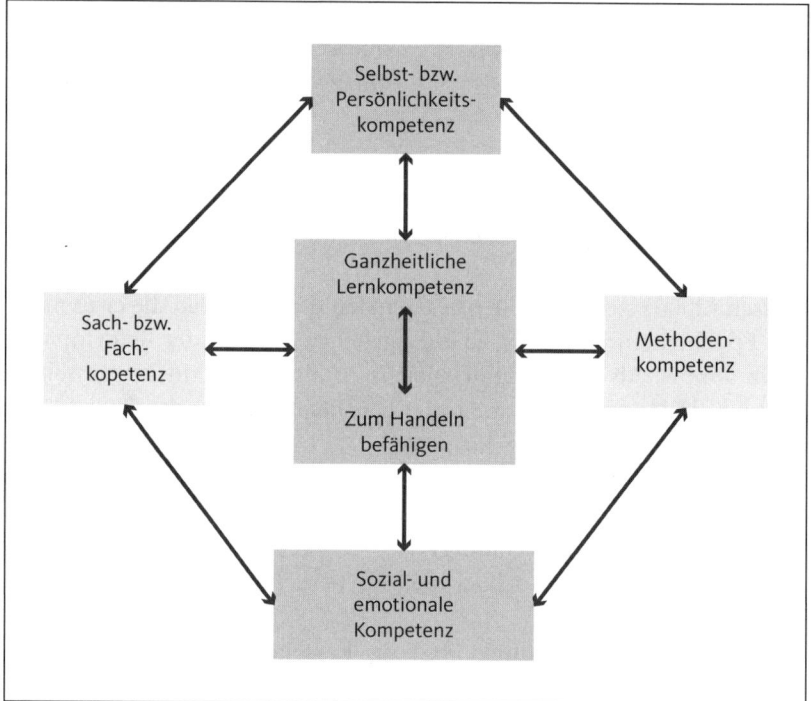

Abb. 7: Vier-Faktoren-Modell einer ganzheitlichen Lernkompetenz (Jürgens 2006, S. 35)

Schulisches Lernen soll die vier Kernkompetenzen abdecken

Schulisches Lernen muss so gestaltet sein, dass die vier Kernkompetenzen abgedeckt werden können. Dies gelingt, wenn das Lehr-Lern-Geschehen aus der Dominanz des Lehrerhandelns gelöst wird und das Lernhandeln aufseiten der Lerner stärker in den Fokus gestellt wird. Ein solcher als erweitert zu bezeichnender Lernbegriff soll sich in Lernsituationen ausdrücken, in denen fachliches und überfachliches Lernen, individuelle und soziale Erfahrung, Praxisbezug und die Einbeziehung des gesellschaftlichen Umfeldes miteinander verzahnt werden.

Hinter einem solchen erweiterten Lernbegriff steckt natürlich auch eine klare Vorstellung von Bildung. So wird von der Bildungskommission Nordrhein-Westfalen Bildung als individueller, auf die Gesellschaft bezogener Lern- und Entwicklungsprozess verstanden, in dessen Verlauf die Befähigung erworben wird,

- »den Anspruch auf Selbstbestimmung und die Entwicklung eigener Lebens-Sinnbestimmungen zu verwirklichen,
- diesen Anspruch auch für alle Mitmenschen anzuerkennen,
- Mitverantwortung für die Gestaltung der zwischenmenschlichen Beziehungen und der ökonomischen, gesellschaftlichen, politischen und kulturellen Verhältnisse zu übernehmen und
- die eigenen Ansprüche, die Ansprüche der Mitmenschen und die Anforderungen der Gesellschaft in eine vertretbare, den eigenen Möglichkeiten entsprechende Relation zu bringen« (S. 31).

Der Aufbau eines soeben skizzierten Lernkompetenzmodells stellt veränderte Anforderungen an die Gestaltung der Lehr- und Lernarrangements. Es geht darum, eine Lern- und Unterrichtskultur zu entwickeln, in der es vielfältige Möglichkeiten zu selbstgesteuertem, explorierendem und sinnbezogenem Lernen gibt.

Auch angesichts dieses weiten Lernbegriffs geht es in der Didaktik heute darum, den Umgang mit Heterogenität im Klassenzimmer zu ermöglichen. »Unterrichtsarrangements, die nicht heterogenitätssensibel sind oder gar homogenisierend wirken, werden als eine der Ursachen für eine wenig fördernde schulische Umwelt angesehen, die zu einer Verstärkung sozialer Unterschiede und zu einem insgesamt zu geringen Leistungsniveau führt« (Scheunpflug 2008, S. 67/8).

Jürgens (2006) hebt die sich wechselseitig ergänzende Funktion von direkter Instruktion und aktivierendem Unterricht hervor. Im Folgenden beziehen wir uns auf seine Ausführungen.

Frontalunterricht

Zunächst arbeitet Jürgens heraus, dass Frontalunterricht eine Sonderstellung innerhalb der direkten Instruktion einnimmt. Er bezeichnet ihn als »eine besonders rigide Variante« (S. 30) innerhalb des differenzierten Modells der direkten Instruktion. Sein Kennzeichen ist die Lehrökonomie, die sich durch Egalität auszeichnet, auf die sämtliche Aktivitäten gerichtet sind: gleicher Unterrichtsgegenstand, gleiches Tempo, gleiche Methodik, gleiche Interaktions-, Kommunikations- und Arbeitsformen, gleiche Kontroll- und Übergangsformen, gleiche Zielstellung und Zielerreichung.

Frontalunterricht heißt Egalität

Inhaltliche Gleichheit der frontal gegebenen Informationen bei der »Verschiedenheit der Köpfe«, wie oben herausgearbeitet, kann nicht funktionieren: Während der eine Schüler die erhaltenen Information gut in seine vorhandene Wissensstruktur einbauen kann, fehlt dem anderen das nötige Vorwissen, an das die Lehrerinformation andocken könnte. Auch können weder Fehler der einzelnen Schüler produktiv aufgearbeitet werden, noch können ihre Fragen konstruktiv aufgegriffen werden. Und individuelles Lernen zeichnet sich u. a. dadurch aus, dass Fehler, und zwar individuell verschiedene Fehler, gemacht werden dürfen. Jede falsch gegebene Antwort, jede gestellte Frage sind ein Hindernis, die der angeblich zügigen »Reibungslosigkeit« und »Zielbewältigung« im Wege stehen.

Frontalunterricht kann also eine didaktische und diagnostische Beachtung einer heterogenen Schülerschaft nicht leisten.

Direkte Instruktion

Das didaktische Konzept der direkten Instruktion lässt sich folgendermaßen charakterisieren: Hier werden die Lehr-/Lernziele festgelegt, das Thema wird in kleine und sinnvolle Lerneinheiten unterteilt, anhand adäquater Dialogformen werden Informationen bereitgestellt, Wissen vermittelt oder generiert, es werden Fragen unterschiedlichen Schwierigkeitsgrades gestellt, auf ausreichende Übung wird Wert gelegt, es werden individuelle Lernfortschritte kontrolliert, und es wird bei der Überwindung von Lernschwierigkeiten geholfen. Direkte Instruktion geht also von keiner fiktiv unterstellten Homogenität der Klasse aus. »Die Festlegung der Instruktionsziele erfordert die Berücksichtigung interindividueller Differenzen des kognitiven Entwicklungsstandes, des Vorwissens, der Lernmotivation und der Handlungskontrolle« (Weinert 1996, S. 38).

Passive Schülerrolle Eine entscheidende Grenze dieses didaktischen Ansatzes ist, dass dem Schüler wenig Raum zu Eigeninitiative, Wahlmöglichkeiten und selbstdefinierten Lernsituationen eingeräumt wird. Damit wird der Schüler auf eine eher passive Rolle beschränkt.

Aktives und konstruktives Lernen

Hierher gehören die psychologischen Ansätze des Lernens (3.3), die allesamt von einem Aktivitätsaxiom ausgehen, nach dem sich Schüler mit den Lerninhalten und mit den Lernsituationen aktiv auseinandersetzen und ihr eigenes Wissen konstruktiv aufbauen.

Jürgens formuliert folgende didaktische Grundprinzipien schüleraktiver Lernarrangements, deren Umsetzung in 5.3 erfolgt:

Grundsätze schüleraktiver Lernarrangements

»1. Preisgabe bzw. Relativierung des Planungsmonopols auf der organisatorischen, methodischen und inhaltlichen Ebene von Unterricht.
2. Anstreben einer ›Symmetrisierung‹ der Kommunikationsstruktur.
3. Selbststeuerungsfähigkeit der Schülerinnen und Schüler fördern und trainieren; systematische Vermittlung geeigneter Lern- und Arbeitstechniken; Anbahnung der Reflexion und Veränderung individueller Lernstrategien sowie Förderung der Auseinandersetzung mit metakognitiven Lernstrategien.
4. Klassenführungstechniken für Offene Lernarrangements entwickeln und erfolgreich anwenden.
5. Anleitung zu kooperativem Arbeiten, systematische Teamentwicklung leisten« (S. 56).

Damit optimale Schüleraktivierung gelingen kann, müssen Lehrkräfte für sich und ihre Schüler folgende Handlungsräume schaffen (Jürgens 2006, S. 59 f.):

- Klassenraumgestaltung
- Lernorganisation (der Zeitabläufe und der Stundentafel)
- Lernmethoden
- Lerndifferenzierung (selbstgesetzte Lernziele, individuelle Lernpläne)
- Lernberatung (einzelfallorientiert)
- Lernkontrolle (selbst- und fremdkontrollierte Verfahren)
- Lernatmosphäre (symmetrische Kommunikationsstruktur; klare Regeln)
- Lerntätigkeiten (ganzheitliches Lernen, kognitiv, interaktiv, emotional)

Lehrer- und Lernerdidaktik

Eine heute moderne Didaktik geht von einem dynamischen Aufeinanderverwiesensein von Lehrerdidaktik und Lernerdidaktik aus. »Lehrerangeleitete Unterrichtsphasen bleiben notwendig und bedeutsam für schulisches Lernen […]. Die gegenseitige, unterrichtszweckmäßige Komplementarität von ›Geschlossenheit‹ und ›Offenheit‹ kann nur gelingen, wenn beide Prinzipien ›dynamisch‹ aufgefasst werden, d.h. einerseits graduell unterschiedlich geschlossene Lernarrangements geplant und durchgeführt werden und sich andererseits der jeweilige ›Grad der Geschlossenheit‹ kompatibel zu einem entsprechenden ›Grad der Offenheit‹ verhält« (Jürgens 2006, S. 129).

3.1.3 Evolutionäre Didaktik (Scheunpflug 2001)

Aus der Fülle mittlerweile vorliegender subjektiver Didaktiken soll die evolutionäre Didaktik von Scheunpflug herausgegriffen werden, weil ihr ein großes didaktisches Potenzial in vorliegendem Kontext zugrunde liegt (im Folgenden Scheunpflug 2008).

Seit Comenius (2.1) ermöglichte die Perspektive auf die Gleichbehandlung von Schülern die Forderung nach einer Schule für alle. Die Annahme, dass alle Menschen vor Gott gleich sind, ermöglichte jene Entwicklung, dass eine Schulpflicht für alle eingeführt wurde. Daraus entwickelte sich die Leistungsschule und damit die Abkehr vom Ständeschulwesen. Das Leistungsprinzip wurde als gleicher Anspruch für alle durchgesetzt.

Mit der Aufklärung wurden die beiden Begriffe der Gleichheit und Differenz gleichermaßen für die Schule konstitutiv. Mit der Schule sollte eine Gleichheit vor dem Gesetz verbunden sein. Schule verkörpert damit den »allgemeinen Willen«. Gleichzeitig und damit in Folge entstehen über eine Gleichbehandlung bezüglich des Leistungsaspekts unterschiedliche Leistungsprofile, d.h. Individualität. Wenn nämlich Gleichheit in der Ansehung der Leistung gewährleistet ist, kann sich Individualität entwickeln. Hier verkörpert Schule den »subjektiven Willen«. Darum geht es nun im Unterricht: um eine Balance von Gleichheit und Differenz.

Scheunpflug (2001) bietet in ihrer evolutionären Didaktik das Theoriegerüst, wie Unterricht zu gestalten ist.

Variation, Selektion, Stabilisierung

Unterricht ist aus evolutionärer Perspektive durch das Zusammenspiel von Variationsangeboten, Selektionsofferten und Stabilisierung gekennzeichnet. Für die Unterrichtsplanung sind dabei folgende Fragen von Relevanz (Scheunpflug 2008, S. 74 f.):

Bezüglich Variation:
- Wie kann auf unterschiedliche Zugänge von Schülern methodisch sinnvoll reagiert werden?
- Welche Angebote sind möglich, die die Autopoiese der am Unterricht Beteiligten variieren bzw. anregen könnten?
- Können zur Bearbeitung eines Themas unterschiedliche Wege eingeschlagen werden?

Bezüglich Selektion:
- Mit welchen Gesprächsimpulsen kann die Kommunikation strukturiert und auf ein Thema beschränkt werden?
- Was kann das Ergebnis der Unterrichtskommunikation sein?

- Wie kann das Ergebnis der Unterrichtskommunikation festgehalten und gesichert werden?

Bezüglich Stabilisierung:
- Wie können Erwartungen klar und konsequent geäußert werden? An welcher Stelle im Unterricht werden diese deutlich?
- Sind die inhaltlichen Anforderungen im Unterricht offengelegt und transparent?
- Werden erreichte Standards expliziert und damit als Stärken des Systems kommunizierbar gemacht? Sind Feedbacks vorgesehen, um der Lehrkraft eine Chance zu geben zu überprüfen, ob ihre Darstellung so klar ist, wie sie es beabsichtigt?
- Welche kritischen und instabilen Situationen könnten im Unterricht auftreten? Wird genügend auf stabilisierende Faktoren geachtet, um unkontrollierbare Entwicklungen zu vermeiden?
- Wie können die Stärken einer Klasse bzw. der Schüler für den Unterricht genutzt werden?

In Tabelle 12 zeigt Scheunpflug auf, in welchen Dimensionen Gleichheit und Differenz im Unterricht auszubalancieren sind, und zwar so, dass Unterricht auf der einen Seite möglich ist und auf der anderen Seite bestmögliche Lernergebnisse für alle gefördert werden.

Tab. 12: Dimensionen der Gleichheit und Differenz im Unterricht (Scheunpflug 2008, S. 72)

	Gleichheit	*Differenz*
Inhalte Sachdimension	Ansprüche an Unterricht: - Schulpflicht - Bildungsstandards - demokratischer Wertekonsens	- differierende Lernvoraussetzungen im Hinblick auf Lerninhalte und Kontingenzbewältigung - differierende individuelle Lernmöglichkeiten
Zeit-Raum-Dimension	- Unterrichtstatsache - Befristung von Lernzeiten	- individualisiertes Lernen in Lernarrangements - Methodenvielfalt - Aufgabenkultur, die individuelles Lernen ermöglicht

Mensch *Sozialdimension*	• Erziehung unter Anwesenden • anthropologische Universalien • Anspruch an Sozialität	• Unterricht, der unterschiedlichen Biografien zu Inhalten ermöglicht • unterschiedliche Begabungen • Ausprägung von Individualität in einer Klasse

Herabgesetztes Risiko des Scheiterns

Wichtig bleibt darauf hinzuweisen, dass es sich im Gegensatz zum wirklichen Leben, in dem es tatsächlich die Möglichkeit des Scheiterns gibt, hier um eine Didaktik unter herabgesetztem Risiko des Scheiterns handelt. Im Unterricht kann die Wirklichkeit antizipiert werden, ohne dass die Konsequenzen so schwerwiegend sind wie in der Wirklichkeit. Und wenn man den Umgang mit den Differenzen in der Schule gut meistern kann, sollte ein Versagen wie schlechte Noten oder Durchfallen nicht nur ein reversibler Vorgang sein, sondern erstmals gar nicht vorgesehen sein.

3.1.4 Reflexionsdidaktik/Fehlerkultur (Spychiger 2010)

»Aus eigenen Fehlern lernen« oder »Aus Fehlern wird man klug«: Auf wen treffen diese Worte wohl nicht zu? Eine Forschergruppe um Oser beschäftigt sich nun mittlerweile 15 Jahre mit dem Konzept schulischer und unterrichtlicher Fehlerkultur, umfassend informiert darüber »Lernen ist schmerzhaft«, das als zentrales Werk gilt (Oser/Spychiger 2005).

Theoretische Einordnung

Reflexionsdidaktik

Der Begriff der Fehlerermutigungsdidaktik wurde mit dem der Fehlervermeidungsdidaktik kontrastiert. Spychiger verwendet nun den umfassenderen Begriff der Reflexionsdidaktik (2010). Damit bringt sie zum Ausdruck, dass sie das Bildungsideal der Autonomie und Mündigkeit der Lernenden im Sinn hat und die Möglichkeit zur Annäherung daran immer wieder reflektiert.

Schulische Fehlerkultur integriert sich sehr gut in den heute konstruktivistisch orientierten Lernbegriff (3.3) – Fehlermachen ist ein integrativer Bestandteil eines aktiven, selbstgesteuerten, konstruktiven, situativen und sozialen Lernprozesses – und damit in den daraus resultierenden handlungs- und schülerorientierten Unterricht (5.3). Somit hat Fehlerkultur den einzelnen Schüler im Blick, und individuelles Fördern erhält eine eigene Bedeutung.

Die beiden grundlegenden Dimensionen von Fehlerkultur sind die Lernorientierung und das Unterrichtsklima bei der Bearbeitung. Unterricht ist so zu planen und zu gestalten, dass Fehler Platz haben, aus auftretenden Fehlern werden Lernsituationen gemacht.

Fehler sollen Platz haben

Fehler können wichtige Lernchancen eröffnen, was im Umkehrschluss nicht heißt, dass jede Fehlersituation eine gute Lernsituation ist. Unproduktiv können Fehler sein infolge von Missverständnissen oder sonstigen Ungeschicktheiten.

Die Autoren gehen von folgenden Aspekten des Unterrichts aus, die konstituierend für eine Reflexionsdidaktik sind:

Aspekte einer Reflexionsdidaktik

- *Unterrichtsformen:* Gruppen- und gesprächsorientierte Formen des Unterrichts erlauben es Schülern eher, wenn beispielsweise ein Problem gelöst werden muss, über mehr oder weniger gute Lösungen zu diskutieren.
- *Unterrichtsklima:* In einem partizipativen Unterricht tragen die Schüler nicht nur viel zur Entwicklung von Inhalten und Ergebnissen bei, sondern auch zum Unterrichtsklima.
- *Gliederung der Lerninhalte:* Ein fehleroffener Unterricht favorisiert anstatt eines kleinschrittigen Vorgehens größere Einheiten, achtet dabei auf den Bezug zu realen Lebenssituationen und lässt gegebenenfalls unterschiedliche Lösungen zu.
- *Fragen im Unterricht:* Anstelle von Warum- und auch Kontrollfragen zur Disziplinierung eines gerade störenden Schülers spielen hier Fragen eine echte, anregende und lernfördernde Rolle. Auch ist dieser Unterricht durch Fragen gekennzeichnet, die die Schüler stellen.
- *Antwortverhalten:* Anstelle von kurzen Antworten, womöglich mit der Angst behaftet, etwas falsch zu sagen, sind hier die mündlichen Schülerbeiträge länger und elaborierter.
- *Umgang mit Zeit:* Wenn ein Fehler passiert, arbeitet der Lehrer diesen mit dem betreffenden Schüler durch oder fragt, warum er das gemacht hat, und erträgt dabei die Stille, die entsteht, wenn nun der Schüler anfängt zu reflektieren.
- *Selbstbeurteilung:* Hier ist Selbstbeurteilung als integrativer Bestandteil der Beurteilung etabliert. Die Schüler stehen mit dem Lehrer im Diskurs über die Qualität ihrer Leistung (5.4.2).

Umgang mit Fehlern

Oser und Spychiger (2005) gehen von folgenden Rahmenbedingungen aus, damit ein Fehler zu einer fruchtbaren Lerngelegenheit werden kann:

Fehler als Lerngelegenheit

- den Fehler erkennen, also einsehen, dass etwas falsch ist, und insbesondere auch, was falsch ist
- den Fehler erklären können, also verstehen, wie es dazu gekommen ist
- die Möglichkeit haben, den Fehler zu korrigieren, also eine richtige Vorgehensweise oder Vorstellung erwerben

Bermuda-Dreieck der Fehlerkorrektur

Ein typisches und häufiges Kommunikationsmuster im Unterrichtsgespräch nennen Oser, Hascher und Spychiger (1999) das »Bermuda-Dreieck der Fehlerkorrektur«. Wenn ein Schüler etwas nicht Erwünschtes sagt, ruft der Lehrer den nächsten Schüler auf, in der Hoffnung, dass der Schüler auf den Fehler eingeht und ihn widerlegt. Oder es passiert, dass die richtige Lösung angeboten wird, ohne dass auf den Fehler eingegangen wird.

Lehrer bevorzugen ein solches Vorgehen, gehen nicht auf den Fehler ein, einmal um das Unterrichtsgespräch »am Laufen zu halten«, aber auch um die Schüler, die etwas falsch gesagt haben, nicht zu entmutigen. Freilich: Solche Fehler, die im »Bermuda-Dreieck« verschwinden, sind verschenkte Lerngelegenheiten.

Umgang mit Fehlern

Im Umgang mit Fehlern sehen Oser und Spychiger (2005) drei Möglichkeiten:

1. Situativ auftauchende Fehler bewältigen.
   Dies bedeutet, der Lehrer muss schnell entscheiden,
   - ob der Fehler für das Stundenthema wert ist, eigens behandelt zu werden und so vom Gedankengang abzuweichen.
   - ob der Fehler auf einen systematischen Fehler hinweist oder ob es sich um einen Flüchtigkeitsfehler handelt.
   - ob jetzt sofort oder später eine Bearbeitung des Fehlers sinnvoll ist.
   - ob methodische Alternativen zur Verfügung stehen.
2. Übersicht über methodische Ansätze zum aktivierenden Umgang mit Fehlern:
   - situatives Eingehen auf auftauchende Fehler:
     - Moderation einer schülerzentrierten Bearbeitung eines Fehlers
     - Nachfrage-Techniken zur Konsolidierung von Abgrenzungswissen und Fehlerwissen
     - metakognitive Impulse zur gemeinsamen Suche nach Fehlermustern und Ursachen
     - Etablierung von Gesprächsregeln, um einen angemessenen Umgang miteinander zu sichern
   - Methoden zum aktivierenden Umgang mit Fehlern:
     - Rechen- und Strategiekonferenzen
     - Partnerdiagnosen

- Hausaufgabenfolien
- Vorgaben für Berichtigung von Klassenarbeiten
- Fehlerhelferblatt und Fehlerkartei
- Aufgaben für das gezielte Einspeisen typischer Fehler:
  - zum Finden und Widerlegen von typischen Fehlern
  - zum Finden von versteckten Fehlern
  - zum Identifizieren und Erklären von Fehlermustern
  - zum Rekonstruieren von Fehlerursachen in kognitionsorientierten Aufgaben
  - zum Entwickeln von Fehlerbearbeitungsstrategien
3. Vorgreifendes Einspeisen typischer Fehler durch Aufgaben:
Nicht jeder Fehler muss man selbst begehen, um daraus zu lernen. Bekannte Fehlermuster können schon bei der Unterrichtsplanung berücksichtigt und durch Aufgaben eingebracht werden. Dabei handelt es sich um die soeben skizzierten typischen Fehler.

Reflexionsdidaktik als Entwicklung des professionellen Selbst

In Kapitel 4 gehen wir darauf ein, dass Umgang mit Heterogenität gerade im »Kopf« des Lehrers beginnt. Eine Reflexionsdidaktik impliziert Selbstreflexion, d. h. das eigene Handeln in die Reflexion miteinzubeziehen, d. h. die Bereitschaft, zur Erklärung ungünstiger Handlungsergebnisse auch eigene Fehler zu erwägen und gegebenenfalls sein Verhalten zu ändern.

Spychiger bezieht sich auf ein Modell von Niggli (2005), das mit Blick auf die Rückmeldung von Fehlern und durch Mentoring professionelles Handeln von Lehrern ermöglicht. Im Modell werden drei Kompetenzbereiche professionellen Handelns unterschieden:

Professionelles Handeln von Lehrern

- der Bereich des praktischen Tuns
- der Bereich des theoretischen und fachlichen Wissens
- der Bereich der eigenen Werte und Ziele

Während die beiden ersten Bereiche einem Mentoren-Feedback gut zugänglich sind, braucht es im dritten Bereich Mut und auch beraterisches Können, um ein Feedback abzugeben. Es sollte hier nur deutlich werden, dass Fehlerkultur bei der Arbeit mit Schülern an der Bearbeitung der eigenen Fehler ansetzen muss.

3.2 Psychologisch orientierte Didaktiken

Ein paar Gedanken sollen vorneweg ausgesprochen werden, weshalb hier in einem zweiten Unterpunkt nochmals Didaktiken behandelt werden. Gerade die allgemeinen Mainstream-Didaktiken der letzten Jahrzehnte versprachen eine Konzeptualisierung des unterrichtlichen Kerngeschäfts von Lehrern, die ihren Unterricht zu planen, durchzuführen und dabei Entscheidungen über die Wahl von Lehrplaninhalten und die Bestimmung von Methoden und Sozialformen zu treffen haben. Die dominierenden Positionen (3.1) versprechen Hilfe bei der Lösung dieser Aufgaben (Messner/Reusser 2006).

Lernpsychologische Tiefenstruktur bedenken

Die folgenden beiden Ansätze wollen die Lehrer verpflichten, einzelne Aspekte des komplexen Unterrichtsgeschehens von den inneren, d.h. psychologischen Aktivitäten der Lernenden her zu denken. Das verfügbare didaktische Formenrepertoire soll kritisch gesichtet und von dessen lernpsychologischer Tiefenstruktur her, d.h. eben aus der Perspektive des Lernens der Schüler neu strukturiert werden.

Didaktik auf lernpsychologischer Grundlage

Hier sind zwei prominente Schweizer Erziehungswissenschaftler und gleichzeitig Psychologen zu nennen, die lernpsychologische Ergebnisse für den Unterricht fruchtbar machen, Aebli und Oser. Wohlgemerkt, noch 1979 schreibt der Psychologe Kluwe: »Didaktische Handlungsanweisungen sind beim derzeitigen Stand der Forschung nicht abgebbar und werden auch nicht angestrebt« (S. 8). Beiden Autoren gemeinsam ist, dass sie eine Brücke zwischen Lernpsychologie und der Didaktik schlagen.

3.2.1 Aeblis operative Didaktik

Aebli entwickelte aufgrund der kognitionspsychologischen Erkenntnisse, die er als Piaget-Schüler miterforschte, eine allgemeine Didaktik auf psychologischer, genauer lernpsychologischer Grundlage. Für einen Außenstehenden ist es zunächst nicht leicht, eine klare Linie in all seinen vielen publizierten und jeweils in verschiedenen Auflagen erschienenen »Grundformen des Lehrens« zu finden. Tatsächlich hat Aebli an seinem Hauptwerk jahrzehntelang gearbeitet. In einem 2006 erschienenen Sammelband wird die Bedeutung und vor allem aktuelle Wirkkraft der 1951 erschienenen Dissertation, zunächst in Französisch abgefasst und 1963 unter dem Titel »Psychologische Didaktik« veröffentlicht, von Schülern Aeblis und namhaften Wissenschaftlern der Lehr-Lern-Forschung herausgestrichen (Baer et al. 2006). Diese »Psychologische Didaktik«, in sechs Auflagen unverändert erschienen, ist Aeblis theoretischer Rahmen, den er bezogen auf Fragen des Lehrens und Lernens weiterentwickelte. Zuletzt hat er sein Material auf zwei Bände aufgeteilt (»Zwölf Grundformen des Lehrens«, 1983; »Grundlagen des Lehrens«, 1987).

Seine »Psychologische Didaktik« ist der Versuch, Erkenntnisse der Psychologie – vor allem der Psychologie Piagets – unterrichtspraktisch anwendungsfähig zu machen. Da sich diese Didaktik auf ein psychologisch fundiertes Lernverständnis abstützt, begründet Aebli eine Didaktik, »die mehr ist als eine normative Unterrichtslehre, die eine bestehende Praxis abbildet und tradiert« (Messner 2006, S. 127).

Aeblis »Psychologische Didaktik«

Kognitives Lernen ist ein aktiver, operativer Prozess, er beruht auf der Anwendung von passenden Operationen des Lernenden auf den Lerngegenstand, mit denen dieser in das je individuelle kognitive Wissens- und Denksystem integriert wird (Messner 2006).

Unter Operationen versteht Aebli verinnerlichte Handlungen und Verknüpfungen, die einsichtig erfolgen und zu einem ganzen System verbunden werden. Dieser Aneignungs-, in der Sprache Piagets Assimilationsprozess hängt von den Aktivitätsschemata ab, über die ein Lernender verfügt, besonders Strukturen des Handelns und Denkens. Assimilation betont eben die Funktion des Vorwissens und der Integration des Neuen in das schon bestehende Wissenssystem der Lerner. Hiermit werden die aktuellen Ergebnisse der Lehr-Lern-Forschung vorweggenommen und bestätigt, die von der großen Bedeutung des Vorwissens ausgehen, das als eine zentrale Wirkvariable mit hohem Potenzial für individuelles Fördern betrachtet wird, wie die Nachhilfestudien zeigten (Thomas et al. 2006).

Assimilationsprozess

Die Bedeutung des Vorwissens ist ein Beispiel dafür, dass es seit Aebli viele Erweiterungen seiner Psychologie gibt, die in die von Aebli propagierte Richtung gehen, aber doch heute präzisere Aussagen ermöglichen. Von daher ist die von der Kognitionspsychologin Elsbeth Stern an sich selbst gerichtete Frage, ob »man Aeblis Buch in der gegenwärtigen Fassung wieder auflegen und jetzt endlich zur Pflichtlektüre für alle mit schulischem Lernen befassten Berufsgruppen machen [sollte]« (Stern 2006, S. 141), nur zu verständlich, die sie mit einem klaren »Nein« beantwortet.

Doch in folgendem Kontext geht es um etwas anderes: *Da also Lernen sensu Aebli als aktiver Prozess stets ein individueller Prozess ist, eignet sich diese Didaktik par excellence als Förderdidaktik – auch im Klassenunterricht gedacht.*

Aeblis Didaktik als Förderdidaktik

Aebli kommt vom Gedanken eines einheitlichen Entwicklungsstandes einer ganzen Schulklasse weg und geht davon aus, dass in jedem Menschen viele Entwicklungen in verschiedenen Bereichen seines Wissens und Könnens im Gange sind. Er gebraucht das Bild vom großen Bauplatz der menschlichen Entwicklung, auf dem die verschiedensten

Konstruktionen im Gange sind. So ist es denkbar, dass ein bestimmtes Angebot, das ja per se viele verschiedene inhaltliche und gefühlsmäßige Elemente enthält, bei verschiedenen Kindern eine neue Erfahrung, ein neues Erleben und eine neue Einsicht auslöst. So könnte es sein, »dass gewisse Angebote dem Schüler auf ganz verschiedenen Niveaupunkten einen Fortschritt ermöglichen, weil das Angebot sozusagen polyvalent ist oder eine ›Breitbandwirkung‹ hat« (Aebli 1987, S. 51).

Wie sich die Bildung geistiger Operationen im Unterricht fördern lässt, ist das Thema seiner nachfolgenden Schriften (besonders 1983, 1987).

Forderung nach Aktivität/ Selbermachen

Für den Lehrer ist es nicht nur nötig, Operationen vor den Augen der Schüler zu vollziehen und ihnen die Chance für ein geistiges Mitvollziehen zu bieten, sondern es kommt auch darauf an, das Vollziehen solcher Operationen selbst zu ermöglichen. So nimmt hier Aebli eine aktuelle Forderung der neurodidaktischen Sichtweise vorweg. Aktivität fördert den Aufbau und die Stabilisierung der Neuronennetze. Selbermachen, Aktivität ist entscheidend für optimal verlaufende Lehr-Lern-Prozesse (Friedrich 2005).

Eine Unterstützung beim selbstständigen Aufbau von Operationen sieht Aebli in der Durchführung von Handlungen. »Soweit als möglich, muss man dem Schüler, der tastend nach Lösungen sucht, Gelegenheit geben, die Operation effektiv auszuführen« (Aebli 1963, S. 96). Es geht darum, reale Aufgaben zu stellen, die den Erwerb theoretischer Begriffe und Operationen unterstützen. Dies setzt eine intelligente Problemstellung voraus, die den Lerner zu eigenem Suchen und Forschen motiviert.

Doch zuvor soll der Lehrer über die den aufzubauenden Begriffen vorausgehenden Operationen nachdenken und darüber reflektieren, welche Schemata beim Schüler schon vorhanden sind, an denen anknüpfend die neuen Operationen zu entwickeln sind.

Durch das Verknüpfen sinnvoller Teiloperationen soll der Aufbau eines Operationskomplexes ermöglicht werden, sorgfältig sollen Aufgaben zum Anleiten der kindlichen Such- und Forschungsprozesse gestellt werden. Dabei geht es um die Wahrnehmung von Schwierigkeiten einer Aufgabe, um die Entwicklung von Hypothesen für die Lösung eines Problems, um die Planung eines angemessenen Experiments und die Überprüfung der Hypothesen durch Beobachtungen und Experimente.

Konkretes Beispiel

Machen wir das ganze konkret am Einführen der neuen Operation des ersten Zehnerübergangs (Aebli 1969, S. 77 ff.):

Der Schüler kann von 1 bis 10 zusammenzählen. Diese bekannte Operation soll er an einem neuen Gegenstand ausführen, er soll also herausfinden, wie er vorzugehen hat, wenn die Zehnergrenze nicht nur erreicht, sondern auch überschritten wird.

Hier die schrittweise Bewältigung:
7 + 5 = ?
7 + ? = 10, + 3 (auf 10 ergänzen, den Zehner füllen)
5 = 3 + ? , + 2 (den zweiten Summanden zerlegen)
10 + 2 = ? , = 12 (den Rest zu 10 hinzuzählen)

Bekannt ist allgemein die Aufgabe der Addition; jede Teiloperation ist ebenfalls dem Schüler bekannt. Eine neue Operation aufbauen heißt also bekannte Operationen auf neuartige Weise zusammenzuordnen.

Die Problemstellung liefert den Bauplan, die dem Schüler bekannten Teiloperationen stellen die Bausteine dar, die in einer neuen Operationsgestalt integriert werden. Somit wird ersichtlich, wie entscheidend die Problemstellung für den erfolgreichen Ablauf ist.

Doch da die meisten Operationen rein innerlich vollzogen werden, kommt es darauf an, ursprünglich von einer effektiven Handlung auszugehen, von einer Veranschaulichung.

Die Möglichkeiten des effektiven Handelns interessieren die Schüler mehr, als wenn sie sich die Handlungen nur vorstellen müssen. So wird der Titel seines zweibändigen Werkes »Denken: das Ordnen des Tuns« (1980/81) nur zu verständlich. Werden die Handlungen dazu noch individuell ausgeführt, so ist das Interesse noch größer.

Die Grundoperation des Addierens heißt Gruppen von Einheiten zusammenfügen.

Bekannt geworden ist die Flächenberechnung eins Parallelogramms. Hier wird die effektive Handlung deutlich sichtbar. Am Parallelogramm werden zum Teil Teilflächen abgetrennt und an einem anderen Ort wieder angesetzt. Jede Operation erfordert anfänglich eine Wahrnehmungsgrundlage.

Die Verinnerlichung einer Operation schreitet also von ihrer effektiven Ausführung zu einer bloßen Vorstellung voran. Dabei hängt alles, auch wenn sich eine Operation erstmals in äußeren Handlungen ausdrückt, an der Einsicht in die Beziehungen, die ihr innewohnen.

Es geht also um drei Dinge:

- Die logische Struktur der Operation muss erkannt werden.
- Die Problemstellung muss zur gesuchten Operation hinführen, d. h., die Operation muss in einen lebenspraktischen Zusammenhang eingekleidet werden.
- Dies muss didaktisch umgesetzt werden.

Und hier schließen sich nun weitere Grundformen wie das Üben an. Viele Verfahrensweisen wie in der Mathematik müssen mit dem Ziel der Bildung von durchaus nützlichen Automatismen eingeübt werden.

Und nun in vorliegendem Kontext ein wichtiges Ergebnis: Die von Aebli vor und nach der Durchführung durchgeführten Tests (Aebli darf man als Wegbereiter einer heute angemahnten Evaluation von Unterricht bezeichnen) zeigen, dass von seinem operativen Herangehen anscheinend eher die Schüler mit einem geringen Vorwissen profitieren.

Aebli: Betonung der Lehrseite

Für Aebli liegt die Betonung auf der Lehrseite, wie könnte es für einen gelernten Pädagogen anders sein: Lehren bedeutet für Aebli das Auslösen und Steuern von Lernprozessen durch eine kompetente Person. Dazu bedarf es zweierlei:

- eines theoretisch untermauerten Wissens um die Möglichkeiten, bei Schülern Lernprozesse in Gang zu setzen, auszulösen und zu steuern. Der Lehrer muss also ein Experte im Bereich der Lernprozesse sein. Doch diese wissenschaftsorientierte Kompetenz allein reicht nicht aus.
- eines intuitiven Wissens, mithilfe dessen er in der konkreten Situation das Entscheidende erspüren muss, um Lernen im Schüler in Gang zu setzen.

»So erkennen wir eine der wichtigsten Qualifikationen des Lehrers: er müsste ein Experte im Bereich der Lernprozesse sein, eine ausgebildete, in ein unmittelbares Gespür umgesetzte Fähigkeit besitzen, zu beurteilen, wo der Schüler im Lernprozess steht und welche nächsten Schritte bei ihm ausgelöst werden können und müssen« (Aebli 1987, S. 52).

Es wird deutlich: Lehrer müssen vom Lernprozess der Schüler aus denken, »Didaktik ist in diesem Sinne eine angewandte Lernpsychologie« (Aebli 1987, S. 52). Hier tauchen in der Didaktik erstmals sehr klar ausgeführt Tiefenstrukturen des Lernens auf.

Freilich, es wird klar, Aebli behandelt simultan zwei Ebenen, die Ebene des Lehrens und des Lernens, obwohl es ihm eigentlich um die »Grundlagen des Lehrens« geht. Elsässer (2000) sieht hierin einen Grund, weshalb Aebli von Intuition und Gespür des Lehrers spricht, Kategorien, die eigentlich nicht zu seinem klar kognitionspsychologisch ausgerichteten Blick auf das Lernen passen.

Kritiker sehen die Gefahr darin, dass ein sensu Aebli agierender Lehrer einheitlich geschlossen und hoch effektiv organisiert und dass Handeln zu angeleitetem Tätigsein verkommt und dem Prinzip konstruktivistischen, also auch spontanen und eigenverantwortlichen Lernens nicht gerecht wird. Bleibend wiederum dabei ist das Verdienst, dass ein Nachdenken über das Lernen der Inhalte und Verfahren durch die Schüler und dessen Anleitung durch die Lehrer wichtig genommen wird – und nicht allein den Schülern überlassen bleibt (Kiper 2006, S. 79).

In unserem Kontext, in dem es ja um Fördertheorien geht, scheint doch ganz zentral: *Ein Lehrerhandeln, das sich der Förderung nicht der Schüler per se, sondern des Lernens der Schüler verpflichtet weiß, ist nicht gering zu schätzen!* Wenn die Wissenschaft heute nach Lösungen sucht, wie Lernarrangements gestaltet sein müssen, um nachhaltiges Lernen zu unterstützen, und zwar gerade für leistungsschwächere Schüler, so fragt Aeblis Konzeption nach den notwendigen Operationen und dem Begriffsaufbau.

Förderung des Lernens der Schüler

3.2.2 Osers Basismodelle

In Aeblis Tradition nimmt nun der Schweizer Erziehungswissenschaftler und Psychologe Fritz Oser dessen Gedanken der Tiefenstrukturen auf und entwickelt die Konzeption der Basismodelle (Oser/Baeriswyl 2001).

Oser und seinen Mitarbeitern ging es um die Frage, wie Verläufe des unterrichtlichen Lernens besser analysiert, verstanden und konzipiert werden.

Wohl gibt es seit den Herbartianern eine reiche Tradition an Phasen- und Artikulationsschemata des Unterrichts, doch dabei wurden zu wenig die dazu notwendigen Lernprozesse reflektiert.

Herbart (1776–1841) gilt als einer der Begründer der modernen Pädagogik als Wissenschaft. Er sah die wesentliche Aufgabe des Lehrers darin, die vorhandenen Interessen des Schülers herauszufinden und sie mit dem Wissen und der Kultur der Menschheit in Beziehung zu setzen. Der Lehrer sollte durch Unterstützung dem Schüler zur Selbstbildung verhelfen.

Und damit der Lernprozess richtig verlaufen und zu einem soliden Abschluss gelangen kann, müssen unterschiedliche geistige Akte vollzogen werden. Vertiefung ins Einzelne und Besinnung auf seine Bedeutung im größeren Zusammenhang müssen muss stets im Wechsel stattfinden, das ist dann die Artikulation des Unterrichts. Daraus machten seine Schüler und ihm folgende Lehrerbildner, die sogenannten Herbartianer, eine in ein strenges Regelwerk umgesetzte Anleitung für den Unterricht, die Formalstufen des Unterrichts, die im 19. und noch 20. Jahrhundert für die Ausbildung vor allem der Volksschullehrer bestimmend wurden. Die Stufen »Zielangabe – Vorbereitung – Darbietung – Verknüpfung – Zusammenfassung – Anwendung« führten in der Manier

Vertiefung und Besinnung

der fragend-entwickelnden Unterrichtsführung zu einer »oft quälend langweiligen Gedankenführung« (Glöckel 2003, S. 105).

In der Tradition der Lernzielorientierung wurden zwar Lernziele operationalisiert, doch umfassende Lernziele, die auch beispielsweise soziales Lernen mitbeinhalten, wurden eher nicht gesehen.

Oser geht es darum, in Abhängigkeit vom jeweiligen Zieltyp des Lernens Lernprozesse mit ihren unterschiedlichen Denkoperationen zu identifizieren.

Im Folgenden beziehen wir uns vor allem auf einen Artikel von Elsässer (2000) und auf die Zusammenfassung von Oser und Baeriswyl (2001).

Oberflächen- und Basisstruktur

Grundlage ist ein Zwei-Ebenen-Modell des Lernens und Lehrens. Die eine Ebene ist die Sicht- oder Oberflächenstruktur von Lehr-Lern-Prozessen, die andere die Tiefen- oder Basisstruktur.

Ganz wörtlich verstanden, sind auf der Oberflächenstruktur alle Handlungsmuster des Unterrichts sichtbar wie Sozialformen, Artikulationsstufen, Medieneinsatz, Führungsstile.

Komplementär dazu laufen Basisstrukturen ab, Lehr-, Lernverläufe, für jeden Lerner notwendige, feststehende Ketten von Operationen, in Abhängigkeit vom jeweiligen Zieltyp des Lernens. Dabei ist ein Lernzieltyp nicht gleichzusetzen mit dem in den sonstigen Didaktiken üblichen Begriff des Lernziels. Es geht nicht um die übliche Hierarchisierung wie Grob-, Fein- oder Teilziele, auch nicht um verschiedene Taxonomieebenen wie beispielsweise bei Bloom, auch nicht um eine Unterteilung hinsichtlich kognitiver, affektiver oder psychomotorischer Ebenen. Vielmehr geht es bei einem Lernzieltyp um unterschiedliche Qualitäten des Lernens aus der Perspektive der qualitativ unterschiedlichen Lernprozesse mit ihren unterschiedlichen Handlungsketten.

Basismodelle sind unterschiedliche Sequenzierungen von Operationen, die im Lerner ablaufen, damit er lernt. Es sind Skripts, um die Aktivitäten anzuregen und anzureichern.

Oser geht von 12 unterschiedlichen Basismodellen hinsichtlich des Lernzieltyps und der Typen von Elementen in den Handlungsketten aus. In Tabelle 13 ist ein Überblick der Basismodelle aufgezeigt. Genannt sind der Name des Basismodells und der Zieltyp des Lernens (Elsässer 2000, S. 13) sowie ein Beispiel der Sichtstruktur (Oser/Baeriswyl 2001, S. 1046).

Tab. 13: Überblick über die Basismodelle von Oser

Nummer und Name des Basismodells		Zieltyp des Lernens	Beispiel der Sichtstruktur
1a	Lernen durch Eigenerfahrung	Aneignung von Erfahrungswissen	Arbeit in einer sozialen Umgebung
1b	entdeckendes Lernen	generalisierendes Lernen durch Suchprozesse in der Wirklichkeit	»Neu-«Entdecken eines mathematischen Beweises
2	entwicklungsförderndes Lernen	Transformation von Tiefenstrukturen	Dilemma-Diskussion
3	Problemlösen	Lernen durch Versuch und Irrtum	»Turm von Hanoi«-Problem
4a	Begriffsbildung	Aufbau von zu verstehenden Sachverhalten	Fremdsprachenlernen
4b	Konzeptbildung	Aufbau von vernetztem Denken	Verstehen einer mathematischen Funktion
5	betrachtendes Lernen	meditative Versenkung	Entspannungsübungen
6	Lernen von Strategien	Lernen lernen	Lesestrategien
7	Routinebildung und Training von Fertigkeiten	Automatisierung	Auto fahren lernen
8	Motilitätsmodell	Transformation affektiver Erregung	Malen
9	Aufbau dynamischer Sozialbeziehungen	Bindungsentwicklung durch sozialen Verhaltensaustausch	kooperatives Lernen
10	Wert- und Identitätsaufbau	Wertwandel, Wertschaffung	aktives Schulleben
11	Hypertextlernen	Konstruktion und Erstellung von eigenständigen Vernetzungen	Lesen einer Online-Zeitung
12	Verhandeln lernen	Herstellen von Konsens in verschiedenen Situationen des Lebens	Übungen im ökonomischen Verhandeln

Choreografien des Unterrichts

Während die Sichtstrukturen die Möglichkeit der freien Gestaltung von Unterricht zulassen, haben die Basismodelle, also die Verkettungen der Operationen, nach bestimmten Gesetzmäßigkeiten zu erfolgen. Hierfür gebraucht Oser das Bild von Choreografien des Unterrichts:

- Einerseits geht es um eine freie Ausgestaltung des Raumes durch den Tänzer, hier den Lehrer, einschließlich seiner individuellen Persönlichkeit.
- Andererseits geht es um die Metrik des Stückes, die vom Komponisten, hier dem Lehrer, durch eine feste Abfolge von Lernaktivitäten (Operationen) vorgegeben ist.

Weshalb die eine oder andere freie Ausgestaltung der Sichtstrukturen sinnvoll ist, kann allein aufgrund der Basismodelle begründet werden. Sie stellen die theoretisch begründbare Basis für die Sichtstrukturen dar, die im konkreten Fall unterschiedlich ausfallen können.

Durch den gezielten Einsatz verschiedener Basismodelle während ein und derselben Unterrichtseinheit wird die Vielfalt an Lernmöglichkeiten erhöht. Somit haben die Schüler verschiedene Möglichkeiten, ihre Fähigkeiten einzusetzen und zu erweitern. Dies kommt der Heterogenität der verschiedenen Lerner in einer Klasse zugute.

Im Folgenden soll es nun um zentrale Basismodelle gehen, wie sie im Kontext individueller Förderung besonders relevant sind.

Basismodell 4a/b: Begriffs- bzw. Konzeptbildung

Der Aufbau von Wissen, d.h. memorisierbaren Fakten und Sachverhalten, und von Konzepten, d.h. von vernetztem Wissen, eine Wissensform, die in der Pädagogischen Psychologie mit deklarativem Wissen bezeichnet wird, stellt die klassische Aufgabe von Schule und Unterricht dar. Hier dürften auch bei leistungsschwachen Schülern die meisten Defizite im schulischen Lernen liegen, seien es Defizite in den Fremdsprachen, sei es mangelndes Verständnis in der Mathematik.

Handlungsketten zum Aufbau von Wissen

Im Folgenden werden die beiden Handlungsketten zum Aufbau von Wissen wiedergegeben (Elsässer 2000, S. 28 f., Oser/Baeriswyl 2001, table 46.1).

Basismodell 4a: Begriffsbildung
1. direkte oder indirekte Bewusstmachung der bereits bestehenden, für die weitere Arbeit notwendigen Kenntnisse oder Erfahrungen (Aktualisierung des Bekannten)

2. Vorstellen und Durcharbeiten eines Prototypen, d.h. eines Musterbeispiels des Begriffs, in dem alle wesentlichen Merkmale oder Elemente des Begriffs enthalten sind
3. Darstellen bzw. Erarbeiten der neuen Merkmale oder Elemente des Begriffs, die im Prototypen enthalten sind (explizite Darstellung oder Erarbeitung des zu Lernenden)
4. aktiver Umgang mit dem neuen Begriff (Anwendung): zu anderen, bereits bekannten Begriffen in Beziehung setzen (Ober- und Unterbegriffe, andere Begriffe aus dem gleichen Bereich etc.) und zu Beispielen auf verschiedenen Repräsentationsebenen (handelnder Umgang mit dem Begriff)
5. Anwendung des neuen Begriffs in anderen Bereichen und Analyse/Synthese ähnlicher oder verwandter Begriffe (Vernetzung)

Basismodell 4b: Konzeptbildung
1. direkte oder indirekte Bewusstmachung der bereits bestehenden, für die weitere Arbeit notwendigen Kenntnisse (Konzepte), evtl. auch der entsprechenden Erfahrungen (Aktualisierung des Bekannten)
2. Vorstellen und Durcharbeiten eines Prototypen, d.h. eines Beispiels, in dem das Konzept ganzheitlich enthalten ist
3. Darstellen bzw. Erarbeiten der wesentlichen Prinzipien und Grundsätze des Konzepts (explizite Darstellung bzw. Erarbeitung des zu Lernenden)
4. aktiver Umgang mit dem neuen Konzept (Anwendung, Synthese, Analyse): zu andern bereits bekannten Konzepten, Begriffen und Beispielen in Beziehung setzen
5. Kombination verschiedener Konzepte zu größeren Einheiten (Systemen)

Basismodell 6: Lernen von Strategien

Der Gebrauch und Einsatz von Strategien sowie die Reflexion über eigenes Lernen ist eine nicht nur das lebenslange Lernen begleitende, sondern auch das alltägliche Lernen förderliche Forderung. Davon profitieren sowohl gute als auch schwache Schüler:

Wenngleich gute Schüler schon über effiziente Strategien verfügen, so können sie weiterhin die bisher eingesetzten auf den Prüfstand ihrer Effizienz stellen oder neue entwickeln.

»Schwache« Schüler weisen in der Regel ein Strategiedefizit auf (Wild 2010), sodass sie ihre bisher ineffizienten bestehenden Vorgehensweisen erkennen und verändern können oder neu gelernte Strategien anwenden können.

1. Direkte oder indirekte Bewusstmachung jener bisher erworbenen Strukturen, die eine Desäquilibration begünstigen (positive emotionale Besetzung)
2. Perzeption der Strategie als solcher (Elemente, Verkettung, Effekt)
3. Anwendung und Generalisierung durch Aufbau unterschiedlicher Inhalte; dies erfolgt in stetem Wechsel mit Schritt 4
4. Evaluation der Strategie, Grenzziehung, Kritik. Dabei sollen spontane Vorgehensweisen bewusst gemacht werden, um neue Strategien mit ihnen zu vergleichen und sie bestmöglich in das bestehende strategische Repertoire zu integrieren.

Basismodell 7: Routinebildung und Training von Fertigkeiten

Routinebildung und Automatisierung beziehen sich nicht nur auf psychomotorische, sondern auch auf kognitive Lernziele. Routinisierte Denkhandlungen entlasten das Arbeitsgedächtnis und sind beispielsweise im Fremdsprachenunterricht sofort einsetzbar.

1. Erstes Ausprobieren der einzelnen Handlungsschritte und Darstellung/Erarbeitung der Mittel-Ziel-Verflechtung (wozu dient die Handlung?)
2. Aufbau des gesamten Handlungsablaufs durch Festlegung des Handlungsspielraums, Feststellung der Regelhaftigkeiten und von deren Bandbreite sowie Bedeutungsanalyse der einzelnen Komponenten und Beziehungen
3. wiederholtes Ausführen von Handlungsschritten, Kombinationen von Handlungsschritten oder der ganzen Handlung und Kontrolle der Ausführung mit Rückkoppelung und Korrektur (allenfalls zurück zu Schritt 2); gegebenenfalls Kombination der Handlungsschritte zu größeren Sequenzen und schließlich zur Gesamthandlung
4. Gesamtevaluation der einzelnen Schritte und der Gesamthandlung; Schritt 3 und 4 in sinnvoller Abfolge bis zur Automatisierung
5. Diskrimination der Anwendungssituationen und Einüben der Diskrimination

3.3 Psychologische Ansätze

Im Folgenden werden heute in der Pädagogischen Psychologie prominente Aspekte, die lernpsychologisch relevant sind, auf ihre Bedeutung für vorliegendes Thema hin abgeklopft.

3.3.1 Motivationale Bedingungsfaktoren

Selbstwirksamkeit, Selbstkonzept, Interesse sind zentrale Konstrukte innerhalb der Pädagogischen Psychologie, die sich für schulische Leistungen als vorhersagestark erwiesen haben. Deshalb sollen sie an dieser Stelle auch angeführt werden.

Selbstwirksamkeitserwartungen

Bei der Selbstwirksamkeit geht es um selbstwahrgenommene Kompetenzen im Hinblick auf die Bewältigung einer Aufgabe (Köller/Möller 2010). Sie beeinflusst, vermittelt über selbstgesetzte Zielsetzungen und regulierende Prozesse wie Aufmerksamkeit, Anstrengung, Handlungsstrategien, Emotionen und Situationsauswahl die Verhaltensausführung, wobei die Verhaltensergebnisse dann auch wieder zurück auf die Selbstwirksamkeit wirken.

Selbstwahrgenommene Kompetenzen

Zentrale Quellen für Selbstwirksamkeit sind:

Quellen

- eigene Bewältigungserfahrungen (Erfolg vs. Misserfolg)
- stellvertretende Erfahrungen durch Beobachtung von erfolgreichen vs. erfolglosen Verhaltensmodellen
- Rückmeldungen durch Dritte
- Wahrnehmung eigener Gefühlsregungen, bei denen Personen aufgrund ihrer starken Erregung in einer Leistungssituation auf Kompetenzmangel schließen

In einer konkreten Situation beim Aufbau von Selbstwirksamkeit sind die Mittel bedeutsam, die aus der Kausalattributionsforschung bekannt sind: Fähigkeit, Anstrengung, Glück, Lehrkräfte.

Menschen, so die Befundlage, die nach dem Konzept der Selbstwirksamkeit gefördert werden, verbessern ihre kognitiven und motivationalen Leistungen (5.1).

Selbstkonzept

Hierunter versteht man das mentale Modell einer Person von ihren Fähigkeiten und Eigenschaften (Moschner/Dickhäuser 2010). Nach der allgemein anerkannten Multidimensionalitätsannahme unterscheidet man das akademische/schulische, das soziale, emotionale und körperliche Selbstkonzept.

Während sich die Selbstwirksamkeit auf selbstwahrgenommene Kompetenzen im Hinblick auf die Bewältigung einer Aufgabe beschränkt, sind die Facetten des Selbstkonzepts breiter. Sie umfassen eine evaluative (»ich bin besser als andere«), eine affektive (»ich liebe Mathematik«) und eine kognitive (»ich bin gut in Mathematik«) Komponente.

Herausbildung von Selbstkonzepten durch Vergleiche

Während Selbstwirksamkeit vor allem auf Erfahrungen, die in der Vergangenheit bei gleichen oder ähnlichen Aufgaben gemacht wurden, basiert, bilden sich Selbstkonzepte aus der Gegenüberstellung der Leistungen in einem Fach mit den Leistungen der Mitschüler in diesem Fach und mit den eigenen Leistungen in anderen Fächern.

Schüler nutzen einerseits soziale Vergleiche mit ihren Mitschülern: Sind die eigenen Leistungen besser als die der Mitschüler, kommt es zu einem höheren Fähigkeitsselbstkonzept, und umgekehrt, unabhängig von der wirklich erbrachten Leistung. Dies wird als Bezugsgruppeneffekt (»Fischteich-Effekt« oder »big-fish-little-pond effect«) bezeichnet.

Andererseits nutzen Schüler auch internale Vergleiche, indem sie ihre eigene Leistung im Fach A mit der eigenen Leistung im Fach B vergleichen.

Bei der Frage der Kausalität der Beziehung zwischen Fähigkeitsselbstkonzept und Leistung unterscheidet man zwei Modelle:

Nach dem »self-enhancement«-Modell wird eine Stärkung des Fähigkeitsselbstkonzepts als Möglichkeit zur Verbesserung von schulischen Leistungen angesehen. Nach dem »skill-development«-Modell wird umgekehrt die Verbesserung schulischer Leistungen als Ursache der Verbesserung des Fähigkeitsselbstkonzepts gesehen. Heute geht man von reziproken Effekten aus, d.h. beide Modelle besitzen Gültigkeit.

Interesse

Unter Interesse versteht man eine besondere Beziehung einer Person zu einem Gegenstand. Deshalb kann man Interesse auch als bereichsspezifisches Motiv bezeichnen. Die Besonderheit der Interessenbeziehung besteht in dem Erleben von positiven emotionalen Zuständen während der Beschäftigung mit dem Interessengegenstand, einer hohen subjektiven Wertschätzung dieses Gegenstands sowie dem ausgeprägten Ziel, das Wissen über den Gegenstand zu erweitern (Krapp 2010).

Bei dieser besonderen Person-Gegenstand-Beziehung sind der emotionale Wert und eine persönliche Bedeutsamkeit auf kognitiver Ebene die zentralen Elemente.

Interesse als Bedingungsfaktor der Schulleistung

Interesse gilt als Bedingungsfaktor der Schulleistung. Dabei ist ein bedeutsamer Moderator das Schulfach. Besonders bei Mathematik,

Physik, den Naturwissenschaften insgesamt und den Fremdsprachen sind die Korrelationen zwischen Interessen und Schulleistungen höher als bei Fächern wie Biologie, Sozialkunde und Literatur.

Erfolge sind vorhersehbar: Ein starkes Interesse fördert die intensive Auseinandersetzung mit einem Lerngegenstand, was zu guten Schulleistungen führt. Mit Blick auf neuropsychologische Befunde kann man die Hypothese aufstellen, dass sich das kognitive System im Zustand von Interesse ähnlich wie im Zustand des »Flow«-Erlebens auf einem optimalen Niveau der Funktionstüchtigkeit befindet.

Und nun reziprok gedacht begünstigen diese guten Schulleistungen – vermittelt über das Erleben eigener Kompetenzen und eine positive Selbsteinschätzung der eigenen Fähigkeiten – die Ausbildung und Stabilisierung des Interesses.

Bei der Interessengenese besonders wichtig sind die emotionalen Erfahrungen und Rückmeldungen in Bezug auf die drei grundlegenden psychologischen Bedürfnisse nach Kompetenz, Autonomie und sozialer Eingebundenheit (Deci/Ryan 2002) (5.1).

Kompetenz, Autonomie, soziale Eingebundenheit

3.3.2 Ansätze des situierten Lernens

Ansätze des situierten Lernens (Resnick 1987; Greeno/Smith/Moore 1993) werden hier aufgeführt, da sie eine Unterstützung der Lernenden auf unterschiedlichem Niveau vorsehen. Im Folgenden lehnen wir uns eng an einen Aufsatz von Haag (2011) an. Diese Ansätze gehen von folgenden Grundannahmen aus (Gräsel 1997):

Grundannahmen des situierten Lernens

- Lernen ist situations- und kontextgebunden.
- Lernen ist ein aktiver, konstruktiver Prozess.
- Lernen ist ein selbstgesteuerter Prozess.
- Lernen ist immer soziales Aushandeln von Bedeutungen.
- Motivation ist eine zentrale Bedingung für Lernen.

Zwei der prominentesten Ansätze werden hier vorgestellt.

»Anchored Instruction«-Ansatz (Cognition and Technology Group at Vanderbilt 1997)

Ausgangspunkt für das Lernen ist eine komplexe Problemsituation, die als »Anker« bezeichnet wird.

Die folgenden Gestaltungsprinzipien sind dafür besonders charakteristisch:

- Videobasiertes Format: Die Präsentation der authentischen Problemsituationen erfolgt per Video. Damit wird eine vernetzte Problemdarstellung ermöglicht, bewegte Bilder sind leichter zu verstehen und motivierender.
- Narrative Struktur: Das Problem wird in einen für die Schüler bedeutungsvollen Kontext eingebettet.
- Generatives Lernformat: Die Lernenden sollen eigenständig eine Lösung des Problems entwickeln können.
- Einbettung aller erforderlichen Daten: Alle zur Lösung der Aufgaben notwendigen Angaben und Daten sind im Anker enthalten.
- Problemkomplexität: Die Problemsituation entspricht einer realen Situation.
- Paarbildung der Geschichten: Zu jedem Thema werden zwei ähnliche Geschichten präsentiert.
- Herstellung von Verknüpfungen zwischen verschiedenen Disziplinen: Die Geschichten werden aus der Perspektive unterschiedlicher Fächer betrachtet.

Wissen wird vom Lernenden selbst konstruiert

In der »Anchored Instruction« wird also Wissen als etwas betrachtet, was von den Lernenden aktiv und in einem bestimmten Handlungskontext selbst konstruiert wird. Die soziale Gemeinschaft der Lernenden führt dazu, dass die individuellen Konstruktionen ausgetauscht werden. Deshalb ist hier die Bearbeitung in Gruppen zentral, die von einem Lehrenden unterstützt werden.

»Cognitive Apprenticeship«-Ansatz (Collins/Brown/Newman 1989)

Hier wird die traditionelle Ausbildung im Handwerk auf den Erwerb kognitiver Fertigkeiten und Fähigkeiten zu übertragen versucht.

Praxisnahe Anleitung

Lernende werden in einer praxisnahen Anleitung über authentische Aktivitäten und soziale Interaktionen in eine Expertenkultur eingeführt. Mit folgenden instruktionalen Vorschlägen werden die Lernenden unterstützt:

- *Modelling:* Beim sogenannten kognitiven Modellieren macht der Lehrende (oder der Experte) sein Vorgehen zunächst einmal vor und erläutert ausführlich, was er im Einzelnen macht und was er sich da-

bei denkt. Auf diese Weise werden internal ablaufende kognitive Prozesse für den Lernenden beobachtbar.
- *Coaching:* Nach der Modellierung befasst sich der Lernende selbst mit einem Problem und wird dabei vom Lehrenden betreut und bei Bedarf gezielt unterstützt.
- *Scaffolding:* Kann der Lernende Aufgaben nicht allein bewältigen, hilft ihm der Lehrende durch Tipps und Hinweise.
- *Fading:* Im Verlauf des Lernprozesses gewinnt der Lernende Selbstvertrauen und Kontrolle und kann zunehmend selbstständiger arbeiten; der Lehrende trägt dem Rechnung, indem er seine Hilfestellungen allmählich ausblendet.
- *Articulation:* Immer wieder wird der Lernende im Verlauf des Lernens aufgefordert, Denkprozesse und Problemlösestrategien zu artikulieren.
- *Reflection:* Eine weitere Aufforderung besteht darin, die ablaufenden Prozesse beim Lernen mit anderen zu diskutieren und zu reflektieren. Reflexion bedeutet, dass der Lernende eigene Strategien damit vergleicht, wie andere Lernende oder auch der Experte vorgehen. Durch Artikulieren und Reflektieren erwirbt der Lernende generelle, abstrakte Konzepte, deren Verständnis aber dennoch auf ihrer Anwendung beruht.
- *Exploration:* Das Ausblenden der Unterstützung durch den Lehrenden endet schließlich darin, dass der Lernende zu aktivem Explorieren und damit zu selbstständigen Problemlösungen angeregt wird.

Dieser Ansatz soll vor allem zur Bearbeitung realitätsnaher Probleme angewendet werden.

Das Ziel beider Ansätze des situierten Lernens ist es, dass die Lernenden neue Inhalte verstehen, dass sie die erworbenen Kenntnisse und Fertigkeiten flexibel anwenden können und darüber hinaus Problemlösefähigkeiten und andere kognitive Strategien entwickeln – allesamt Voraussetzungen, um differenzierten Unterricht so zu gestalten, dass Lerner mit unterschiedlichen Fähigkeiten individualisiert lernen können und damit auch individuell gefördert werden.

3.3.3 Selbstgesteuertes Lernen (Haag 2011)

Die Ansätze des situierten Lernens betonen die Bedeutung der Eigenaktivität des Lernenden. Damit sie wirksam werden können, ist Selbststeuerung im Lernprozess eine notwendige Voraussetzung.

Verschiedene Termini

Der Begriff des selbstgesteuerten Lernens ist keineswegs einheitlich definiert. Daneben werden die Termini selbstständiges Lernen, selbstkontrolliertes Lernen, selbstreguliertes Lernen, selbstorganisiertes Lernen, autodidaktisches Lernen oder autonomes Lernen im alltäglichen Sprachgebrauch zumeist synonym verwendet. Die Gemeinsamkeit all dieser Begriffe besteht darin, dass sie darauf abzielen, sich von Termini wie Fremdkontrolle, Fremdorganisation, Fremdsteuerung oder Ähnlichem abzugrenzen.

Als wesentliche Gemeinsamkeiten kann man festhalten, dass es sich um eine Form des Lernens handelt, bei der Lernende eigenständig den eigenen Lernbedarf feststellen, sich selbst motivieren, das Lernen steuern, kontrollieren, überwachen und bewerten. Selbstgesteuertes Lernen setzt voraus, dass Entscheidungen über Lernziele, über Inhalte, über Lernressourcen, über zeitliche Aspekte, über methodische Aspekte sowie über die Art und Weise der Feststellung der Lernzielerreichung getroffen werden.

Bei selbstgesteuertem Lernen handelt es sich nicht um ein »Alles oder Nichts«, sondern es kann auf einem Kontinuum angesiedelt werden, das sich zwischen den Polen »absolute Autonomie«, d.h. eigenes Lernen steuern ohne externe Hilfe, und »vollkommene Fremdsteuerung«, d.h. keine Freiräume, das eigene Lernen zu steuern, erstreckt.

Dabei ist die polarisierende Diskussion eher kontraproduktiv. Je jünger die Schüler sind, je weniger Vorwissen sie haben und je weniger sie Erfahrung im selbsttätigen Lernen und Arbeiten haben, desto förderlicher sind externe Hilfen.

Dreischichtenmodell von Boekaerts

Boekaerts (1999) hat das derzeit wohl bekannteste Modell selbstregulierten Lernens entwickelt. In ihrem Dreischichtenmodell unterscheidet sie drei Regulationsebenen:

- *Regulation des Verarbeitungsmodus:* Dabei geht es um die Kenntnis kognitiver Strategien als einer notwendigen Voraussetzung selbstregulatorischer Tätigkeiten. Den Schülern sollte ein Repertoire an kognitiven Strategien vermittelt werden, gleichsam als Grundlage selbstregulierten Lernens. Dazu zählen Enkodierstrategien zur dauerhaften Speicherung neuer Informationen (etwa Strukturierungshilfen wie Mapping-Techniken), Wiederholungsstrategien, Abrufstrategien (etwa durch Nutzung von Gliederungen, Stichwortlisten, Schemata).
- *Regulation des Lernprozesses:* In dieser Ebene werden metakognitive Prozesse thematisiert, die den Einsatz der kognitiven Strategien steuern. Hierzu gehören:
  - Monitoring: Monitoring bezeichnet die Überwachung der eigenen kognitiven Prozesse bei der Bearbeitung der Aufgaben. Der

Lernende bemerkt, wie er bei der Aufgabenbearbeitung vorgeht, und bewertet dieses Vorgehen in Bezug auf das Ziel, das er erreichen will.
- Selbst-Diagnose: Mit Selbst-Diagnose werden Prozesse bezeichnet, mit denen der Lernende zu klären versucht, warum er etwas weiß oder eben nicht bzw. warum er einen Fehler gemacht hat oder eben nicht.
- Selbst-Regulation: Ein konstruktiver Umgang mit Fehlern bedeutet, dass die Lernenden aufgrund ihrer Selbst-Diagnose in der Lage sind, das eigene Lernverhalten entsprechend zu regulieren.
- *Regulation des Selbst:* Hier geht es um die Wahl von Zielen und Ressourcen: Was will ich erreichen und wie viel ist mir das Erreichen dieses Zieles wert? Hier geht es also auch um motivationale Prozesse, die dafür sorgen, dass überhaupt ein Lernprozess in Gang gesetzt wird.

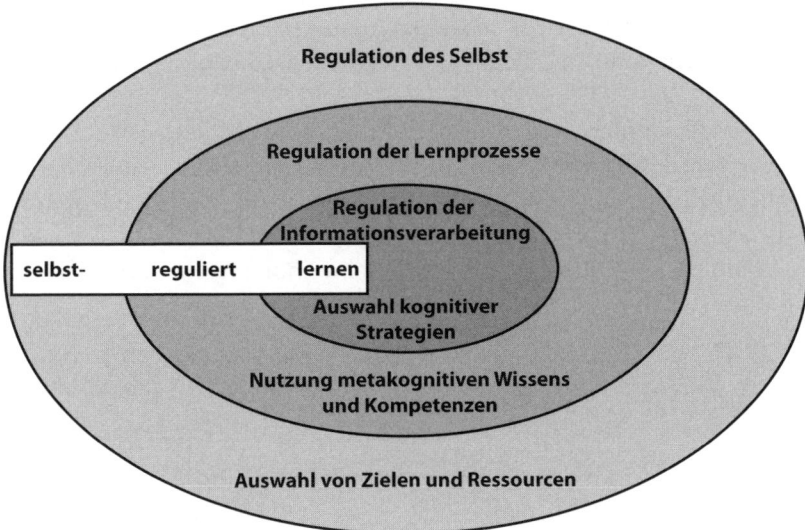

Abb. 8: Drei-Schichten-Modell des selbstregulierten Lernens nach Boekaerts (1999, S. 449)

Die drei in den Schichten dargestellten Regulationsprozesse stehen in einem engen Zusammenhang (Götz 2006, S. 12). Bei der Regulation des Selbst werden individuelle Ziele und Ressourcen definiert (z. B. »ich will ein gutes Abitur schaffen und investiere daher viel Zeit in mein Lernen«), die Einfluss auf die Art und Weise der Regulation konkreter Lernprozesse nehmen (z. B. »für dieses Wochenende nehme ich mir außer schulischen Hausarbeiten nichts weiter vor«). Die Steuerung wiederum nimmt Einfluss auf die konkrete Strategieanwendung (z. B. »ich gehe den Lernstoff Schritt für Schritt durch und erstelle mir eine Mindmap«).

Dabei muss vom Lehrer Sorge getragen werden, dass er die auf den drei Ebenen dargestellten Regulationsprozesse vermittelt.

Wirksame Lehr-Lern-Prozesse werden besonders beim selbstgesteuerten Lernen dann gefördert,

Faktoren für wirksame Lehr-Lern-Prozesse beim selbstgesteuerten Lernen

- je stärker sich der Unterricht auf die Vorerfahrungen der Lernenden ausrichtet
- je mehr das vertiefte Verständnis der Lerninhalte in den Vordergrund gestellt wird
- je mehr der Unterricht auf sinnvollen und sinnstiftenden Problemstellungen aufbaut
- je eher handlungsorientiert unterrichtet wird, um im aktiven Lernen den denkenden Umgang mit Aufgaben und Problemen zu stärken
- je weniger Unterricht didaktisch reduktionistisch erfolgt, und je mehr mit komplexen Ziel- und Inhaltsstrukturen gearbeitet wird

Und es soll deutlich werden: Je mehr Lehrer auf selbstgesteuertes Lernen hinwirken, desto mehr haben die Schüler oder ganze Klassen die Chance, individuell oder in Gruppen an ihrem Gegenstand mit ihrem je spezifischen Interesse zu arbeiten.

Damit ist Selbstregulation sowohl eine individuelle Voraussetzung als auch Ziel individueller Förderung.

3.4 Wirkfaktoren erfolgreichen Lernens

Wenn hier auf individuelle Förderung für jedes Kind in jedem Unterricht eingegangen wird, dann sind wir uns wohl bewusst, dass im Regelunterricht das Kerngeschäft der Förderung stattfinden soll und dieser nicht auf lernschwache Schüler zu beschränken ist.

3.4.1 Vorwissen sichern

Vorwissen ist eine zentrale Bedingung für Schulerfolg. Vorwissen gilt neben der allgemeinen Intelligenz als bedeutsamster Einzelprädiktor des Schulerfolgs (Helmke/Schrader 2010). In funktionaler Hinsicht ist das Vorwissen für den Schulerfolg deshalb relevant, weil es zum einen die Voraussetzung für den Erwerb neuer Lerninhalte sicherstellt und weil zum anderen ein höheres Vorwissen zu einer besseren assoziativen

Verknüpfung neuer Lerninhalte und zu einem effektiveren Einsatz von Lern- und Kontrollstrategien führt.

Zwischen Vorwissen und Lernstrategien besteht ein wechselseitiger Zusammenhang: Ein höheres Vorwissen führt zu einem effektiveren Einsatz von Lernstrategien, umgekehrt lässt sich Vorwissen auch als Folge früherer (mehr oder weniger effektiver) Lern- und Kontrollstrategien interpretieren. Der Zusammenhang zwischen Vorwissen und einem effektiven Einsatz von Lernstrategien ist dabei nicht auf Schüler über- und durchschnittlicher Leistungsstärke beschränkt, sondern gilt auch und vor allem für diejenigen Schüler, die als Zielgruppe des Nachhilfeunterrichts angesehen werden können, nämlich die eher lernschwachen Schüler.

Zusammenhang zwischen Vorwissen und Lernstrategien

Das Schließen von Wissenslücken bzw. die Sicherung des Vorwissens dürfte ein Hauptziel einer individuellen Förderung darstellen.

Die Wirksamkeit der individuellen Förderung könnte daher davon abhängen, inwieweit das Vorwissen der Schüler für weitere Lerninhalte durch den Unterricht verbessert wird und inwieweit ein effektiver Einsatz von Lern- und Kontrollstrategien durch die individuelle Förderung gefördert wird.

Die Sicherung von Vorwissen bei individueller Förderung bedeutet:

- Es werden Wissenslücken geschlossen.
- Die Voraussetzung für den Erwerb neuer Lerninhalte wird sichergestellt.
- Es kommt zu einer besseren Verknüpfung neuer Lerninhalte.

3.4.2 Selbstorganisiertes Lernen

Selbstorganisiertes Lernen (vgl. die Begrifflichkeit in 3.3.3) ist dadurch charakterisiert, dass der Lernende eigenständig den eigenen Lernbedarf feststellt, Lernziele formuliert, sich selbst motiviert, das Lernen steuert, kontrolliert, überwacht und bewertet.

Selbstreguliertes Lernen ist damit ein zielorientierter Prozess des aktiven und konstruktiven Wissenserwerbs, der auf dem reflektierten und gesteuerten Zusammenspiel kognitiver und motivational-emotionaler Ressourcen einer Person beruht.

Im Rahmen der individuellen Förderung hat der Schüler – möglicherweise, aber immerhin in gewissen Grenzen – die Möglichkeit, die Lerninhalte (beispielsweise durch die Angabe eigener Wissenslücken) selbst zu bestimmen und sich mehr auf die Lernprozesse zu konzentrieren. Auf Förderunterricht übertragen könnte nun folgendes Ablaufschema sinnvoll sein:

Lerninhalte selbst bestimmen

Um Förderprozesse anzubahnen, sind die Sicherung von Vorwissen und das Anbahnen von selbstorganisiertem Lernen zentrale Voraussetzungen. Um den Förderprozess in Gang zu halten, bedarf es eines guten Zeitmanagements und wirksamer Lernstrategien. Eine Bewertung sollte auf der Beachtung der individuellen Bezugsnorm basieren.

3.4.3 »Time on task« (Instruktionsquantität)

Die zur Verfügung gestellte bzw. effektiv genutzte Lernzeit stellt eine entscheidende Bedingung für den Schulerfolg dar. Hierunter fallen auch die Hausaufgabenzeiten, die als Grund für deren Effektivität angeführt werden.

»Time on task« bedeutet: Individuelles Fördern ist dann erfolgreich, wenn das absolute Ausmaß der Lernzeit möglichst hoch gehalten wird. Zu dieser möglichst dichten Instruktionsquantität muss auch dazukommen, dass deren Nutzung möglichst effektiv gehalten wird. Von der Erhöhung des absoluten Ausmaßes der Lernzeit und deren effektiver Nutzung abgesehen dürfte individuelles Fördern auch deshalb wirksam sein, weil die zusätzliche Lernzeit regelmäßig, d.h. in verteilter und nicht in massierter Form in Anspruch genommen wird.

Regelmäßiges Lernen zeigt positiven Effekt

So konnte für den Bereich von Hausaufgaben sowie für studentisches häusliches Arbeiten z.B. gezeigt werden, dass vor allem die Regelmäßigkeit des täglichen Arbeitens einen positiven Lerneffekt hat.

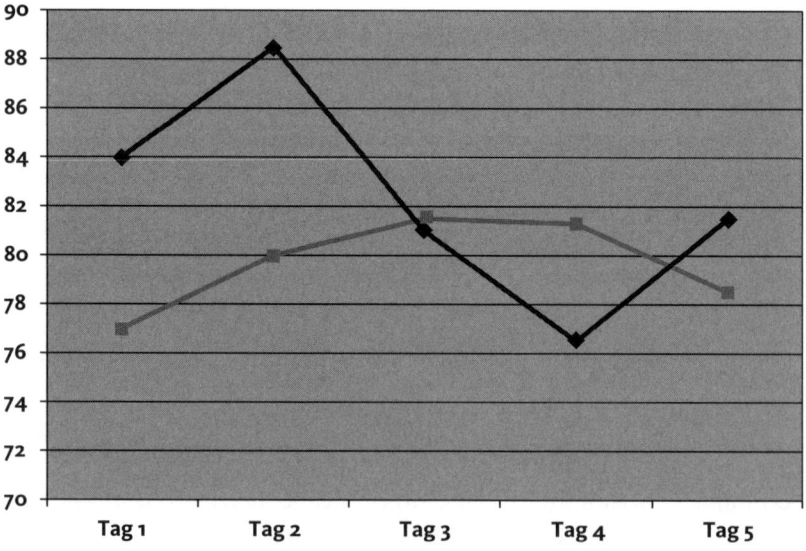

Abb. 9: Durchschnittliche Lernminuten unterschiedlicher Schüler pro Tag

Die Abbildung 9 verdeutlicht das Hausaufgabenmuster zweier Schüler derselben Klasse über eine Woche. Beide arbeiten im Durchschnitt gleich lang. Doch während der eine Schüler relativ konstant über die fünf Tage arbeitet, kann man den anderen Schüler eher als einen »Saisonarbeiter« bezeichnen.

3.4.4 Lernstrategien

Lernen lernen ist heute in aller Munde und wird als zentrales Element erfolgreichen Arbeitens überhaupt gesehen. Um den Begriff gibt es ein ziemliches Begriffswirrwarr. Übereinstimmend lassen sich zwei große Gruppen unterscheiden: Lernstrategien und Kontrollstrategien, wozu das selbstorganisierte Lernen gehört. Zu den Lernstrategien gehören das Planen und das Aneignen von Lernstoff.

Unter Planen fallen die Zeitplanung sowie die Arbeitseinteilung und der Arbeitsplatz. So wird heute das Führen von Lerntagebüchern empfohlen, in die neben dem täglichen Hausaufgabenpensum auch mittel- und längerfristige Termine wie Klassenarbeiten eingetragen werden. Ein aufgeräumter Arbeitsplatz ist eine zentrale Bedingung einer förderlichen Lernumgebung.

Zum Aneignen des eigentlichen Lernstoffs taugen Elaborations-, Reduktions- bzw. Organisations- sowie Wiederholungsstrategien.

Elaborieren bedeutet beispielsweise das Verknüpfen neuen Stoffes mit Vorwissen, das Ausdrücken von Lernstoff in eigenen Worten, Fragen zu einem Lernstoff zu formulieren, Beispiele zu suchen oder auch das Nachschlagen unbekannter Dinge.

Unter Reduzieren/Organisieren versteht man das Unterstreichen und Herausschreiben zentraler Textteile, das Anfertigen von Skizzen, Tabellen oder Grafiken, den Einsatz von Mindmaps oder auch den Umgang mit einer Lesemethode.

Als bekannteste Wiederholungsmethode wird seit vielen Jahren die Lernkartei propagiert.

Der Einsatz von Lernstrategien ist gerade bei individueller Förderung ideal:

Einsatz von Lernstrategien bei individueller Förderung

- Aufgrund der geringen Gruppengröße ist es eher möglich, die Schüler zu einem Einsatz effektiver Strategien anzuleiten und deren Einsatz anzuregen.
- Außerdem kann dies am konkreten Stoff tagein, tagaus eingeübt werden.

3.4.5 Individuelle Bezugsnorm

Zusammenhang zwischen kognitiven und motivationalen Prozessen

Zwischen kognitiven und motivationalen Prozessen besteht eine enge Verbindung: Leistungsschwache Schüler erleben im Unterricht häufiger Misserfolge, was sich negativ auf motivational bedeutsame Faktoren wie das Selbstkonzept der eigenen Begabung, die Ursachenzuschreibungen für Leistungen, Anspruchsniveausetzungen und Ergebniserwartungen auswirken kann.

Hinsichtlich der Lernmotivation des Schülers ist auf Lehrerseite vor allem dessen Bezugsnormorientierung von Bedeutung.

Individuelle Bezugsnorm

Als eine motivational förderliche Maßnahme hat sich beispielsweise die Berücksichtigung der individuellen Bezugsnorm bei der Leistungsbewertung erwiesen (5.4.1). Lehrer unterscheiden sich danach, ob sie sich bei der Bewertung von Schülerleistungen bzw. bei informellen Kommentaren und Rückmeldungen an der individuellen oder sozialen Bezugsnorm orientieren. Lehrer, die sich an der individuellen Bezugsnorm orientieren, honorieren Leistungen, die eine individuelle Leistungsverbesserung des Schülers darstellen, während Lehrer mit sozialer Bezugsnormorientierung dann Leistungen loben, wenn diese über dem Niveau einer sozialen Vergleichsgruppe (beispielsweise Klassendurchschnitt) liegen. Die positiven Auswirkungen der individuellen Bezugsnormorientierung auf die Lernmotivation sowie auf die Schul- und Prüfungsangst sind gut dokumentiert. Welche Bezugsnorm ein Lehrer bei der Bewertung von Leistungen anlegt, hängt partiell von seinen Erziehungszielen und Ziel-Mittel-Überzeugungen ab. Eine individuelle Bezugsnorm ist eher bei solchen Lehrern wahrscheinlich, die als pädagogisches Ziel vorrangig die individuelle Förderung der Schülerpersönlichkeit verfolgen.

Dies lässt sich eher in Zusatzeinheiten individueller Förderung als im normalen Klassenverband umsetzen. Ein Lehrer kann sich um den Leistungsstand, um den Leistungsfortschritt und um die Leistungsrückmeldung eines jeden Einzelnen kümmern. Dabei kann der Zusammenhang zwischen Anstrengung und dem erzielten Lernresultat deutlich gemacht werden, sodass dieses Vorgehen das Anlegen einer individuellen Bezugsnorm ermöglicht. Die nachgewiesenen positiven motivationalen Effekte des Förderunterrichts können daher insbesondere mit der individuellen Bezugsnormorientierung des Lehrers erklärt werden.

Über zusätzliche Fördereinheiten werden motivationsförderliche Maßnahmen gut ermöglicht:

- Der Lehrer kennt den individuellen Leistungsstand.
- Der Lehrer erkennt den individuellen Leistungsfortschritt.

- Der Lehrer kann die individuell erbrachte Leistung und die Leistungsverbesserung honorieren.

3.4.6 Zusammenfassendes Fazit über erfolgreiche Strategien der Förderung

Abschließend und zusammenfassend zu diesem Kapitel wird gefragt, welche Faktoren sich aus den theoretischen Begründungen extrahieren lassen, die für eine erfolgreiche Förderung für alle Schüler maßgeblich sein können.

Es geht darum, wie man differenzierten Unterricht so gestalten kann, dass Lerner mit unterschiedlichen Fähigkeiten individualisiert lernen können und damit auch individuell gefördert werden.

Mit den Leitzielen von Emanzipation und Mündigkeit wurde schülerorientierter und offener Unterricht proklamiert.

Differenzierung wurde zu einem Unterrichtsprinzip.

Im Zuge konstruktivistischer Lernvorstellungen wurde das Prinzip der optimalen Aktivierung betont. Eine heute moderne Didaktik geht von einem dynamischen Aufeinanderverwiesensein von Lehrerdidaktik und Lernerdidaktik aus.

Im Sinne evolutionärer Ansätze werden Variation und Selektion so eingeführt, dass alle Schüler davon profitieren.

Die Akzeptanz einer Fehlerkultur kann zu einer fruchtbaren Lerngelegenheit werden.

Lernen sensu Aebli als aktiver Prozess ist ein individueller Prozess.

In Abhängigkeit vom jeweiligen Zieltyp des Lernens sind Lernprozesse mit ihren unterschiedlichen Denkoperationen zu identifizieren.

Selbstwirksamkeit, Selbstkonzept, Interesse und Selbststeuerung sind für schulisches Lernen zentrale Voraussetzungen, damit die Schüler individuell oder in Gruppen arbeiten können.

Ansätze des situierten Lernens sind eine Unterstützung der Lernenden, um erworbene Kenntnisse und Fertigkeiten flexibel anwenden zu können.

Unerlässliche, um Förderprozesse auf den Weg zu bringen, sind das Sichern von Vorwissen und das Anbahnen selbstorganisierten Lernens. Um den Prozess des Förderns in Gang zu halten, bedarf es eines guten Zeitmanagements und wirksamer Lernstrategien. Eine Bewertung sollte auf der Beachtung der individuellen Bezugsnorm basieren.

Modell einer Förderung für alle

Bildungsziel: Emanzipation
Unterricht:
- schülerorientiert und offen
- Differenzierung als Unterrichtsprinzip
- mit Variations- und Selektionsofferten
- optimale Aktivierung

Lernen:
- Lernen als aktiver Prozess ist ein individueller
- Fehlerkultur
- Lernprozesse mit ihren unterschiedlichen Denkoperationen auf der Folie des Zieltyps von Lernen identifizieren
- Ansätze des situierten Lernens zur Unterstützung der Lernenden

auf Lernerseite:
- Selbstwirksamkeit, Selbstkonzept, Interesse, Selbststeuerung als Voraussetzungen für schulisches Lernen
- neue Prüfungskultur

4 Umgang mit Widerständen

Folgendes Zitat soll am Anfang stehen:

> »Allgemein können wir annehmen, daß ein Schulsystem, das sich am Ziel gesellschaftlicher Veränderungen orientiert, die größte Vielfalt bei seinen Schülern, die größte Überschneidung in der Nutzung von Einrichtungen und die größte Anzahl von in wechselseitiger Abhängigkeit ausgeführten Funktionen aufweisen dürfte. Eine Schule, deren Ziel die Erhaltung des status quo ist, wird größtmögliche Isolierung der Gruppen voneinander, geringstmögliche gemeinsame Nutzung von Einrichtungen und die geringsten persönlichen Kontakte zwischen den verschiedenen Gruppen zeigen« (Yates 1972, S. 100).

Aufgrund der heterogen zusammengesetzten Schülerschaft in allen Schularten und des nicht mehr übersehbaren demografischen Wandels stehen heute die Zeichen günstig, dass sich Bildungspolitiker, Kultusbehörden und Lehrer auf die neue Situation einlassen. Tatsächlich kommen massiv Appelle und Vorschläge im Umgang mit Heterogenität »unten« in den Schulen an. Zentrale und dezentrale Lehrerfortbildungen zum Umgang mit Heterogenität und zur individuellen Förderung werden angeboten. Doch dies ist keine Garantie, dass sich etwas vor Ort ändert. Die Hauptakteure vor Ort sind die Lehrkräfte, und vorliegendes Thema erfordert allerdings auf Lehrerseite zweierlei:

Hauptakteure vor Ort: die Lehrkräfte

- die Kompetenz, mit Heterogenität umgehen zu können
- die Einstellung, Heterogenität nicht nur als Belastung, sondern als Bereicherung zu sehen und sie dann als Chance für Lernanregungen nutzen zu wollen

Tatsächlich sollte man die Rolle der Lehrereinstellung, gerade was die Einführung bisher ungewohnter Praxen angeht, nicht unterschätzen.
Trautman und Wischer (2011, S. 111 ff.) gehen auf drei Problembereiche ein, was die Einstellung zu Heterogenität bei den Lehrkräften betrifft.

Einstellung zum Thema Heterogenität: Drei Problembereiche

- Veränderbarkeit von Einstellungen als Persönlichkeitsvariable: Die Autoren beziehen sich auf viele Studien, nach denen subjektive Lehrertheorien hochgradig resistent seien (4.4). So können persönliche Einstellungen einen Filter dafür bilden, ob und wie neue Informationen angenommen werden.
- Einstellungen als Ausdruck professionsbezogener Anforderungen: Einstellungen mögen wohl mit der eigenen Lehrerpersönlichkeit und deren biografischen Erfahrungen zusammenhängen, doch sie können ebenso sehr Ausdruck struktureller Gegebenheiten des Schulwesens und seiner spezifischen Geschichte sein. Wenn beispielsweise Heterogenität von einer Mehrzahl der Lehrer als Belastung und nicht als Chance begriffen wird, dann ist zu fragen, ob hier überhaupt von Chance gesprochen werden kann.
- Geringe praktische Relevanz von Einstellungen: Die individuellen Gestaltungsspielräume werden möglicherweise geringer veranschlagt als die Wirkmächtigkeit der Struktur und Logik der Institution.

In einer neueren Umfrage (Solzbacher 2008) antworteten 90 Prozent der Lehrkräfte auf die Frage »Halten Sie die individuelle Förderung aller Schüler für möglich?« mit »nein«. Auch wenn die online angelegte Studie nicht repräsentativ sein kann (104 auswertbare Fragebögen), so sind die Ergebnisse doch bemerkenswert.

Gründe Die gegebenen Gründe sind auf folgenden zwei Ebenen angesiedelt:

- Strukturelle Rahmenbedingungen: Als wichtigster Grund wird die Klassengröße genannt, gleich gefolgt von den räumlichen Bedingungen und der Anzahl des Lehrpersonals. Weiterhin fehlten Materialien und Gelder für besondere Maßnahmen. Auch die Schulstundentaktung mit dem 45-Minuten-Rhythmus stehe entgegen. Auch wird das Lehrpensum, d. h. die vorgegebenen Curricula sowie das Zentralabitur, als hinderlich gesehen.
- Ebene der beteiligten Personen:
  - Auf Schülerebene werden fehlende Motivation und Lernbereitschaft angemahnt sowie die Einsicht, dass sie einer individuellen Förderung bedürften.
  - Auf Lehrerseite sind die Antworten ähnlich angesiedelt. Es geht um mangelnde Bereitschaft und darum, sich hier etwas zuzutrauen. Es ist schon richtig, die Erstellung differenzierter Aufgabenformate beispielsweise ist schon mit einem erheblichen Mehraufwand verbunden. Auf der Habenseite darf man in jedem Fall einen entspannteren Unterricht verbuchen.

Und dieser Punkt der Lehrerseite soll hier klarer in den Fokus gerückt werden. Bereits 1972 schrieb Yates: »Es ist keine Übertreibung zu sagen, es liege in der Macht der Lehrer, ob eine bestimmte Differenzierungsform zum Erfolg führt oder nicht« (S. 89).

Fend (2008) betont mit seinem Konzept der Rekontextualisierung im Bildungswesen den aktiven Gestaltungsanteil von Akteuren auf der jeweiligen Ebene. Dabei berücksichtigt er gleichzeitig die Rahmenvorgaben einer übergeordneten Ebene und die spezifischen Handlungsbedingungen auf einer untergeordneten.

Konzept der Rekontextualisierung

In Abbildung 10 (Fend 2008, S. 236, Abb. 4.1) verdeutlicht Fend die Grundsituation des Lehrerdaseins.

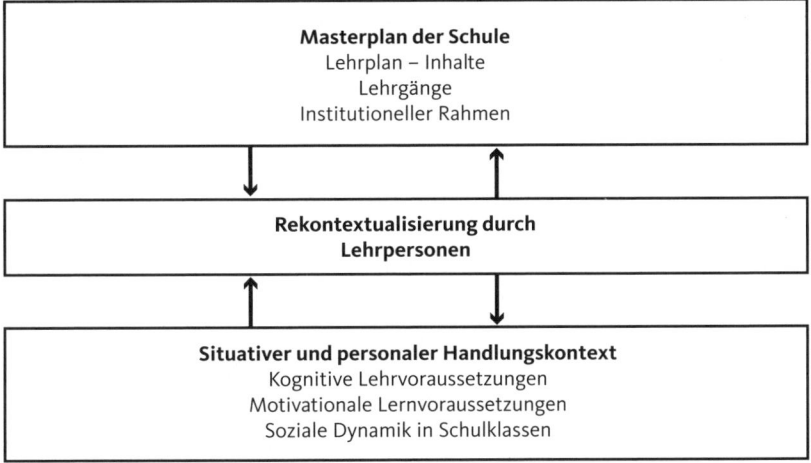

Abb. 10: Grundsituation des Lehrerdaseins

»›Hinter‹ sich hat die Lehrperson den kulturellen Masterplan und den institutionellen Kontext, ›vor sich‹ eine lebendige Schülerschaft. Die Institution mit ihrem Lehrplan, den festen Zeitplänen, Prüfungen und Verfahren verleiht ihm nicht zuletzt Sicherheit in seinem professionellen Handeln. Es wird jedoch jeden Tag auf die Probe gestellt, durch einen unendlichen Strom von Aktionen der Lehrpersonen und Reaktionen von Schülerinnen und Schülern in der Schulklasse. Lehrerhandeln verlangt tagtäglich Entscheidungen und feinfühliges Eingehen auf Unvorhergesehenes« (Fend 2008, S. 236).

Fend (2008) macht in seiner Analyse also darauf aufmerksam, dass der Lehrer nie allein ein Befehlsempfänger von oben ist, sondern dass er von oben Vorgegebenes an den realen Verhältnissen rekontextualisiert und reinterpretiert. Lehrerhandeln ist nicht aus den rechtlichen und institutionellen Strukturen einfach abzuleiten.

Freilich kommt hier das klassische, schon längst überwundene Paradigma vom handelnden Lehrer und dem reagierenden Schüler zum Ausdruck, in dem Differenzierung per definitionem gar nicht vorgesehen ist.

Zunächst sollen im Folgenden Ergebnisse eigener Forschung skizziert werden, aus denen diese Problematik noch klarer herausgearbeitet werden konnte (4.1). Dann soll auf breiterer Basis gezeigt werden, welchen Paradoxien generell Lehrkräfte ausgesetzt sind (4.2). Schließlich sollen nun ganz konkret Vorbehalte gegen das individuelle Fördern betrachtet werden (4.3). Letztendlich geht es darum, Wege vom Wissen zum Handeln aufzuzeigen (4.4). Schließlich werden Möglichkeiten der Implementierung von neuen Wissens-, Handlungsbausteinen in der Lehrerbildung systematisch gesehen (4.5).

4.1 Beispiel aus eigener Forschung

Forschungen zu Gruppenunterricht

Im Rahmen unseres Projektes zu erfolgreichem Gruppenunterricht gingen wir auch der Frage nach, womit es zusammenhängt, dass Gruppenunterricht in der Schulpraxis relativ selten eingesetzt wird (Dann, Diegritz/Rosenbusch 1999; Haag 2006; Nürnberger Projektgruppe 2001), obwohl die Lehrkräfte diese Sozialform durchaus begrüßen und gutheißen. Dabei konnten wir nachweisen, dass Lehrpersonen im Zusammenhang mit Gruppenunterricht leicht in Konflikt mit ihrer bisherigen Sozialisation geraten.

Neben vielen vorgebrachten Gründen, die die Durchführbarkeit betreffen (Götz et al. 2005), gingen wir davon aus, dass Gruppenunterricht immense Ansprüche an die Lehrer stellt, ihn in den schulischen Alltag umzusetzen. Der Lehrer muss seine Ungeduld, möglichst schnell zu Ergebnissen zu kommen, unterdrücken. Er muss seinen Drang, aktiv zu werden und alles selbst in die Hand zu nehmen, zurückhalten. Er muss seine Neigung, seinen Vorsprung an Wissen und Erfahrung zu demonstrieren, unter Kontrolle bringen. Er muss sein Bedürfnis nach absoluter Ruhe in der Klasse unterdrücken. Insgesamt lässt sich sagen, dass Lehrkräfte genau das unterlassen sollen, was ihnen in den Jahren von Studium und vor allem Referendariat in Fleisch und Blut übergegangen ist, nämlich sich für alles verantwortlich zu fühlen, ständig in Aktion zu sein, den Geräuschpegel niedrig zu halten und das Lernen der Schüler im Detail vorzuplanen und zu überwachen. So gesehen dürfte Lehrkräften die Entscheidung, Gruppenunterricht in ihren Klassen durchzuführen, nicht leichtfallen.

Wir gingen der Frage nach, inwiefern und wenn ja, welche Konflikte Lehrkräfte bei der Durchführung von Gruppenunterricht bei sich wahrnehmen. Dazu spielten wir ihnen Teile ihres aufgenommenen Unterrichts vor, hielten immer wieder das Band an und fragten sie, was ihnen in der je spezifischen Situation durch den Kopf gegangen ist. Diese Interviews mit den Lehrkräften wurden an einem bzw. zwei Terminen geführt und dauerten zwischen drei und fünf Stunden.

Konflikte von Lehrkräften bei Gruppenunterricht

Dabei konnten wir von zehn befragten Lehrkräften die zentralen Imperative in Tabelle 14 herausarbeiten.

Tab. 14: Imperative der Lehrkräfte während des Gruppenunterrichts

Lehrkraft	Zentralimperativ
1 (w)	Mein Unterricht muss perfekt sein!
	Ich muss bei der Gruppenarbeit eingreifen!
2 (w)	Ich muss mich bei Gruppenarbeit und Auswertung raushalten!
	Ich muss gerecht sein!
3 (w)	Es müssen Ergebnisse da sein (und in der Aufnahmesituation erst recht)!
4 (w)	Es darf nichts passieren, was ich nicht im Griff habe!
	Ich muss ganz ruhig bleiben und richtig reagieren!
5 (w)	Ich darf keine Fehler machen!
6 (m)	Die Schüler sollen ruhig sein und gut mitarbeiten!
	Ich darf nicht laut und streng sein!
7 (m)	Mein Unterricht muss ablaufen wie geplant!
	Bei der Gruppenarbeit sollen die Schüler selbstständig arbeiten!
	Ich darf nicht tatenlos herumsitzen!
8 (m)	Ich muss die Schüler völlig unter Kontrolle haben!
	Ich muss mich wegen der Aufnahmen raushalten!
9 (m)	Die Schüler sollen ruhig sein!
	Ich darf nicht laut werden!
10 (m)	Der Unterricht muss glatt durchzuziehen sein!

Insgesamt lässt sich feststellen, dass alle Lehrkräfte sich in irgendeiner Form befahlen, »ihr Gruppenunterricht müsse gut laufen«. Dabei lassen sich aber unterschiedliche Schwerpunkte ausmachen: Ein Teil der Lehrkräfte schien die Ansprüche mehr an sich selbst zu richten, was bis zu der Forderung gehen konnte, perfekt zu sein, während der andere Teil der Lehrkräfte die Aufmerksamkeit mehr auf die Schüler zu richten schien; ihnen ging es offensichtlich schwerpunktmäßig darum, dass ein glatter, störungsfreier Unterrichtsablauf möglich ist. Die an die eigene Adresse gerichteten Imperative schienen tendenziell eher von den weiblichen Lehrkräften zu stammen, während die Imperative der männlichen Lehrkräfte sich schwerpunktmäßig mehr an die Schüler richteten bzw. den Unterrichtsablauf betrafen.

Dilemma von Lehrern

Alle Lehrkräfte haben im Gruppenunterricht in irgendeiner Form mit einem Grundkonflikt zu kämpfen. Dieser wird als das gleichzeitige Vorhandensein zweier sich widersprechender Imperative definiert, bestehend aus dem Dilemma von Lehrern, einerseits die Selbstständigkeit der Schüler fördern zu sollen, andererseits alles unter Kontrolle haben zu müssen, d. h. in der konkreten Situation nicht zu wissen, ob sie eingreifen sollen oder nicht.

Die am häufigsten genannten Entscheidungen zwischen Eingreifen und Nicht-Eingreifen sind für jede Phase des Gruppenunterrichts in Tabelle 15 dargestellt.

Tab. 15: Entscheidungskonflikte zwischen Eingreifen und Nicht-Eingreifen	
Arbeitsauftrag	Gruppen gezielt bilden! Vs.
	Die Gruppen sich selbst zusammenraufen lassen!
Gruppenarbeit	Disziplin, Mitarbeit und Ergebnisse kontrollieren! Vs.
	Gruppen selbstständig arbeiten lassen!
	Den vorgefassten Zeitplan einhalten! Vs.
	Den Gruppen Zeit nach Bedarf geben!
Auswertung	Auswertung nach meinen Vorstellungen! Vs.
	Den Schülern Freiraum lassen!

Als meistgenannter Konflikt stellt sich in der Phase des Arbeitsauftrags das Dilemma zwischen Steuerung der Gruppenbildung und Zusammenraufenlassen der Schüler heraus.

Um dem Leser eine Entscheidungshilfe bei diesem Konflikt zu geben, sollen die didaktischen Folgerungen, die wir aus unseren aufwendigen Studien gewonnen haben, mitgeteilt werden (Nürnberger Projektgruppe 2001):

Gruppenbildung

Die entscheidende Vorüberlegung zu Gruppenbildung und -zusammensetzung soll zu Beginn von Gruppenunterricht angesprochen werden. Es gibt gute Gründe, die Gruppen sich selbst bilden zu lassen wie etwa nach Freundschaft, Sympathie oder Neigungen. Da die Gefahr besteht, dass diese Entscheidungsfindung lange dauert und eventuell Außenseiter übrig bleiben, gibt es genauso gute Gründe, dass der Lehrer nach eigenen Kriterien die Gruppen selbst bildet. In jedem Fall sollte im Sozialisationsfeld Schule ganz klar sein, dass grundsätzlich erwartet wird, dass jede Person mit jeder zusammenarbeitet.

Den Schülern muss auch die Sinnhaftigkeit von Gruppenunterricht, nämlich die Verwirklichung von Selbstständigkeit, Kooperationsfähigkeit und Kreativität, bewusst sein. Die Startphase der Gruppenarbeit wird erheblich erleichtert und beschleunigt, wenn vorab oder in routinemäßigem Wechsel die Verteilung der Funktionsrollen in den Gruppen, wie z. B. Gruppensprecher und Gruppenschreiber, geregelt ist.

Da sich Gruppen mit einer autoritären Führungsstruktur als problematisch darstellen, sollte alles getan werden, dass im Gruppenunterricht, dessen Potenzial nicht zuletzt auch im sozialen Lernen gesehen wird, die Statusungleichheit innerhalb der Gruppen abgebaut wird. Ein erster Weg besteht darin, dass ein Lehrer eine Gruppe umstrukturieren sollte, wenn es sich zeigt, dass ein Schüler in der Gruppe dauerhaft als autoritäre Führungsfigur fungiert. Weiterhin ist es sinnvoll, dass wichtige interpersonale Fertigkeiten, wie einander zuzuhören, die Perspektive des anderen zu verstehen und positive Rückmeldung zu geben, mit der Klasse eingeübt werden.

Regeln

Gruppenarbeit setzt eine produktive Zusammenarbeit mit anderen voraus, d. h., dass gewisse Regeln und Normen eingehalten werden müssen. Beispielsweise sollen alle dafür Sorge tragen, dass alle Gruppenmitglieder bei der Gruppenarbeit miteinbezogen werden.

Freilich gibt es immer wieder Schüler, die, auch bei regelmäßiger Reflexion über die Schwierigkeiten während der Gruppenarbeit, kaum oder nur schwer dauerhaft in einer Gruppe integriert werden können. »Hier stößt man«, wie sich eine Lehrerin äußert, »an eine von den vielen Grenzen, die man als Pädagoge zu akzeptieren lernen muss.« Konkret kann dies bedeuten, dass ein Schüler separiert und zur Einzelarbeit »verdonnert« wird, während seine Mitschüler Gruppenarbeit machen.

Während der Gruppenarbeit geraten die Lehrkräfte hauptsächlich in Konflikte zwischen den Imperativen, die Mitarbeit, Disziplin und Ergebnisse in den Schülergruppen kontrollieren zu sollen und den Schülern Freiraum zu lassen.

Eingreifen/ Nicht-Eingreifen

Im Folgenden wiederum unsere didaktischen Folgerungen: Während der Gruppenarbeit sehen sich die Lehrer dem Konflikt zwischen Eingreifen und Nicht-Eingreifen ausgesetzt. Den Lehrern fällt es häufig schwer, den Schülergruppen das Maß an Selbstständigkeit und Eigenverantwortlichkeit zuzugestehen, das für gelingende Gruppenarbeit unerlässlich ist. Grundsätzlich bedeutet ein Eingreifen während der Gruppenarbeit eine Unterbrechung der Intragruppenkommunikation durch den Lehrer. Wenn man den Schülern Gruppenarbeit zutraut, darf es eigentlich dem Lehrer nicht darum gehen, in den einzelnen Gruppen eigene Vorstellungen von der Aufgabenbearbeitung durchzusetzen. Lehrer meinen es gut, wenn sie von Gruppentisch zu Gruppentisch gehen und vielleicht sogar noch neue Impulse in die Gruppen tragen. Allzu leicht passiert es, dass sie sich nicht am aktuellen Diskussionsstand in der Gruppe orientieren, sondern eher »hineinplatzen« und neue Gedanken vortragen, was, so unsere Beobachtungen, nicht selten zu Desorientierung in den Gruppen und anschließenden »Abstürzen« bei der Arbeitshaltung führt. So konnten wir Nachschübe zum Arbeitsauftrag beobachten, bei denen die Lehrer Ergänzungen, Änderungen oder Zusätze zum Arbeitsauftrag äußerten, die die Anweisungen im ursprünglichen Arbeitsauftrag relativierten, erweiterten oder ihnen gar widersprachen.

Interventionen von Seiten der Lehrkraft

Grundsätzlich erweist es sich eher als ungünstig, wenn der Lehrer häufig und zu lange interveniert. Also: Wenn sich der Lehrer um einen klaren Arbeitsauftrag kümmert, sollte es zunächst für ihn keinen Grund geben, von sich aus ohne Aufforderung durch die Gruppe ins Gruppengeschehen einzugreifen.

Um leidige Interventionen zu vermeiden, ist folgendes Lehrerverhalten während der Gruppenarbeit zu empfehlen:

- Der Lehrer zieht sich nach Beendigung des Arbeitsauftrages bewusst zurück (z. B. am Pult arbeiten oder Tafelanschrift vorbereiten).
- Der Lehrer beobachtet die Gruppen nur aus der Ferne.
- Der Lehrer läuft nicht ständig durch die Klasse. Sonst provoziert er nur unnötige Interventionen.

Am Ende der Gruppenarbeitsphase gerieten die Lehrkräfte in das Dilemma, den vorgefassten Zeitplan einhalten zu müssen, aber auch den Schülern so viel Zeit zu geben, wie sie brauchen.

Beenden der Gruppenarbeit

Wir meinen: Das geschickte Beenden der Gruppenarbeit ist keine leichte Aufgabe. Generell gilt, dass die Gruppen nicht abrupt aus der Gruppenarbeit herausgerissen werden sollten, sondern eine Übergangszeit zur Verfügung haben sollten, um die laufenden Arbeiten abschließen zu können und sich auf die Auswertungsphase einzustimmen. Zu empfehlen ist die Vereinbarung nonverbaler Zeichen zur Beendigung der Gruppenarbeit, etwa der Einsatz eines Lichtsignals, einer Tischglocke oder einer Spieluhr.

Auswertungsphase

In der Auswertungsphase drehte sich der Hauptkonflikt um die Frage, wie weit die Lehrkräfte ihre eigenen Vorstellungen von Ergebnispräsentation und Diskussionsablauf verwirklichen sollen bzw. wie weit sie dies den Schülern überlassen sollen.

In dieser Phase ist die Gefahr groß, dass der Lehrer zu lehrerhaft auf die Präsentationen eingeht. Zwar sollten Lehrer wohl Fehler ansprechen, ohne jedoch die ganze Präsentation zu bestimmen, sie unnötigerweise zu unterbrechen oder zu zerreden.

Die schwierigste und entscheidende Aufgabe des Lehrers ist die Integration bzw. Vernetzung der Einzelergebnisse zu einem Ganzen. Je besser die Integration gelingt, so unsere Ergebnisse, desto aufmerksamer sind die Schüler. Was die Integration besonders schwer macht, ist, die richtige Balance zwischen Eingreifen und Nicht-Eingreifen zu finden. Weder sollte sich der Lehrer mit einer bloßen, unkommentierten Reihung der einzelnen Gruppenbeiträge abfinden – eine in der Praxis häufig anzutreffende Fehlform der Auswertung! –, noch darf er durch zu starkes Eingreifen, Korrigieren, Lenken und Kritisieren die Schüler entmutigen und demotivieren. Diese schwierigste Teilstation innerhalb der Auswertungsphase erfordert besonders hohe Sach- und eine besonders entwickelte Sozialkompetenz des Lehrers. Rezepte zu geben erscheint hier unmöglich. Fingerspitzengefühl, pädagogischer Takt, didaktisches Geschick sind nur Stichworte, mit denen angedeutet werden kann, worauf es ankommt.

Ziehen wir eine Bilanz aus den eigenen Studien:

Bilanz

Die Durchführung von Gruppenunterricht, die bei den Lehrenden eine erhebliche Veränderung ihrer traditionellen Rolle mit sich bringt, führt auch im Erleben selbst zu Konflikten. Es hat den Anschein, als würden den tief einsozialisierten Kontroll-Imperativen »neue« Imperative, die Selbstständigkeit der Schüler fördern zu müssen, gegenüberstehen, was zu immer wiederkehrenden Handlungsunsicherheiten führt und letztendlich dazu, diese Unterrichtsform doch eher zu meiden als sich Konflikte »einzukaufen«.

Und dieses Ergebnis scheint trivial, ist es aber nicht. Man sollte aufgrund der allseits dem Gruppenunterricht entgegengebrachten Sympathie und der in der Literatur positiven Promotion in der Praxis einen Siegeszug dieser unterrichtlichen Form erwarten. Doch dass die Zurückhaltung oder eher mäßige Annahme seitens der Lehrerschaft von deren Köpfen aus gesteuert sein könnte, ist so nicht ohne Weiteres ersichtlich gewesen.

Zu einem ähnlichen Ergebnis kam Brody (1993). Sie nennt als ein wichtiges Ergebnis ihrer empirischen Studie: »Am häufigsten beschreiben Lehrer bei Einführung des kooperativen Lernens Kontrollprobleme« (S. 111). Das stark ausgeprägte Bedürfnis, alles unter Kontrolle

Konflikt zwischen Eingreifen/ Nicht-Eingreifen

haben zu müssen, lässt der Förderung von Eigeninitiative und Selbstständigkeit im Gruppenunterricht offensichtlich kaum eine Chance.

Abschließend sollen erste Anregungen gegeben werden, wie Lehrer grundsätzlich mit dem Konflikt Eingreifen – Nicht-Eingreifen umgehen können (auch Nürnberger Projektgruppe 2001). Zunächst geht es um die Frage, ob eine Lehrkraft sich überhaupt von dem beschriebenen Konflikt zwischen Eingreifen und Nicht-Eingreifen betroffen fühlt. Bei einer Bejahung kommt als nächstes die Frage, wie sie momentan damit umgeht. Diese Frage lässt sich am besten durch konkrete Beobachtungen des eigenen Handelns beantworten, damit Selbsttäuschungen ans Licht kommen können. Hierzu kann es sinnvoll sein, einen Kollegen oder eine Kollegin in den eigenen Unterricht zu bitten, der oder die bestimmte Beobachtungsaufgaben übernimmt. Als Nächstes kommt es darauf an, im Hinblick auf die eigenen pädagogischen Ziele zu klären, wie viel Eingreifen die Lehrkraft für notwendig und sinnvoll hält. Bei diesem Klärungsprozess mag das Studium von möglichst empirisch fundierter Fachliteratur hilfreich sein, auch sind auf jeden Fall Gespräche mit anderen Lehrern anzuraten. Auf diese Art und Weise könnte die Lehrkraft allmählich zu einem Standpunkt kommen, wie sie mit diesem grundlegenden Konflikt umgehen will. Ein wünschenswertes Ergebnis dieses Reflexionsprozesses wäre der Versuch, neu gewonnene Handlungsmöglichkeiten in die Praxis umzusetzen.

Inwieweit diese Anregungen auch für unser Thema taugen, ist empirisch nicht erwiesen, doch als Anregungen taugen sie allemal.

4.2 Antinomien des Lehrerhandelns

Im Folgenden erweitern wir die subjektive Seite der Lehrkräfte, wie wir sie soeben auf den Gruppenunterricht bezogen haben, generell auf das Lehrerhandeln (Haag/Streber 2012).

Das Konzept konstitutiver Antinomien, gesellschaftlicher Widerspruchsverhältnisse, Dilemmata und Paradoxien ist insbesondere in professionstheoretischen Überlegungen seit den Achtzigerjahren des letzten Jahrhunderts begründet worden. Helsper (1996) kommt das Verdienst zu, eine Systematik angestrebt zu haben, was die Fragen nach der Ebene angeht, auf welcher sie angesiedelt sind, und inwieweit sie für pädagogisches Handeln konstitutiv oder eher veränderbar und damit aufhebbar sind.

Es wird ein Korsett von gegensätzlichen Polen, d.h. widersprüchlichen Handlungserwartungen aufgezeigt, die jeweils für sich ihre Berechtigung haben, aber aufgrund ihrer prinzipiellen Gegensätzlichkeit nicht gleichzeitig zur Anwendung kommen können. Hierhinein sind

Lehrer eingezwängt und können beiden Polen nicht gleichzeitig entsprechen. Im Folgenden beziehen wir uns auf die prägnante Zusammenfassung bei Rothland und Terhart (2007, S. 21 ff.).

4.2.1 Nähe-Distanz-Antinomie

Die Nähe zu den einzelnen Schülern als heranwachsenden Persönlichkeiten (allgemein im Sinne affektiver Nähe – »Schüler mögen/gut leiden können« – oder aber im Sinne einer intensiven Betreuung und eines Eingehens auf die ganze Person bei Lernschwierigkeiten, in Entwicklungskrisen) steht hier in einem Spannungsverhältnis zur gleichzeitig gebotenen professionellen Distanz und zur affektiven Neutralität gegenüber der Klientel. Und dies umso mehr, da doch die Berufsrolle vom Lehrer verlangt, sich als Person zu engagieren, und affektive Komponenten und moralische Verpflichtungen Teil des Lehrerhandelns sind.

»Schüler mögen« versus Neutralität

4.2.2 Antinomie von Person und Sache

Auf der einen Seite ist die Vermittlung von universalen und abstrakten Inhalten bzw. fachwissenschaftlichen, allgemeingültigen Wissens Ziel des unterrichtlichen Lehrens in der Schule. Das abstrakte und universale Wissen muss jedoch in der Vermittlungstätigkeit alltagsnah an die Lebenswelt der Person der Schüler angepasst und damit zu einem nur partikular gültigen, spezifischen Gegenstand gemacht und damit reduziert werden (universalistisch vs. partikular personenspezifisch). Hierher gehört auch die Spannung zwischen Bildung und Qualifikation.

Wissen versus Lebenswelt

Die gerade von der Wirtschaft geforderten Schlüsselqualifikationen sind möglicherweise nicht die Qualifikation, die dem individuellen Bildungsbedürfnis oder dem Interesse von Schülern und Lehrern entspricht.

Legt man die Terminologie Fromm'scher Psychoanalyse zugrunde, vaterorientiertes Leistungsprinzip vs. mutterorientiertes Annahmeprinzip, dann sollen Schüler »väterlich« zur Leistung verpflichtet werden mit allen negativen Konsequenzen, wenn diese Leistungen nicht gezeigt werden oder werden können. Gleichzeitig sollen Lehrer die Schüler beraten, sie »mütterlich« annehmen und in ihren Fehlern und Unzulänglichkeiten akzeptieren.

4.2.3 Antinomie von Einheitlichkeit und Differenz bzw. Homogenität vs. Heterogenität

Gleichbehandlung versus Förderung

Lehrer sind dazu verpflichtet, alle Schüler gleich zu behandeln, also gerecht und gleichmäßig zu fördern, nach einheitlichen allein schulleistungsbezogenen Maßstäben zu beurteilen etc. Diesem Gebot der Gleichbehandlung (Einheitlichkeit) steht die ja nach Situation und Konstellation notwendige verstärkte Zuwendung, Förderung und Unterstützung Einzelner (besonders Benachteiligter, Förderungsbedürftiger) entgegen. Jedwede verstärkte Förderung einzelner Schüler bedeutet schließlich in einer festen Gruppe die Verknappung von Zuwendungsmöglichkeiten für die anderen, was wiederum dem Gebot der Gleichbehandlung zuwiderläuft. Ganz zentral in folgendem Kontext: Es geht um »individuelles Fördern« vs. »Unterrichten mit der Gießkanne«.

4.2.4 Antinomie von Organisation und Interaktion

Routinen versus Offenheit

Personenunabhängige Standards, regelhafte Routinen (wiederkehrende Stoffpläne, wöchentlicher Unterrichtsrhythmus, tägliche Zeittakte) als »abstrakte Zeit-, Raum- und Verfahrensregelungen« (Helsper 1996, S. 535) mit der Tendenz zu formalisierten Mustern stehen der prinzipiellen Offenheit der ungeregelten und nicht strukturierten individuellen Interaktion zwischen Lehrkräften und Schülern gegenüber.

Rothland und Terhart sprechen von einer Schwebelage zwischen Reglementierung und »pädagogischer Freiheit«: zwei Arbeitsplätze, unvollständig geregelte Arbeitszeit, prinzipielle Offenheit bzw. Grenzenlosigkeit der Aufgabenstellung.

Es geht hier um die Lehrerworte »immer im Dienst«, »nie fertig«.

4.2.5 Antinomie von Autonomie und Heteronomie

Selbständigkeit versus Schülerrolle

Diesem Spannungsverhältnis liegt der Widerspruch einer Erziehung zur Autonomie mittels Zwang zugrunde. Das Ziel der Schule und des unterrichtlichen Handelns ist die Entfaltung lebenspraktischer Selbst- und Eigenständigkeit aufseiten der Schüler bei gleichzeitiger Abhängigkeit und Unselbstständigkeit in der Schülerrolle (abhängige Position des Adressaten).

4.3 Vorbehalte gegen das individuelle Fördern

Mit Bezug auf das soeben Gesagte, insbesondere was die Antinomie von Einheitlichkeit und Differenz betrifft, lässt sich sagen, dass individuelle Förderung zu einer weiteren Steigerung der Komplexität des pädagogischen Handelns führt.

Individuelles Fördern bedeutet eine Steigerung der Komplexität

Umgekehrt gilt diese Komplexität auch für die Schülerseite. Die Schüler sind mehr gefordert, sie können sich nicht so einfach in der Klasse hinter den anderen verstecken in der Hoffnung, mich »trifft« es heute schon nicht. Breidenstein (in Dorow et al. 2012) weist dies am Meldeverhalten geschlossener und offener Unterrichtsformate nach. Innerhalb des Frontalunterrichts ermöglicht das geregelte Verfahren der Rederechterteilung, nämlich das Melden des Schülers und Aufrufen des Lehrers, die Fokussierung auf ein verbindliches Aufmerksamkeitszentrum. Das Erlernen und Einhalten der Melderegel ist ein zentrales Element im Prozess der schulischen Sozialisation und fördert die Fähigkeit der Schüler, sich angemessen an der Klassendiskussion zu beteiligen. Ein solches für alle verbindliche Aufmerksamkeitszentrum existiert im individualisierten Unterricht jedoch nicht. Schüler müssen sich für ihr eigenes Anliegen einsetzen, um sich irgendwie beim Lehrer Gehör zu verschaffen (Dorow et al. 2012).

Eine solche Einstellung ist nicht einfach umkehrbar. Sie stößt an die Grenzen der eigenen schulischen und Ausbildungs-Biografie, an die gesellschaftlichen Erwartungen an Schule und Schulverwaltung. Hier ein Beleg von 1972: »Beim Studium der Entwicklung der Differenzierungspraxis fiel der vorherrschende Konservatismus im Verhalten der Lehrer gegenüber den meisten Änderungsvorschlägen zu dieser Praxis auf« (Yates 1972, S. 87). Die meisten Veränderungen in der Differenzierungspolitik kamen von außen. Von einem großen Teil der Lehrer wurden sie bitter bekämpft. Warum wohl?

Konservatismus im Verhalten der Lehrer

- Das Prestige eines Lehrers hängt weitgehend vom Alter und der Befähigung seiner Schüler ab.
- Sie sind ehrlich davon überzeugt, dass die Organisationsform, an die sie sich gewöhnt haben, die pädagogisch beste sei.
- Seit der eigenen Schulzeit und in der Ausbildung haben die Lehrer das »Wahrnehmungsraster ›Schulklasse‹« (Reh 2005, S. 84) ausgebildet, das die Sicht auf den Einzelnen und seinen Lernprozess erschwert.

Welche Möglichkeiten bieten sich nun an, mit »rigiden« Einstellungen oder positiv formuliert mit angeblich bisher »bewährten« Praktiken zu brechen?

4.4 Lösungsansatz: Wege vom Wissen zum Handeln

Es soll darum gehen, Wege vom Wissen zum Handeln aufzuspüren. Ausgehend von der zentralen Annahme handlungsleitender Kognitionen sollen bewährte Ansätze hier aufgezeigt werden.

Modell professioneller Handlungskompetenz

Baumert und Kunter (2006, S. 482) entwickeln ein allgemeines Modell professioneller Handlungskompetenz. Neben einem Ausfächern des Professionswissens in weitere Wissensbereiche kommt es auch auf Überzeugungen/Werthaltungen, motivationale Überzeugungen und selbstregulative Fähigkeiten an, die in der Sozialisierung und Ausbildung zum Lehrerberuf vermittelt bzw. gestärkt werden müssen.

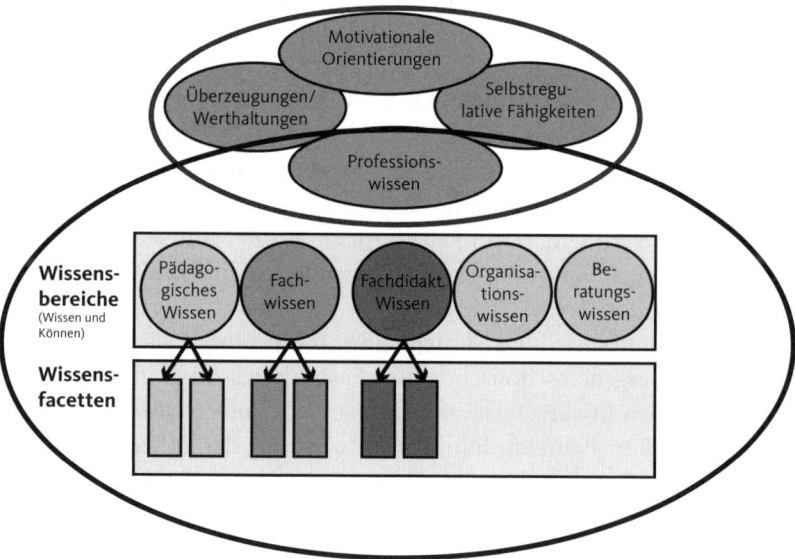

Abb. 11: Modell professioneller Handlungskompetenz

Berufsmoral

Unter Überzeugungen und Werthaltungen verstehen die Autoren u. a. auch Wertbindungen und Berufsmoral. Wenn auch bis heute unklar ist, welche Auswirkungen spezifische Wertpräferenzen für das professionelle Handeln von Lehrern haben, so nehmen doch Baumert und Kunter an, »dass die Ausprägungen der Berufsmoral sowohl für den Umgang mit Heterogenität als auch für die Unterstützungsqualität von Lernumgebungen […] bedeutsam sind« (S. 498).

Doch wie die Erfahrung zeigt, können viele Menschen ihr fachliches Wissen zu wenig in den beruflichen Alltag einbringen. Sprichwörtlich ist die viel zitierte »Kluft zwischen Theorie und Praxis« oder die »Kluft zwischen Wissen und Handeln«, konkreter »der weite Weg vom Wissen zum Handeln« (Wahl 1991). Ein Ausweg scheint, die subjektiven Theorien der Lehrkräfte in den Blick zu nehmen.

4.4.1 Subjektive Theorien als Schlüssel

Unterschiede zwischen verschiedenen Lehrkräften in ihrem unterrichtlichen Handeln können nicht allein über Beobachtungen des Lehrerverhaltens und seiner Kontextbedingungen aufgeklärt werden. Was man als außenstehender Beobachter wahrnehmen kann, reicht dafür keinesfalls aus; vielmehr spielen auch ihre Denkprozesse vor, während und nach den Handlungen und Entscheidungen eine ausschlaggebende Rolle. Diese Denkprozesse sind mit dem beobachtbaren Verhalten eng und systematisch verknüpft.

Grundlage für solche Denkprozesse sind die Lehrerkognitionen: Lehrerwissen, Lehrerüberzeugungen, Lehrererwartungen oder subjektive Theorien (Dann 2000). Subjektive Theorien sind komplexe Formen der individuellen Wissensorganisation. Sie sind sehr individuell und um berufliche Alltagssituationen herum organisiert.

Lehrerkognitionen

Handeln ohne Wissensgrundlage und ohne Wissensproduktion erscheint unter dieser Perspektive undenkbar.

Hier geht es um zweierlei. Unter dem Gesichtspunkt des Wissenserwerbs ist die Entstehung subjektiver Theorien zu thematisieren, unter der Perspektive der Veränderung, welche Bedingungen hierfür förderlich sein können. Veränderungen des unterrichtspraktischen Handelns von Lehrpersonen müssen sich deshalb auch auf die relevanten subjektiven Theorien erstrecken, wenn diese Änderungen Erfolg haben sollen, so die Konsequenz der Lehrerkognitionsforschung. Im Folgenden beziehen wir uns auf einen Aufsatz von Dann (2007).

4.4.2 Genese und Rechtfertigungspotenzial

Es geht um die sozialen (kulturellen und institutionellen) Einflüsse auf die Genese von subjektiven Theorien.

Im Rahmen von Handlungsprozessen entwickeln Menschen in wiederkehrenden Situationen im Laufe der Zeit mehr oder weniger differenzierte subjektive Theorien über den betreffenden Handlungskontext. Sie werden vermutlich bereits in der eigenen Schulzeit aufgebaut, setzen sich in der Lehrerausbildung fort und werden in der beruflichen Praxis vervollständigt und verfestigt. Die Institution Schule mit ihren gesellschaftlichen Strukturen und Funktionen beeinflusst auch die subjektiven Theorien der Lehrkräfte, dies geschieht durch überindividuelle

Soziale Repräsentationen

Wissenssysteme, die der Berufsgruppe der Lehrer gemeinsam sind. Solche von den Gruppenmitgliedern geteilten Wissenssysteme werden als soziale Repräsentationen bezeichnet (von Cranach/Doise/Mugny 1992). Sie haben vor allem die Funktion des Verstehens und der Konstruktion von Wirklichkeit und damit der Stiftung sozialer Identität für die Gruppenmitglieder. Am Prozess der Entwicklung von subjektiven Theorien sind auch Anteile solcher sozialen Repräsentationen beteiligt; diese finden – über individuelle soziale Repräsentationen – Eingang in die subjektiven Theorien der einzelnen Lehrkraft. Dadurch erfolgt eine soziale Steuerung und Kontrolle, der das individuelle Handeln ausgesetzt ist und mit der sich die handelnde Lehrkraft auseinanderzusetzen hat.

Wenn nach oben zitierter Studie von Solzbacher (2008) 90 Prozent der Lehrkräfte individuelle Förderung aller Schüler für nicht möglich halten, dann wird in subjektiven Theorien auch ein Rechtfertigungspotenzial gesehen, warum hier Lehrkräfte so handeln, wie sie handeln.

Subjektive Theorien stellen ein reichhaltiges Repertoire an Erklärungsmöglichkeiten bereit, das auch zur Rechtfertigung eigener und fremder Handlungen oder deren Unterlassung eingesetzt werden kann. Solche Annahmengefüge können aber dazu führen, dass notwendige oder sinnvolle Verhaltensänderungen unterbleiben. Diese Funktion können sie erfüllen, solange sie für selbstverständlich oder wahr gehalten werden, unabhängig davon, ob sie objektiv haltbar sind oder nicht.

Diese Zusammenhänge wurden bislang kaum untersucht, sehr elaboriert liegen Ergebnisse zur Erklärung zum Lehrerhandeln im Gruppenunterricht vor.

4.4.3 Handlungsänderung über die Modifikation subjektiver Theorien

Innovationen der Schulpraxis implizieren stets tiefgreifende Handlungsänderungen (zunächst, aber natürlich nicht nur) bei den Lehrpersonen. Wenn sich subjektive Theorien in hohem Maße als handlungsleitend erwiesen haben, dann müssen diese bei allen Versuchen, nachhaltige Handlungsänderungen herbeizuführen, im Mittelpunkt stehen.

Gleichwohl wird die Einbeziehung wesentlicher Teile des Gesamtsystems Schule (vor allem Kollegen, die Schulleitung, externe Experten) verbunden mit einer Reihe von Unterstützungsmaßnahmen (z. B. regelmäßige Treffen auf verschiedenen Ebenen, konkrete Schulungen, Entwicklung von Unterrichtsmaterialien) die Implementation wesentlich fördern.

Dazu gehört zunächst die Beschäftigung mit Pro- und Kontra-Argumenten. Dadurch kann die Veränderungsmotivation der Lehrkräfte aufgrund ihres Rechtfertigungspotenzials unterbunden werden. Subjektive Theorien sollten deshalb bewusst gemacht, reflektiert und – wo immer möglich – mit empirischer Evidenz konfrontiert und entsprechend verändert werden.

Von ausschlaggebender Bedeutung ist aber die Auseinandersetzung mit den bereits bestehenden unmittelbar handlungsleitenden subjektiven Theoriestrukturen. Lässt man diese unberücksichtigt und versucht, direkt neue Handlungen einzuführen, werden sich die eingefahrenen und als solche in gewisser Weise durchaus bewährten Handlungsgrundlagen immer wieder störend bemerkbar machen. Weil die Lehrkraft immer wieder in alte Handlungsmuster zurückfällt, wird eine effektive Handlungsänderung letztlich vereitelt.

Es ist nicht einfach, einmal eingefahrene Handlungsgrundlagen zu verlassen. Diese eingefahrenen Handlungsgrundlagen sind außerordentlich schwer änderbar. Zunächst soll von einer erfolgreich durchgeführten Trainingsstudie berichtet werden (Haag/Mischo 2003), dann sollen zwei gut elaborierte Ansätze vorgestellt werden, die im Kontext des Forschungsprogramms Subjektive Theorien entstanden sind.

Eingefahrene Handlungsgrundlagen sind schwer änderbar

Effekte einer Trainingsstudie (Haag/Mischo 2003)

Die Autoren fragten, inwieweit durch die Auseinandersetzung mit fremden subjektiven Theorien Lehrkräfte sich hin zu wünschenswerten Variablen bei der Durchführung von Gruppenunterricht entwickelten. Untersucht wurden bei drei Gruppen drei Interventionsmaßnahmen:

Drei Gruppen, drei Interventionsmaßnahmen

- Der ersten Gruppe wurde eine rezeptartige Anleitung gegeben, wie wünschenswerter Gruppenunterricht durchgeführt werden sollte.
- Eine zweite Gruppe sollte sich mit fremden subjektiven Theorien auseinandersetzen, indem sie deren Unterschiede herausarbeiten sollte.
- Eine dritte Gruppe arbeitete mit einer Kombination beider Verfahren von Gruppe eins und zwei.

Die anschließenden Unterrichtsvideografien zeigten, dass die deutlichste Veränderung hin in die erwünschte Richtung bei der zweiten Gruppe zu beobachten war. Die intensive Auseinandersetzung mit den Wissens- und Handlungsstrukturen anderer Lehrkräfte führte zum Aufbrechen eigener Theorien und konnte damit zu einer Optimierung des Handelns beitragen.

Konstanzer Trainingsmodell (KTM)

Modellcharakter hat das »Konstanzer Trainingsmodell« (KTM) bzw. das »KTM kompakt« (Dann/Humpert 2002; Humpert/Dann 2001/2012; Tennstädt et al. 1995), das von folgenden Handlungsschritten ausgeht und von Brosig (2007) erfolgreich evaluiert wurde.

1. Subjektive Theorien bewusst machen: Aufgrund jahrelanger Ausbildung und Praxiserfahrung ist das aktuelle Wissen zumeist sehr reichhaltig und als Erfahrungsschatz insgesamt durchaus nützlich für das Handeln. Es enthält aber Wissensbestandteile und führt zu Handlungsentscheidungen bzw. -abläufen, die suboptimal sind oder zu Problemen führen. Deshalb muss es bewusst gemacht, vorübergehend ins Zentrum der Aufmerksamkeit gerückt und damit bearbeitbar gemacht werden. Dies kann über gezielte Beobachtung simulierten oder realen Handelns durch einen Tandempartner oder eine Trainingskleingruppe und anschließendes Feedback geschehen, durch Perspektivenwechsel und Auseinandersetzung mit anderen Sichtweisen und Handlungsmöglichkeiten, durch Verbalisation des eigenen Handelns.

2. Neue Handlungsalternativen entwickeln: Das rekonstruierte individuelle Wissen ist mit neuem Wissen zu konfrontieren, das sowohl bei Berufskollegen wie auch als anwendungsbezogenes wissenschaftliches Wissen zur Verfügung steht. Daraus sind neue individuelle Lösungen und Handlungsmöglichkeiten für das eigene Praxisfeld zu entwickeln. Bei diesem Vermittlungsprozess kommt es zum Austausch und zur Veränderung individueller Theoriebestandteile; damit neues Wissen handlungswirksam werden kann, muss es zunächst in das bestehende Wissen integriert werden. Dafür eignet sich durch Texte oder Referate bereitgestelltes Expertenwissen, das in Einzelarbeit oder wiederum mit einem Tandempartner oder einer Kleingruppe vertieft und elaboriert wird.

3. Praktische Umsetzung der neu erarbeiteten subjektiven Theorien: Hier sind gezielt Situationen aufzusuchen, in denen sich das neue Wissen bewähren kann, damit seine Brauchbarkeit persönlich erfahren wird. Nach Bewährung und Einübung kann es wieder zur Routinisierung der nunmehr verbesserten Entscheidungsprozesse und Handlungsvollzüge und damit zur Verdichtung des neuen Wissens kommen.

Kooperative Praxisberatung in Gruppen (KOPING)

Hier geht es um ein Schulungsprogramm, das Wahl (2006) sehr erfolgreich in der Lehrerfortbildung einsetzt (Konrad 2011).

Zunächst geht es darum, die bisher stabilen subjektiven Theorien ins Bewusstsein zu rücken, bevor sie bearbeitet werden. Hierzu dienen

Selbstreflexionen, Selbstbeobachtungen und Perspektivenwechsel. Wahl spricht hier vom Sandwich, d. h. Phasen der Informationsaufnahme, der subjektiven Verarbeitung der aufgenommenen Information, wiederum einer Informationsaufnahme, einer erneuten subjektiven Verarbeitung dieser Informationen sowie einer erneuten Informationsaufnahme wechseln sich ab.

Nun können diese ins Bewusstsein gerückten subjektiven Theorien bearbeitet werden, indem es zu einer Konfrontation zwischen diesen und wissenschaftlichen Theorien kommt. Dieser Bearbeitungsschritt benötigt drei Phasen.

Phase 1: Wissenschaftliches Wissen wird so entfaltet, dass es die Lehrkräfte aufnehmen und verarbeiten können.

Phase 2: Nun muss die Wissensaneignung aktiv verarbeitet werden, es muss zu einer subjektiven Auseinandersetzung mit diesem Wissen kommen. Dies kann über gegenseitiges Lehren und Lernen erfolgen (WELL-Methode). Hiermit wird die vertiefende Verarbeitung der Lerninhalte unterstützt.

Phase 3: Wenn nun sich die eigenen Einstellungen zum Gegenstand (z. B. individuelle Förderung) geändert haben, geht es nun darum, das neue Handeln auszuprobieren. Modellhafte Berichte anderer Personen, Videoaufzeichnungen, Rollenspiele sind hier Möglichkeiten.

Insgesamt soll diese Lernumgebung die Lehrkräfte dazu anleiten, »sich in Richtung höherer Reflexivität, höherer Autonomiefähigkeit, Kommunikationsfähigkeit und höherer Handlungsfähigkeit zu entwickeln. Es geht also um die konstruktive Weiterentwicklung der gesamten Persönlichkeitsstruktur des handelnden Subjekts« (Konrad 2011, S. 137).

4.5 Möglichkeiten der Implementierung von neuen Wissens-, Handlungsbausteinen

Generell muss man konstatieren, dass der Transfer jeglicher Art von Fortbildungen, Innovationen in die Praxis als komplexes, anspruchsvolles und schwieriges Unterfangen gilt. Berufliches Handeln von Lehrern ist von vielen Bedingungen abhängig und unterliegt einem Technologiedefizit, sodass »Erfolge« nur schwer planbar sind, ganz nach Freuds Ausspruch, Lehrkräfte haben einen unmöglichen Beruf, weil sie sich ihres ungenügenden Erfolgs sicher sein können. Wir folgen Lipowsky (2004), der Möglichkeiten der Implementierung auf vier Ebenen sieht:

Technologiedefizit

- *Auf der Ebene der Meinungen und Einschätzungen der Lehrkräfte:* Eine Schlüsselrolle für die Akzeptanz und den selbstberichteten

Kompetenzgewinn kommt der Möglichkeit zur Kooperation und des Gedankenaustausches zwischen Kollegen und der externen Unterstützung und Betreuung zu.
- *Auf der Ebene des professionellen Lehrerwissens:* Veränderungen sind am ehesten wirksam, wenn Lehrkräfte dazu angeregt werden, sich mit ihren eigenen Beliefs oder subjektiven Theorien auseinanderzusetzen. Neben den in Punkt 4.4 skizzierten Möglichkeiten hat sich der Einsatz der Videotechnik zur Erweiterung der Wahrnehmungs- und Reflexionsfähigkeit als wirksam erwiesen.
- *Auf der Ebene des beobachtbaren Lehrerhandelns:* Hier liegen seit Jahrzehnten positive Erfahrungen des Microteaching vor. Doch dabei geht es um relativ eng umrissene einzelne Fertigkeiten, die gezielt trainiert werden können, wie z. B. das Trainieren von Frage- und Moderationstechniken.
Bekannt geworden in den letzten Jahren ist ein fachspezifisch-pädagogischer Ansatz des Coachings (Staub 2001). Das Spezifische dieses Ansatzes ist zum einen die lange Begleitung – im Idealfall begleitet der Coach den Lehrer über ein ganzes Schuljahr –, zum anderen beteiligt sich der Coach bereits bei der Unterrichtsplanung und -durchführung.
- *Auf der Ebene von Effekten des Schülerverhaltens:* Eher kommt es zu Veränderungen im Schülerverhalten, wenn es bei Fortbildungen konkret um didaktisch-curriculumbezogene Fragestellungen geht, wenn man sich relativ eng auf bestimmte Fragestellungen und Themen konzentriert.

Ergänzend gehört hierzu Folgendes: Jürgens (2006) formuliert in seinen Ausführungen zum Bedingungszusammenhang schüleraktiven Unterrichts sehr prägnant den Satz »Offenheit fängt bei uns selber an!« (S. 33), den er näher ausführt: »Wenn wir offene Unterrichtsarbeit anstreben, müssen wir auch unsere Zusammenarbeit auf Offenheit hin überprüfen. Wenn wir selbstbestimmtes Lernen fordern, müssen wir uns fragen, wie denn unser selbstbestimmtes Arbeiten aussieht. [...] Wenn wir schwachen Kindern helfen wollen, müssen wir uns mit unseren eigenen Schwächen auseinandergesetzt haben« (S. 33/34).

Am Abschluss dieses Kapitels »Umgang mit Widerständen« soll Schorchs (2007) Zitat stehen, bei dem es um die Weiterentwicklung der eigenen Berufsauffassung geht. Schorch schreibt exemplarisch für die Freiarbeit, was für alle offenen Formate und damit die Formate, die hohe Potenziale individueller Förderung beinhalten, gelten mag:

»Für die Bewältigung der Heterogenitätsproblematik kann die Einführung Freier Arbeit für den Lehrer eine ›Schlüsselsituation‹ seiner Berufsauffassung darstellen, die in der Ausgewogenheit von ›Führen und Wachsenlassen‹ (Th. Litt), von Pflicht und Freiheit, individueller Akzeptanz und Einhaltung inhaltlicher ›Bildungsstandards‹ seine pädagogische Urteilskraft stärkt und neue Möglichkeiten im pädagogischen Handlungsfeld Schule auslotet« (Schorch 2007, S. 194).

5 Praktischer Umgang

In der bereits erwähnten von der Vodafone Stiftung Deutschland (2011) in Auftrag gegebenen Studie lautete eine Frage:

»Ist es im Rahmen der Lehrpläne generell möglich, individuell auf Schüler einzugehen, Schüler individuell zu fördern, oder ist das nur eingeschränkt oder gar nicht möglich?« (S. 23)

»Gar nicht möglich« gaben 9 Prozent der Lehrer an, »generell möglich« 24 Prozent, »unentschieden« 1 Prozent, und »nur eingeschränkt« gaben 66 Prozent der Lehrer an.

Tatsächlich stellen die verschiedenen Voraussetzungen der Schüler heute eine zentrale Herausforderung für die didaktischen Vermittlungsprozesse von Lehrern dar. Hier nun werden Konsequenzen für die Praxis gezogen.

5.1 Individuelle Förderung und motivationale Bedingungsfaktoren

Da sich die konkreten Vorschläge zur Förderung der im Kapitel 3.3.1 skizzierten motivationalen Bedingungsfaktoren doch sehr überschneiden, sollen sie nun zusammengefasst beschrieben werden. Hier soll es nicht ganz allgemein um die Förderung der allgemein bekannten Kriterien guten Unterrichts gehen, sondern es sollen ganz direkt Hinweise im Sinne individueller Förderung aufgezeigt werden. Diese motivationalen Bedingungsfaktoren sind im Vergleich mit beispielsweise kognitiven Faktoren weniger zeitstabil und reagieren sensibler auf situative Gegebenheiten.

Aus der Selbstbestimmungstheorie (Deci/Ryan 2002) wird abgeleitet, dass Unterrichtsbedingungen, die Kompetenzerleben, Selbstbestimmung und soziale Eingebundenheit fördern, eher dazu führen, dass sich Interesse entwickelt.

5.1.1 Kompetenzerlebnisse

Ein positives Kompetenzerleben wird durch eine *klare Strukturierung*, die eine klare Handlungsstruktur vorgibt, und durch eine angemessene Leistungsanforderung, die sich in einem angemessenen Unterrichtstempo und einem geringen Leistungsdruck zeigt, gefördert (Daniels 2008).

Neben der Angemessenheit einer *Leistungsanforderung* geht es auch darum, diese eindeutig zu formulieren. Prüfungen haben stets einen unvorhersehbaren und damit auch unkontrollierten Charakter. Ein Offenlegen, welche Inhalte in Prüfungen abgefragt werden und wie viele Punkte für das Erreichen von verschiedenen Kriterien, insbesondere dem Kriterium »bestanden«, notwendig sind, gibt dem Schüler schon im Vorfeld das Gefühl, er kann die Prüfung bestehen.

Schüler haben das Gefühl, dass ihre Leistungen andauernd auf dem Prüfstand stehen. Damit haben sie auch permanent das Gefühl, versagen zu können. Damit Schüler auch mal »gefahrfrei« Antworten oder Nachfragen geben können, ist eine *klare Trennung zwischen Lernzeiten und Prüfzeiten* sinnvoll. Dies signalisiert den Schülern, auch mal ohne Kontrolle und ohne Sanktionen frei arbeiten zu können.

5.1.2 Selbstwirksamkeit

Selbstwirksamkeit wird durch eine am individuellen Leistungsstand und am je individuellen Leistungsvermögen orientierte adaptive Unterrichtsinstruktion und einen intraindividuellen Bewertungsmaßstab gefördert (5.4.1).

Aufgaben müssen sich an den individuellen Fähigkeiten der Schüler orientieren.

Brophy und Good (1986) betonen die besondere Bedeutung des Lehrerverhaltens beim Fragenstellen. Schüler erleben dann Selbstwirksamkeit in der Schule, wenn

- »Fragen in eine angemessene Schwierigkeitszone zwischen Unter- und Überforderung fallen,
- es eine ausgewogene Mischung von ›low-level‹- und ›high-level‹-Fragen gibt,
- sowohl eindeutig beantwortbare als auch mehrdeutige Fragen vorgesehen werden,
- nach Fragen mindestens drei Sekunden Zeit verbleibt, bis die Frage weitergereicht wird,

- alle Schüler gleichermaßen in Frage-Antwort-Sequenzen einbezogen werden,
- Schüler bei schwierigen Fragen ermuntert werden, Nachfragen zu stellen oder Hilfe zu erbitten« (aus: Helmke 2003, S. 64).

5.1.3 Selbstbestimmung, Mitbestimmung

Eine kognitiv anspruchsvolle, selbstständiges Denken anregende Art der Gesprächsführung fördert Autonomie- und auch Kompetenzerleben.

Gewährung von Freiheitsgraden und Freiheitsräumen, die sich z.B. in Mitbestimmung äußern, wirkt sich ebenfalls hier förderlich aus.

Folgende Bereiche können von Schülern mitbestimmt werden:

- die Grundauswahl des Inhaltes
- die individuelle Wahl der konkreten Inhalte einer Stunde
- die Methodenwahl
- die Wahl der Schwierigkeit
- die Wahl der Sozialformen
- die Wahl des Zeitpunktes
- die Wahl der Zeitdauer
- die Wahl des Arbeitsortes (Hartinger/Fölling-Albers 2002, S. 143).

Durch solche Wahlmöglichkeiten wird eine Situation interessant, und dass hinter der vermeintlichen Wahlfreiheit doch eine Art von »Muss« steht, gerät in den Hintergrund.

5.1.4 Soziale Eingebundenheit

Hier ist eine individuelle Begleitung bei der Aufgabenbearbeitung sinnvoll:

- d.h. direkte Rückmeldungen zu den Lernergebnissen
- d.h. verstärkendes Feedback
- d.h. gemeinsames Verbalisierung von Denkprozessen und Modellierungstechniken
- d.h. Setzen individueller Nahziele

Ebenfalls geht es um eine Sozialorientierung der Lehrkräfte. Der Einsatz von Gruppenarbeitsmethoden (5.3.5) signalisiert den Schülern, dass sie keine Einzelkämpfer sein müssen, um erfolgreich sein zu dürfen.

Durch eine Einbettung der Inhalte in alltagsnahe, für die Lernenden interessante Kontexte und durch Betonung ihrer Anwendbarkeit kann die Abnahme eines festgestellten Interesses abgefedert werden.

So werden den Lernenden Erfolgserlebnisse ermöglicht, die sich auf die Selbsteinschätzung, die Selbstwirksamkeitserwartung, das Fähigkeitsselbstkonzept und das Interesse auswirken.

Zu diesem Unterpunkt sind sehr klare Aspekte zu finden in dem Sammelband von Götz (2011). Zusammen mit einem Autorenteam, das seit Jahren in dieser Thematik in führenden Journals publiziert und somit bestens ausgewiesen ist, legt Götz eine Publikation vor, die unter Berücksichtigung neuester Forschungsergebnisse zentrale motivationale Bedingungsfaktoren der hier vorliegenden Thematik behandelt. In Tabelle 16 (Götz 2011, S. 133) werden in Anlehnung an amerikanische Ergebnisse motivational relevante Dimensionen der Unterrichtsgestaltung in dem Akronym »TARGET« zusammengefasst.

Tab. 16: Dimensionen der Unterrichtsgestaltung mit entsprechenden Maßnahmen

Dimension	Maßnahmen zur Förderung einer günstigen Zielstruktur im Unterricht
Task (Aufgabenstellungen)	Nutzung von abwechslungsreichen, vielfältigen, persönlich bedeutsamen, sinnhaften, emotional reichen und damit interessanten Aufgaben
	Verwendung von individuell herausfordernden Aufgaben, die mit Anstrengung zu bewältigen sind
	Strukturierung von Lernaktivitäten in Teilschritte und Teilziele, anhand derer Schülerinnen und Schüler ihren Fortschritt erkennen können
Authority (Autorität und Autonomie)	Entwicklungsangemessene Übertragung der Verantwortung für das Lernen und die Zusammenarbeit in der Klasse
	Möglichkeiten zur Wahl von (Teil-)Lernzielen, Lernaktivitäten, Lernwegen und Lernmaterialien entsprechend den Selbstregulationsfähigkeiten der einzelnen Schülerinnen und Schüler
	Möglichkeiten, Entscheidungen zu treffen und Führung wahrzunehmen

Recognition (Anerkennung)	Anerkennung von Anstrengung durch Lob, positive emotionale Reaktionen, Belohnung und andere Formen der Verstärkung
	Vermittlung der Überzeugung, dass Anstrengung zur Verbesserung von Kompetenzen führt und dass Kompetenzen das Ergebnis von Anstrengungen sind
	Anerkennung von individuellen Verbesserungen
	keine Bevorzugung von leistungsstarken Schülerinnen und Schülern
	Anerkennung des Verständnisses des Lernstoffs
	Anerkennung von individuellen Lösungszugängen
	Realisierung eines konstruktiven Fehlerklimas, in dem Fehler Lernchancen und nicht Anzeichen mangelnder Kompetenzen sind
Grouping (Gruppierung)	Verwendung von kooperativen Lernmethoden
	Realisierung von leistungsheterogenen Gruppen, die das gemeinsame Erreichen von Zielen fördern (Einbringen von individuellen Kompetenzen)
	Herstellung eines kooperativen anstelle eines wettbewerbsorientierten Klassenklimas
	Vermittlung von Kompetenzen zur effektiven Arbeit in Gruppen
Evaluation (Bewertung)	Verwendung von individuellen und kriterialen Bezugsnormen
	Vermeidung der sozialen Bezugsnorm
	Vermeidung von sozialen Vergleichen
	möglichst starker Verzicht auf wettbewerbsorientierte Methoden
	möglichst starker Verzicht auf öffentliche Leistungsrückmeldungen (z. B. bei der Herausgabe von Klassenarbeiten) und intensive Nutzung privater Rückmeldungen (in mündlicher und schriftlicher Form)
Timing (Zeit)	Gewährung von ausreichender Bearbeitungszeit (Aufgaben und Tests)
	Ausrichtung der Lernzeit an leistungsschwächeren Schülerinnen und Schülern (ggf. Zusatzaktivitäten für leistungsstärkere Schüler/innen)
	Gelegenheit zur eigenverantwortlichen Zeitplanung der Lernaktivitäten und zur eigenständigen Terminierung von Selbsttests

Zusammenfassend durchziehen die die Motivation betreffenden Maßnahmen also den gesamten Prozess der Unterrichtsgestaltung:

Motivation betreffende Maßnahmen

- Bei der Unterrichtsvorbereitung sind bereits motivationsfördernde Aufgaben einzuplanen.
- Dabei ist auch schon im Vorfeld mit zu berücksichtigen, inwieweit bei der Wahl der Unterrichtsziele, Aktivitäten und Lernwege die Schüler mit zu beteiligen sind.
- Während des Unterrichtens sollte eine Anerkennungskultur für die erbrachten Leistungen aller Schüler gepflegt werden.
- Dazu gehört auch eine Leistungsrückmeldung, die allen Schülern gerecht zu werden versucht.
- Umgang mit der Zeit sollte keine allein an der Uhr starr orientierte Größe sein.

5.2 Classroom Management

Klassenführung (engl. Classroom Management) wird deshalb hier behandelt, weil Klassenführung eine unabdingbare Voraussetzung für die Sicherung anspruchsvollen Unterrichts ist, sie bildet eine Basisqualifikation für gelungenes Lernen.

Bedeutung des Merkmals »Klassenführung«

Helmke (2003) konstatiert: »Die internationale Forschung zeigt, dass kein anderes Merkmal so eindeutig und konsistent mit dem Leistungsniveau und dem Leistungsfortschritt von Schulklassen verknüpft ist wie die Klassenführung« (S. 78).

Noch umfassender sieht Schönbächler (2008) die Bedeutung: »Zusammenfassend kann festgehalten werden, dass die Qualität des Klassenmanagements sowohl für Lehrende wie Lernende relevant ist, indem sie zum Wohlbefinden und zu guten Leistungen der Schülerinnen und Schüler sowie zu geringerer Belastung der Lehrpersonen durch Unterrichtsstörungen beiträgt« (S. 15).

Klassenführung war in der deutschsprachigen Literatur lange eng auf Aspekte der Disziplinierung und den effizienten Umgang mit Unterrichtsstörungen reduziert (im Folgenden Haag/Streber 2012). Strategien der Klassenführung im traditionellen gemeinsamen Unterricht zeigen die Lehrkraft als einzige Autorität, welche die alleinige Verantwortung für unterrichtliche Prozesse trägt. Absprachen und Regeln werden von ihr bestimmt und durchgesetzt, auch Konflikte werden allein von der Lehrperson geregelt.

In der englischsprachigen Fachliteratur hat der Begriff des Classroom-Managements über all die Jahrzehnte eine Begriffserweiterung erfahren und wird auch so heute breit gesehen.

Begriffserweiterung

Die Studie »Techniken der Klassenführung« von Kounin (1970; deutsch 1976) gilt als Klassiker dieser Forschungsrichtung. Dabei hatte Kounin keine theoretische Erklärung für seine Ergebnisse und ist auch nicht von einer Theorie ausgegangen.

Dollasse (1995) versucht mit der »virtuellen oder psychologischen Reduzierung der Schulklassengröße« diese Lücke zu schließen. Grundgedanke ist, dass man den Nachteil der zu großen Zahl an Schülern in einer Klasse kompensieren kann. Hierzu bedarf es einer pädagogischen Energie, die von unterschiedlichen Instanzen kommen kann, dem Schulsystem, den Eltern, Lehrern, Schülern oder auch Medien. Dollasse geht es um eine »psychologische«, d. h. »gefühlte« Verkleinerung: Jeder Schüler hat das Gefühl, mehr vom Lehrer zu haben und dass die große Zahl nicht stört.

Und um diese psychologische Reduzierung der Schulklassengröße soll es nun im Folgenden gehen – unter dem Aspekt individueller Förderung.

5.2.1 Kounins Ansatz

Bei Kounin sind es folgende Gruppenführungstechniken:

- *Allgegenwärtigkeit und Überlappung:* Hier geht es vor allem um die Prävention von Störungen. Beide Dimensionen betreffen die Fähigkeit des Lehrers, den Schülern zu signalisieren, dass er über ihr Verhalten informiert ist, sowie seine Fähigkeit, mehreren gleichzeitig auftretenden Problemen seine Aufmerksamkeit zuzuwenden und Störungen nebenbei zu beheben.
- *Reibungslosigkeit und Schwung:* Hier geht es vor allem um die Steuerung von Unterrichtsabläufen. Beide Parameter messen die Fähigkeit des Lehrers, den Unterrichtsablauf zu steuern und unnötige Unterbrechungen, Leerlauf oder Hektik zu vermeiden.
- *Aufrechterhaltung des Gruppen-Fokus – Gruppenmobilisierung, Rechenschaftsprinzip und Beschäftigungsradius*: Einmal betrifft es die Fähigkeit des Lehrers, die Klasse auch dann im Fokus zu behalten, wenn er sich einem einzelnen Schüler zuwendet. Zum andern zieht er die Gruppenmitglieder für ihre Tätigkeiten zur Verantwortung. Außerdem geht es um Verhaltensvorschriften und Arbeitsanforderungen für Schüler, die grade nicht drangenommen werden.
- *Programmierte Überdrussvermeidung:* Hier geht es um die Eigenart der Aktivitäten, mit denen sich die Schüler beschäftigen sollen: Valenz (Aufforderungscharakter) und intellektuelle Herausforderung.

Den Lehrkräften gelingt es, alle Schüler für die Unterrichtsinhalte zu begeistern und ihre Arbeitsbereitschaft zu wecken. Die Lernaufgaben sind zwar intellektuell herausfordernd, aber zu bewältigen, die Anforderungen passen also zur Leistungsfähigkeit der einzelnen Schüler.
- *Abwechslung und Herausforderung bei der Stillarbeit:* Lernaktivitäten in Einzelarbeitsphasen sind methodisch phantasievoll gestaltet und intellektuell herausfordernd.

5.2.2 Personenzentriertes Modell

Der Begriff des Classroom-Managements, der zunächst auf Umgang mit Disziplin und Interventionen beschränkt war, wurde im Laufe der Jahre auf Lehrerhandeln erweitert, das lernförderliche Lernumgebungen gestalten will. Ziel jeglichen Unterrichts muss es sein, die Schüler unabhängig von Lehrern zur Selbstständigkeit zu erziehen, und dass sie für ihr Lernen selbst verantwortlich sind. Man spricht von »learning-centered classrooms«, von einem »personenzentrierten« Modell der Klassenführung.

Weinstein (1999) spricht von einem neuen Paradigma von Classroom-Management, das mit einem neuen Verständnis von Lehren und Lernen, wie es im Zuge des Konstruktivismus entwickelt wurde, einhergeht und das auf vier Weiterentwicklungen besteht (S. 154):

- Vom Management als ein Bündel von Tricks zu einem Management sinnvoller Entscheidungsprozesse: Hier bedarf es im Unterricht einer ständigen Reflexion und Zusammenarbeit.
- Von Gehorsam zur Selbstregulation: Schüler lernen, Verantwortung für ihr Verhalten, ihre Entscheidungen, ihr Handeln und Lernen zu übernehmen.
- Von Lehreranweisungen zu Vertrauen und Fürsorge: Über Strategien, die Kommunikation und Selbstorganisation zu ermöglichen und zu verbessern, haben die Lehrer Möglichkeiten, das Klassenklima positiv zu beeinflussen.
- Von arbeitsorientierten zu lernorientierten Klassenzimmern: Anstelle routinemäßiger Abläufe, wie Fakten lernen, auf Fragen eindeutige Antworten geben und klare Aufgabenstellungen erfüllen, sollen Schüler selbst Fragen stellen, Antworten herausfordern, miteinander und voneinander lernen.

5.2.3 Klassenführung im offenen Unterricht

Mittlerweile gibt es auch im deutschsprachigen Raum eine Diskussion, inwieweit Klassenführung, wie sie für den Frontalunterricht entwickelt wurde, auf offene Unterrichtsformate übertragbar sei.

Bohl und Kucharz (2010, S. 113 ff.) diskutieren fünf Möglichkeiten der Klassenführung im offenen Unterricht – Kounins Merkmale der Klassenführung, auf offenen Unterricht übertragen (Tabelle 17; Bohl/Kucharz 2010, S. 114, Abb. 28).

Tab.17: Merkmale der Klassenführung auf offenen Unterricht übertragen	
1. Allgegenwärtigkeit und Überlappung	eine Gruppe beraten, eine andere unruhige Gruppe beobachten
	Überblick über Tätigkeiten der Lerngruppe bewahren
	mit manchen Schülerinnen und Schülern Zwischenkontrollen vereinbaren
	Allgegenwärtigkeit: punktuelle oder systematische Beobachtung
	frühzeitiges Eingreifen bei Störungen
2. Reibungslosigkeit und Schwung	Übergänge gestalten, z. B. Materialauswahl erleichtern, verständliche Anleitungen formulieren
3. Gruppenmobilisierung und Rechenschaftspflicht	Fokus auf die gesamte Lerngruppe bewahren, aber ruhig und eher individuell agieren
4. Valenz (Aufforderungscharakter) und intellektuelle Herausforderung	Begeisterung und Arbeitsbereitschaft wecken und mit intellektueller Herausforderung verbinden, z. B. variables und anspruchsvolles Lernmaterial und strukturierte, herausfordernde Lernumgebung
5. Abwechslung und Herausforderung bei der Stillarbeit	

- *Präventive Maßnahmen in den Vordergrund stellen:* Präventive Maßnahmen, wie »Festlegung von Regeln« oder »routinierte Abläufe«, erhalten im offenen Unterricht deshalb eine besondere Bedeutung, weil sie nicht in der aus dem lehrerzentrierten Unterricht bekannten Weise eingebracht werden können. Beispiele hierfür wären der je individuelle Umgang mit der Auswahl und der Umgang mit unterschiedlichen Materialien oder die Übergänge zwischen Plenums- und Gruppenarbeitsphasen.

- *Organisatorische und inhaltliche Strukturiertheit über Aufgaben, Materialien und Lernumgebung:* Hierher gehören eine klare räumliche Lernumgebung, die das Lernen strukturiert, sowie ein motivierender Aufgabenkontext, der das Ausbrechen aus dem Lernprozess vermeiden hilft, oder Beratungsstrukturen und Hilfsmittel, die den Lehrer entlasten (z. B. Tutorien) und Lernprozesse unterstützen.
- *Individuelles Beraten:* Hier ist vor allem an individuelle Förderpläne zu denken, mit denen leistungsschwächere oder auch -stärkere Schüler eigens unterstützt werden.
- *Klassenführung im offenen Unterricht als Teil der Schulentwicklung:* Stellenwert und Akzeptanz offenen Unterrichts sowie die Einführung von Regeln oder Ritualen werden eher akzeptiert, wenn sie von mehreren Lehrern einheitlich eingefordert werden.

Bohl (2010) zeigt an mehreren Beispielen auf, wie sich Classroom-Management und Selbstbestimmung zusammenführen lassen (S. 24 ff.).

Classroom-Management und Selbstbestimmung

- Beispiel 1: Präventive Maßnahmen sind breiter angelegt, gleichzeitig wirksamer als reaktive Reaktionen. Bei der Ausweitung der Selbstorganisation von Lernenden sind die präventiven Maßnahmen des Classroom-Managements mitzubedenken.
- Beispiel 2: Classroom-Management in differenzierenden und individualisierenden Phasen. In Phasen selbstorganisierten Lernens ist die Komplexität des Lernarrangements höher, d. h. die Überlappungen nehmen zu, die räumliche Situation sorgt für mehr Unübersichtlichkeit, das Lernen erfordert mehr organisatorische, inhaltliche und methodische Entscheidungen (z. B.: Wer macht was gerade wo?).
- Beispiel 3: Hochstrukturierte Lernumgebung/hochstrukturiertes Lernmaterial und Classroom-Management. Kurz gesagt kann der Teil der inhaltlichen Strukturierung, die im lehrerzentrierten Unterricht vom Lehrer übernommen wird, über anspruchsvoll gestaltetes Arbeitsmaterial gestaltet werden.
- Beispiel 4: Zur schwierigen Frage der Allgegenwärtigkeit beim selbstbestimmten Lernen. Bohl folgert: »Letztlich fügt sich der Begriff [gemeint: Allgegenwärtigkeit] jedoch kaum in ein konsequentes Konzept von Selbstbestimmung, da gerade die Abgabe von Verantwortung sowie fundamentale Mitbestimmungsmöglichkeiten im Begriff der Selbstbestimmung konstitutiv sind« (S. 28).

Classroom-Management in diesem Sinne ist also ein Begleiten von Lernprozessen im Sinne eines gemeinsamen verantwortlichen Aushandelns der fördernden Rahmenbedingungen zwischen Lehrkräften und Lernenden.

5.2.4 Klassenführung bedeutet ...

Zusammenfassend lässt sich Klassenführung als ein Beziehungsgeflecht bestimmen, das aus folgenden drei Komponenten besteht:

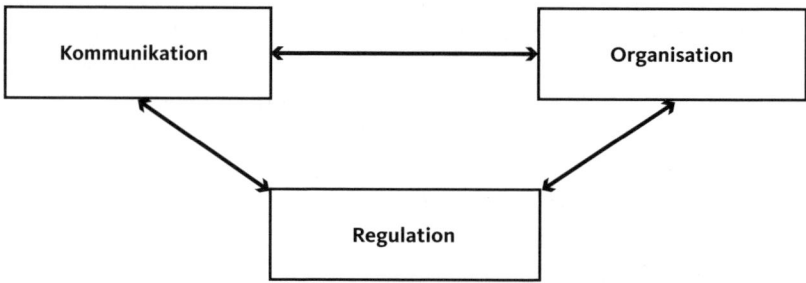

Abb. 12: Zusammenhang zwischen Kommunikation, Organisation und Regulation

- *Kommunikation im Unterricht:* Lehrende müssen didaktisch anleiten und zum Lernen verpflichten, und zwar so, dass die Schüler ihre Ansichten äußern und prüfen, sich in einer sachbezogenen Kommunikation mit anderen eine Meinung bilden und ihre Argumente im kommunikativen Umgang erproben können.
  Auf Lehrerseite bedeutet dies u. a. ein personales Engagement, der Lehrer muss sich seiner Vorbildfunktion bewusst sein. Es bedeutet auch einen bewussten Umgang mit eigenen Emotionen – eine notwendige Basis für gelingende kommunikative Prozesse im Unterricht. Hierher gehört auch das Wissen um die vielfältigen Belastungen im Schulalltag und Erwartungshaltungen, die von verschiedener Seite an Lehrer herangetragen werden, wie von Schüler-, Eltern-, Kollegen- und Vorgesetztenseite sowie der Öffentlichkeit. Dies verlangt eine gewisse Distanz zu den Schülern.
- *Organisation von Unterricht:* Lehrende müssen Lernumgebungen und Lernprozesse für eine Klasse vorstrukturieren. Es geht um vielfältige didaktische Entscheidungen im Unterricht.
  Gerade hier ist der Lehrer gefordert, wenn es um individuelle Förderung geht. Die Kunst besteht darin, dass, wie oben bei Dollase gezeigt wurde, jeder Schüler das Gefühl hat, vom Lehrer individuell betreut zu werden, ohne dass dabei die große Zahl der Mitschüler stört.
- *Regulation von Unterricht:* Lehrende müssen Lerndisziplin herstellen und garantieren. Hierher gehören sowohl ein souveräner Umgang mit Bestrafung als ein Merkmal einer wirkungsvollen Intervention als auch präventive Maßnahmen wie das Einführen klarer Regeln als Basis für wirkungsvolles Lehren und Lernen.

5.3 Weite didaktische Zugänge

Im Hinblick auf die Bewältigung der besonderen Heterogenitätsproblematik wird deutlich, dass die bisherige Ausbildung in der traditionellen Didaktik nicht ausreicht und deshalb Ergänzungen bedarf. Gesucht wird nach Möglichkeiten, so weit wie möglich Unterricht unter der Perspektive der Individualisierung des Lernens zu betrachten, bei einem Aufbrechen des Klassenverbandes. Individualisierung ist ein fundierendes Unterrichtsprinzip, das unterschiedliche Interessen, Neigungen, Motivationen, Begabungen, Vorkenntnisse und Vorerfahrungen der Schüler zu berücksichtigen sucht. Zur Verwirklichung dieses Prinzips stehen verschiedene pädagogisch-didaktische Maßnahmen zur Verfügung, die heute unter »offenem« Unterricht diskutiert werden (Bohl/Kucharz 2010). Darunter fallen die in Kapitel 2.4 genannten Dimensionen der inneren Differenzierung.

Offener Unterricht

Im Gegensatz zu lehrergesteuerten Individualisierungsmaßnahmen gehen offenere Formen mehr von den Lernzugängen der Schüler aus, für die eine anregungsreiche Lernumgebung arrangiert wird (Schorch 2007). Jürgens' Bemerkung, dass »sich Offener Unterricht in schüleraktiven Lehr- und Lernformen erfüllt« (2006, S. 11), entspricht dem heutigen Verständnis von Schülern als aktive und konstruktive Lernenden. Als Pendant zu lehrergesteuertem Unterricht könnte im Folgenden anstatt offener Unterricht auch schüleraktiver Unterricht stehen.

Bei der Diskussion um den Begriff und die Merkmale offenen Unterrichts kann man u. E. heute nicht mehr hinter den Diskussionsstand von Bohl und Kucharz (2010) zurückfallen, die in ihrer Diskussion von einem »begrifflichen ›Quantensprung‹« (S. 26) sprechen. Dabei gehen sie von der Unterscheidung zwischen Selbstorganisation und Selbstbestimmung aus, um Stufungen der Öffnung zu verdeutlichen:

- »Eine methodische und/oder organisatorische Öffnung des Unterrichts bezeichnen wir als Selbstorganisation und explizit als ›geöffneten Unterricht‹.
- Wenn darüber hinaus die Schülerinnen und Schüler inhaltlich und/oder politisch-partizipativ (mit)bestimmen, dann bezeichnen wir dies als Selbstbestimmung und offenen Unterricht« (S. 26/7).

Im Folgenden orientieren wir uns in diesem Teil des Buches an einer sehr pragmatisch ausgerichteten Konzeption offenen Unterrichts von

Bauer (2003), der neben Begründungen für mehr Offenheit in Schule eine Fülle direkt umsetzbarer Anregungen für den Unterricht bietet. Er betrachtet alle Aspekte, die zum Unterricht gehören, auch als Dimensionen der Offenheit (S. 15 ff.):

- Inhaltsebene. Inhaltliche Offenheit bedeutet:
  - Themen und Inhalte werden in Bezug zum Lernenden gesehen.
  - Themen und Inhalte beziehen sich auf die aktuell-erlebbare außerschulische Wirklichkeit.
  - Themen und Inhalte können vom Lernenden beeinflusst werden (z. B. andere Lösungen, Schlussfolgerungen, Einfälle …)
  - Individuelle Vertiefung oder Schwerpunktsetzung ist möglich.
  - Ausprobieren ohne Risiko des Scheiterns ist möglich.
  - Schüler sind an der Auswahl und Gestaltung der Inhalte beteiligt.
  Es gilt der Grundsatz: Offener Unterricht ist nicht planungsfrei, sondern relativiert den Verbindlichkeitscharakter durch die Lehrkraft.
- Lern- und Arbeitsmethoden. Methodische Offenheit bedeutet:
  - Unterschiedliche Möglichkeiten der Bearbeitung des Inhalts werden angeboten.
  - Die Art und Weise der Bearbeitung der Lerninhalte ist möglichst offen.
  - Der Schüler ist Gestalter seiner Lernprozesse, weniger Adressat.
  - Fragen, Einwände, Proteste der Schüler werden zugelassen, und daraus werden auch Konsequenzen gezogen.
  - Wissensinhalte und Erfahrungsinhalte werden verknüpft, nicht abgekoppelt.
  - Alltagsverständnis wird zugelassen.
- Institutioneller Rahmen. Institutionelle Offenheit bedeutet:
  - Unterricht öffnet sich für außerschulische Wirklichkeit und überfachliche Betrachtungen.
  - Auf ein für alle Schüler gleiches Curriculum wird verzichtet.
  - Schule schafft den Rahmen für individuelles Arbeiten:
    - variable Zeitrahmen
    - unterschiedliche Sozialformen
    - unterschiedliche Arbeitsformen
    - unterschiedliche Lernorte
    - Umgang mit unterschiedlichen Materialien

Näher soll unter dem letzten Punkt auf den variablen Zeitrahmen eingegangen werden. Hier erleben wir bei Lehrerfortbildungen große Unsicherheiten. So werden wir gefragt, ob es außer Erfahrungswerten echt belastbare empirische Belege dafür gebe, dass ein Aufbrechen eines 45-minütigen Zeittaktes hin zu Doppelstunden mit 90 Minuten sinnvoller sei. Die gibt es natürlich nicht, und beim Pro und Kontra gibt es immer für beide Seiten irgendwelche Gründe.

Was ist die entscheidende Frage? Müssen sich die Schüler, die eigentlichen Akteure des Lernens, der Zeitstruktur des Systems anpassen oder umgekehrt? Beim Lernen sollten doch eigentlich die Ansprüche der Lernenden berücksichtigt werden. Kurz getaktete Zeiten bedeuten doch kurze Aufmerksamkeitsmomente, kurze Zeiten der Auseinandersetzung. Eigene Auseinandersetzung mit dem Material wie Internetrecherche oder Nachschlagen in der Bücherei oder Lernen außerhalb des Klassenzimmers benötigen doch erweiterte Zeitstrukturen. Gerade bei offenen Formaten, bei denen Schüler allein oder in Gruppen arbeiten, sind offenere Zeitfenster nötig, da doch jeder Schüler auch sein individuelles Lerntempo hat. Könnte der Befund, dass offene Formate, wie im Folgenden exemplarisch beschrieben, bisher deshalb eher in Grundschulen eingesetzt werden konnten, damit zusammenhängen, dass hier die Klassenlehrer doch mehr Stunden in ihren Klassen sind als in den weiterführenden Schulen mit ihrem Fachlehrersystem? Fakt ist: »Individuelles und situationsangemessenes Lernen erfordert offenere Zeitgestaltung« (Bauer 2003, S. 38).

Offene Formate benötigen offene Zeitstrukturen

In der Fülle didaktischer Arrangements beschränken wir uns ganz bewusst auf begrenzte Formen, die unter normalen Rahmenbedingungen in der Schule auch realisierbar sind: unterschiedliche Arbeitsplankonzepte, Stationenlernen, Freiarbeit, tutorielles Lernen, Gruppenunterricht und Projektunterricht.

Bleibt anzumerken, dass die beschriebenen Formen offenen Unterrichts nicht nur das Prinzip der Individualisierung berücksichtigen, sondern auch gemeinsames und damit soziales Lernen fördern. »Damit stehen Maßnahmen der Individualisierung in komplementärem Bezug zur Förderung gemeinsamen Lernens« (Schorch 2007, S. 198).

5.3.1 Arbeitsplankonzept: Tagesplan – Wochenplan – Jahresplan

Arbeitsplanunterricht erstreckt sich über einen gewissen Zeitraum und ist an einen Arbeitsplan gebunden:

Der Tagesplan bezieht sich auf Arbeiten, die an einem Tag zu erledigen sind, der Wochenplan auf Aufgaben, die für begrenzte Zeiträume innerhalb einer Woche angelegt sind, der Jahresplan auf Inhalte, die innerhalb eines Schuljahres zu bearbeiten sind.

In den dafür vorgesehenen Unterrichtszeiten können die Schüler selbstständig und eigenverantwortlich in eigener zeitlicher Gestaltung und Abfolge die Aufgaben erledigen.

Offenheit besteht meist

- in der Abfolge der zu erledigenden Arbeiten
- in der Gestaltung und Einteilung im vorgegebenen Rahmen
- in der Verwendung der Zeit, die für einzelne Aufgaben aufgewandt wird

Das Verhältnis von Bindung und Offenheit, Fremd- und Selbststeuerung wird dosiert gelenkt. Bei der Art der Aufgaben wird dies deutlich:

Die Aufgaben lassen sich unterscheiden in Pflichtaufgaben, die prinzipiell für alle verbindlich sind, in Wahlpflichtaufgaben, aus denen eine bestimmte Zahl verbindlich auszuwählen ist, und in Aufgabenvorschläge, die frei zur Bearbeitung zur Verfügung stehen.

Daraus ergeben sich nach Schorch (2007) auch verschiedene Typen von Plänen:

- geschlossene (nur die Reihenfolge der Pflichtaufgaben kann gewählt werden)
- differenzierte (Wahlpflicht- und Wahlaufgaben)
- individuelle (den Stärken und Schwächen einzelner Schüler angepasst)
- offene (selbst gestellte Aufgaben)

Damit kann der Plan für die ganze Klasse, für einzelne Gruppen innerhalb einer Klasse oder für einzelne Schüler, fachspezifisch oder fächerübergreifend gelten.

Kriterium für die Gestaltung von Plänen sollte sein, dass die Schüler die Aufgaben möglichst ohne Lehrerhilfe bewältigen können.

Folgendes Ablaufschema erscheint sinnvoll:

- Einführung und Besprechung des Planes
- Sichtung, Auswahl der Aufgaben und Austausch
- selbstständige Arbeit
- Arbeitsabschluss
- Erfahrungsaustausch
- Rückmeldung

Gerade der Wochenplan ist geeignet, unterschiedliche Fächer und damit auch unterschiedliche Lehrkräfte, die in einer Klasse unterrichten, miteinzubeziehen. Gemeinsam können sie die Arbeit planen, realisieren und kontrollieren.

Die Potenziale für eine individuelle Förderung liegen vor allen Dingen darin,

- dass Schüler ihr Arbeitstempo innerhalb eines bestimmten Rahmens selbst bestimmen,
- dass sie zum Teil durch Auswahl selbst Schwerpunkte setzen,
- dass sie ihrem eigenen Lerntempo und Lernrhythmus nachgehen,
- dass individuelle Interessen teilweise berücksichtigt werden können,
- dass damit dem Bedürfnis nach Autonomie (5.1) nachgekommen wird.

Qualitätskriterien

Jürgens (2006) bietet eine Checkliste, die Lehrern helfen soll, über ihren Arbeitsplanunterricht zu reflektieren und die Qualität zu sichern. Hier eine Auswahl:

- *Wochenarbeitsplanmethodik*
  - In welcher Form werden die Wochenpläne angegeben?
  - Ist der Plan überschaubar und ansprechend gestaltet?
  - Werden die Pläne besprochen?
  - Werden die zentralen Plankriterien wie Differenzierung, Individualisierung berücksichtigt?
- *Organisationsstruktur*
  - Sind die Wochenpläne quantitativ ausgewogen?
  - Ist das Verhältnis zwischen Pflicht- und Wahlpensum ausgewogen?
  - Sollen Arbeitssequenzen zu Hause erledigt werden?
- *Arbeitskultur*
  - Sind die Lernziele transparent?
  - Verfügen die Schüler über die notwendigen Arbeitstechniken?
  - Lassen die Aufgaben genügend Selbstkontrollmöglichkeiten zu?
- *Differenzierung*
  - Auf welche Weise erfolgt Differenzierung (Pflichtaufgaben, Wahlaufgaben, Zusatzaufgaben)?
  - Welchen Anspruch (Differenzierung nach Fähigkeiten oder nach Interesse) haben die Aufgaben qualitativ und quantitativ?
- *Emotional-soziales Lernen*
  - Sind individuelle und kooperative Sozialformen angemessen berücksichtigt?

- Werden die Regeln eigenverantwortlich mitgetragen?
- Gibt es ein spontanes, situationsgebundenes Helfersystem?
- *Kontrolle/Rückmeldung*
  - Erfolgt die Rückmeldung für jeden Schüler?
  - Haben Schüler die Möglichkeit zur Selbst- und Partnerkontrolle?
  - Werden die Arbeiten in den darauffolgenden Unterricht einbezogen?
  - Findet eine Besprechungsstunde statt?
- *Lehreraktivitäten*
  - Sind die Aufgaben so gestellt, dass die Schüler selbstständig arbeiten können?
  - Werden die Lernaktivitäten individuell und systematisch beobachtet?
  - Erfolgen prozessbegleitende Lernberatungen?
  - Wird das Prinzip der minimalen, aber sachbezogenen Hilfe berücksichtigt?
  - Werden Reflexionen über den Lern- und Arbeitsprozess angeregt?

5.3.2 Stationenlernen/Werkstattunterricht

Die Begriffe Stationenlernen und Werkstattunterricht werden weitgehend synonym verwendet (Niggli 2000).

Das Stationenlernen ermöglicht den Schülern, nach ihrem individuellen Arbeitstempo, ihren Interessen und Fähigkeiten zu lernen. Die Schüler planen ihren eigenen Lernprozess, indem sie selbstständig Aufgaben wählen. Die Aufgaben bzw. Arbeitsaufträge befinden sich im Raum an verschiedenen Orten, also Stationen. Diese Aufgaben sind selbsterklärend, also ohne fremde Hilfe bearbeitbar. Und ganz wichtig, es sollten möglichst unterschiedliche Lerntypen und Repräsentationsformen angesprochen und berücksichtigt werden. Alle Aufgaben hängen thematisch zusammen, können aber einzeln und in unterschiedlicher Reihenfolge bearbeitet werden. Somit ist der Lernweg variabel und von jedem Lernenden nach eigenen Interessen bestimmbar.

Ein Wort zur Lerntypenproblematik: Stern, eine führende Lernforscherin, gibt gute Gründe an, »warum man das Wort ›Lerntypen‹ aus dem Wortschatz streichen sollte« (Felten/Stern 2012, S. 50): Bei Typen geht es um ein Entweder-oder, Typologien eignen sich zur Beschreibung interindividueller Unterschiede wie männlich oder weiblich. Doch solch einer klaren Zuweisung hält kaum ein psychologisches Merkmal stand. Wenn sich auch bei bestimmten Anforderungen Unterschiede in den Vorlieben für bestimmte Hilfsmittel zeigen – um einen Weg von A nach

B zu finden, fertigt der eine vielleicht eine Zeichnung an, während der andere Stichworte vorzieht –, so sollte es darum gehen, dass Schüler über unterschiedliche Strategien verfügen und in der Lage sind, für jede Anforderung die angemessene Strategie auszuwählen. Vielleicht hat die Person im beschriebenen Beispiel, die auf Stichworte zurückgreift, nur nicht gelernt, Skizzen anzufertigen, obwohl sie erkennt, dass dies die bessere Methode wäre.

Niggli (2000) unterscheidet zwei durch unterschiedliche Lernvorstellungen geprägte Grundtypen:

- *Grundtyp 1:* Übungswerkstatt. Hier geht es um ein Trainieren, ein Beherrschen von Inhalten, um Einüben, Vertiefen, Durcharbeiten, Anwenden und Kontrolle der Lernfortschritte.
- *Grundtyp 2 a:* Erfahrungswerkstatt. Hier geht es um eine Direktbegegnung mit dem Lerngegenstand, um ein Erleben, Erfahren, Problemlösen, Erkunden, Wahrnehmen und Verstehen von Lerngegenständen/Phänomenen.
- *Grundtyp 2 b:* Informationswerkstatt. Hier geht es um eine indirekte, mediale Begegnung mit dem Lerngegenstand. Erfahrungen werden nicht direkt am natürlichen Lerngegenstand erprobt.

Inhaltlich und organisatorisch geht es um folgende Aspekte (Bauer 2003, S. 104 ff.):

- inhaltliche Aufarbeitung:
    - Schwerpunkt/Ziel der Einheit festlegen
    - die zu bearbeitenden Inhalte strukturieren
    - Inhaltsbereiche ausdifferenzieren, gegebenenfalls einzelne Arbeitsaufträge erstellen
    - Arbeitsaufträge auf verschiedenen Ebenen erstellen (schriftlich/bildlich), Hilfen anbieten
    - Arbeitsaufträge im Klassenzimmer zur Verfügung stellen
    - Zeitrahmen und Arbeitsmenge festlegen, Art der Dokumentation und Kontrolle von Arbeitsergebnissen klären
    - Gesprächsphasen integrieren
    - Leistungsmessung integrieren
- organisatorische Aspekte:
    - organisatorischer Rahmen (Zimmergestaltung, Bearbeitungsdauer, Anzahl der Stationen, Laufzettel, Fortschrittsliste)
    - Orte zur Bereitstellung der Arbeitsaufträge (Stühle, Regal, Fensterbank, Körbe …)
    - Vereinbarungen (Arbeits-, Verhaltensregeln, Helfersystem, Ergebnissicherung, Ziele …)

- Ordnungshilfen (Überschriften, Ziffernkarten, Hinweisschilder, Farbkennzeichnung)
- Rückmeldung (Einzelgespräche, schriftlich, Gesprächsphasen)

Hier sollen zwei unterschiedliche Formen der Differenzierung aufgezeigt werden:

- Differenzierung bezüglich des inhaltlichen Anspruchs:
  - Thematisch gebundener Werkstattunterricht: Alle Lernangebote orientieren sich an einem Thema. Die Schüler können aus verschiedenen Angeboten auswählen, doch der inhaltliche Rahmen bleibt eng.
  - Thematisch ungebundener Werkstattunterricht: Hier besteht viel Raum für die eigene thematische Wahl, er kann als fächerübergreifendes Angebot betrachtet werden.
- Differenzierung bezüglich der Komplexität der Form:
  - Reiner Werkstattunterricht: Er stellt das eigenverantwortliche und selbstständige Lernen in den Mittelpunkt.
  - Vermischter Werkstattunterricht: Er beinhaltet auch lehrorientierte Anteile.
  - Begleitender Werkstattunterricht: Er stellt ein Teilelement innerhalb des konventionellen Unterrichts dar.

Qualitätskriterien

Jürgens (2006) bietet eine Checkliste, die Lehrern helfen soll, bei der Planung und Gestaltung von Stationenarbeit die Qualität zu sichern. Hier eine Auswahl:

- *Stationenarbeitsmethodik*
  - Sind die Stationen ausreichend gestaltet?
  - Liegt genügend Arbeitsmaterial vor und ist das Angebot inhaltlich gut strukturiert?
  - Sind die Arbeitsanweisungen verständlich?
  - Sind die wichtigsten Verhaltens- und Arbeitsregeln bekannt?
  - Ist die Möglichkeit der Lernwegdifferenzierung hinreichend geklärt worden?
  - Welche Arbeitstechniken brauchen die Schüler für die Bewältigung der Stationenarbeit?
- *Lernbegleitung durch den Lehrer*
  - Werden Erfahrungsaustausche zwischen den Schülern organisiert?

- Werden Probleme frühzeitig erkannt, thematisiert und in Gesprächen geklärt?
- Wie wird die Unterstützung lernschwächerer Schüler geleistet?
- Wird Lernberatung in Form weiterführender problemmotivierender Fragestellungen zu den einzelnen Arbeitsaufträgen durchgeführt?
- Gibt es eine Organisationsordnung für die Aufräumphase am Ende einer Zeiteinheit?
- *Feedback/Evaluation*
  - Werden die Arbeitsergebnisse regelmäßig durch die Lehrer kontrolliert?
  - Werden offene Fragen ausreichend geklärt?
  - Gibt es genügend Möglichkeiten für die Selbstkontrolle bzw. partnerschaftliche Kontrolle?
  - Wird die Werkstatt mit einem auswertenden Schlussgespräch beendet?

5.3.3 Freiarbeit

Freiarbeit, fest in reformpädagogischen Strömungen verwurzelt, hat mittlerweile auch in den Grundschulen eine reiche Tradition und findet zunehmend auch in weiterführenden Schulen statt. Merkmale sind:

- Wahlfreiheit bezüglich der Arbeitsverfahren, der Aufgaben, der Reihenfolge der Bearbeitung, der Materialien, der Partner
- Klassenzimmer mit Werkstattcharakter, d.h. Lernzonen, vielfältiges Materialangebot
- Lehrer in der Rolle des Lernbegleiters
- Schüler durch Selbstkontrolle gekennzeichnet
- Lernergebnisse zugänglich für alle

Es lassen sich folgende Grundformen unterscheiden:

- Selbstständige Arbeit an einem selbst gewählten Thema: Schüler arbeiten alleine oder in Gruppen Themen nach eigenem Interesse aus.
- Individuelle Weiterführung von Unterrichtsthemen: Schüler arbeiten an einem sie interessierenden Thema weiter und vertiefen es selbstständig.
- Intensive Übungssituationen: Vor allem lässt sich Freiarbeit in Übungs- und Wiederholungsphasen sinnvoll in den Unterricht als vertiefendes und ergänzendes Element integrieren. Dies kommt besonders dem individuellen Lernrhythmus des Einzelnen entgegen.

- Freie Nutzung von Lernangeboten: Schneller arbeitende Schüler wenden sich Arbeitsmöglichkeiten nach freier Wahl zu.

Ziel der Freiarbeit ist es, die Selbstständigkeit beim Lernen und das eigenverantwortliche Lernen zu fördern.

Schorch (2007) sieht im Begriff ein Spannungsverhältnis von Freiheit und Eigenverantwortung und zerlegt beide Bestandteile des Wortes (S. 193):

»Frei« bedeutet in der Wahl der Aufgabe, des Anspruchsniveaus, der Materialien, der Partner.

»Arbeit« bedeutet Entscheidung, Planung, Durchführung, Kontrolle und Reflexion.

Damit das Potenzial für eine individuelle Förderung genutzt werden kann, ist auf Folgendes zu achten: Zeiträume, inhaltliche Angebote und Materialien sind so bereitzustellen, dass sie den individuellen Bedürfnissen auch gerecht werden können.

Qualitätskriterien

Jürgens (2006) bietet eine Checkliste, die Lehrern helfen soll, schon bei der Planung der Freiarbeit eine helfende Organisationsstruktur zu geben.

- Welche Inhalte sollen das Angebot an Arbeitsmöglichkeiten bestimmen?
- Wie viel Zeit kann zu Anfang regelmäßig der Freiarbeit zur Verfügung gestellt werden?
- Wer darf wann was – und was ist, wenn Schüler andere in ihrer Freiheit einschränken oder stören?
- Welche Freiheiten können gewährt, welche Grenzen müssen gesteckt werden?
- Welche Bearbeitung der angebotenen Aufgaben erwartet man?
- Wie wählen die Schüler aus, wie finden sie sich zurecht, wie dokumentieren sie ihre Arbeit?
- Ist die Eignung des Freiarbeitsmaterials gesichert?

5.3.4 Tutorielles Lernen

Ein Ansatz zur Förderung von Schülern mit heterogenen Leistungsvoraussetzungen ist Peer-gestütztes Lernen bzw. weiter gefasst tutorielles

Lernen. Dieser Ansatz kann sowohl im Unterricht als auch außerunterrichtlich eingesetzt werden (Haag/Streber 2012).

Tutorielles Lernen muss durch eine Lehrkraft sorgfältig vorbereitet, eingeführt und begleitet werden. Dabei sehen wir folgende Potenziale für eine individuelle Förderung:

1. *Zusammensetzung der Lernpartner:* Tutor und Tutand können von gleicher oder aber unterschiedlicher Leistungsfähigkeit sein, sie können in einer Klasse, aber auch jahrgangsübergreifend miteinander arbeiten. Traditionell geht man davon aus, dass als Tutoren die leistungsstärksten Schüler in Frage kommen. Dies macht vor allem dann Sinn, wenn die Methode bei jüngeren Schülern eingesetzt wird, ein gefestigtes Vorwissen bei den Tutoren vorausgesetzt wird oder keine detailliert ausgearbeiteten Materialien zur Verfügung stehen. Liegt jedoch Material vor, können sich auch schwache Schüler gegenseitig helfen, indem der Tutor die mündlich gegebenen Lösungen anhand des Materials mitverfolgt. Bezüglich der Dauer der Zusammenarbeit hat sich folgendes Prinzip bewährt: Je älter die Schüler sind, desto häufiger können die Tandems neu zusammengesetzt werden.

2. *Zielvorgaben:* Den Lernpartnern muss klar vermittelt werden, was sie im Team erarbeiten sollen. Dazu werden Lernziele in der Form des jeweils angestrebten Endverhaltens vorgegeben und mit den Lernteams verbindlich vereinbart. Lernziele können sich auf ganz spezifische Fertigkeiten beziehen, wie das Beherrschen des Zehnerübergangs beim Rechnen, oder auf größere Wissenseinheiten, wie das Beherrschen des Zahlenraumes von 1 bis 100. Je spezifischer die Lernziele definiert werden, desto besser lassen sich Lernfortschritte registrieren.

3. *Zeitplanung:* Es müssen präzise Vereinbarungen zum zeitlichen Umfang getroffen werden. Der Zeitraum sollte keinesfalls weniger als sechs Wochen betragen.

4. *Lernmaterial:* Tutorielles Lernen kann nur gelingen, wenn das Lernmaterial (Lerntexte, Arbeitsblätter, Aufgaben- und Regelsammlungen) absolut korrekt und klar strukturiert gestaltet ist. Bei leistungsheterogenen Tutorenteams muss der Schwierigkeitsgrad an die Fertigkeiten des leistungsschwächeren Partners angepasst werden. Ausgearbeitete Programme, die in klare und kleine Lernschritte unterteilt sind, eignen sich für tutorielles Lernen besonders gut.

5. *Einübung des Tutorenverhaltens:* Ganz zentral ist, dass beide Lernpartner noch vor Beginn der Übungen eine Anleitung im angemessen Tutorenverhalten erhalten. Dazu gehören insbesondere folgende Regeln:

- klare Fragen zu stellen
- eindeutige Rückmeldungen zu geben

- erst dann zur nächsten Aufgabe überzugehen, wenn die vorangehende beherrscht ist
- Geduld zu üben und jede positive Antwort des Tutanden lobend zu verstärken
- die erreichten Lernfortschritte zu protokollieren (in Tabellen und Lernkurven)
- sich stets an die vereinbarten Aufgaben zu halten (einschließlich der im Material aufgeführten Lösungen).

6. *Registrierung von Lernfortschritten:* Für die Registrierung von Lernfortschritten sind Lernpartner und Lehrer gleichermaßen zuständig. Während und nach den einzelnen Sitzungen sollen die Partner ihre Leistungen festhalten. Bei einem Vokabeltraining tragen sie beispielsweise in eine vorbereitete Tabelle das bewältigte Pensum und die Anzahl der gekonnten Vokabeln ein. Die Lernpartner sollen sich regelmäßig mit ihrer Lehrkraft treffen. Findet tutorielles Lernen außerhalb des regulären Unterrichts statt, sollte die Lehrkraft mindestens einmal pro Woche Rückmeldungen einholen und kontrollieren, ob die Zusammenarbeit klappt: ob die Partner mit dem Material zurechtkommen, ob die angeordnete Stoffmenge zu schaffen ist, inwieweit Probleme im gemeinsamen Lernen aufgetreten sind (bei dauerhaften Problemen zwischen den Partnern werden diese ggf. ausgetauscht). Dabei sollte sich die Lehrkraft auch vom Lernfortschritt überzeugen.

Die Wirksamkeit Peer-gestützten Lernens beruht auf folgenden Faktoren:

- Die Lernpartner investieren zusätzliche Zeit für das Lernen und holen dadurch Lernrückstände auf.
- Sie haben ständig Gelegenheit, Fragen zu stellen, Antworten zu geben und Rückmeldungen zu erhalten. Dadurch verarbeiten sie den Lernstoff sehr viel intensiver.
- Sie helfen und ermutigen sich wechselseitig bei Schwierigkeiten.
- Sie profitieren in beiden Rollen, d. h. sowohl als Tutand wie auch als Tutor; die Übernahme der Tutorenrolle stärkt das schulische Selbstvertrauen.
- Sie steuern, überwachen und bewerten den Lernprozess zunehmend selbstständig und lernen, diszipliniert zu arbeiten.

5.3.5 Gruppenunterricht

Die Literatur zum kooperativen Lernen zeigt mehr als überzeugend die positiven Auswirkungen sowohl im Lern- als auch sozial-emotionalen

Bereich. Doch Johnson und Johnson (2008, S. 16) stellen klar, dass sich die positiven Effekte kooperativer Arbeitsformen nicht von selbst einstellen. »Wer Kooperation nicht fachgerecht strukturiert, wird damit keinen Erfolg haben«.

Folgende Potenziale sehen wir für eine individuelle Förderung:

1. Aufteilung der Schüler in die Gruppen: Grundsätzlich lassen sich zwei Arten von Gruppenunterricht unterscheiden:

- Traditioneller Gruppenunterricht: Hier wird der Klassenverband zeitlich begrenzt in Kleingruppen aufgeteilt, die selbstständig festgelegte Themen oder Aufgaben bearbeiten und deren Arbeitsergebnisse in weiteren Phasen des Unterrichts im Klassenverband nutzbar gemacht werden können.
- Kooperatives Lernen: Die Aufgaben sollten so strukturiert sein, dass Gruppenmitglieder nur über einen Teil der Informationen bzw. des Materials verfügen und somit einen Expertenstatus erwerben, den sie an andere Gruppenmitglieder weitergeben müssen.

In beiden Formen kann der Lehrer eine gezielte Zuweisung von Schülern in Gruppen vornehmen, so wie er glaubt, dass sie mit ihren Fähigkeiten entsprechend gefordert und gefördert werden.

2. Differenzierung: Es muss klar unterschieden werden zwischen themengleichem vs. themendifferenziertem Gruppenunterricht und arbeitsgleichem vs. arbeitsteiligem Gruppenunterricht. Gleiche Themen nämlich sind nicht dasselbe wie gleiche Handlungen. Manchmal liegen die Differenzen zwischen den Gruppen weder beim Thema noch bei den auszuführenden Handlungen, sondern zum Beispiel bei der Arbeitszeit oder der Darstellung der Ergebnisse.

So kann der Lehrer sich genau überlegen, wo im Einzelnen und damit bei welchen Gruppen/Schülern die Unterschiede liegen sollen.

3. Art der Intervention: Wir gehen bei unserem Ansatz des Gruppenunterrichts davon aus, dass durch präzise und verständliche Arbeitsaufträge Interventionen vermieden werden sollten (Nürnberger Projektgruppe 2001). Wenn sich die Lehrkraft um einen klaren Arbeitsauftrag bemüht, sollte es zunächst keinen Grund geben, entweder von sich aus in das Gruppengeschehen einzelner Gruppen oder der gesamten Klasse einzugreifen oder von Gruppen dazu aufgefordert zu werden. Und dies ist durchaus wichtig, da es sich grundsätzlich als eher ungünstig erweist, wenn die Lehrkraft häufig und zu lange interveniert. Die Lehrpersonen kommen den Schülern überwiegend nicht zu Hilfe, sondern bringen eigene, häufig neue Gesichtspunkte in die Gruppen ein, die nicht selten zu Desorientierung und damit letztendlich zu schlechten Arbeitsergebnissen führen.

Potentiale für eine individuelle Förderung

Und dennoch kann ein Lehrer seine freie Zeit während der Gruppenarbeitszeit dazu nutzen, einzelne Gruppen oder Schüler gezielt zu beobachten, sogar den Arbeitsauftrag nochmals zu präzisieren, nachzubessern oder sogar zu erweitern. Oder er kann sich bewusst in eine Gruppe einklinken, um sich zum einen vom Arbeiten in der Gruppe ein Bild zu machen, zum anderen auch um bewusst einer »schwachen« Gruppe zu helfen.

4. Gruppenarbeit parallel zum instruktionalen Unterricht: Gruppenarbeit eignet sich auch hervorragend, um eine vorübergehende Differenzierung in der Klasse vorzunehmen. Bedürfen einzelne Schüler einer intensiveren Lehrerbetreuung, sei es, dass sie durch Absenz nachgeführt werden müssen, sei es, dass sie den Stoff noch nicht verstanden haben, so können die anderen Schüler durch eine Art Additum in Gruppenarbeit vertiefte/weiterführende Arbeiten am Stoff erledigen.

5. Umgang mit unterschiedlichem Arbeitstempo: Schüler arbeiten unterschiedlich schnell, auch denken sie unterschiedlich schnell.

Während sich Lehrer im Frontalunterricht mit dieser Tatsache schwer tun, eignet sich Gruppenarbeit hervorragend, dem unterschiedlichen Zeitbedürfnis der einzelnen nachzukommen.

Zusatzarbeiten, weiterführende Aufgaben sind hier gut möglich. Doch Vorsicht! Dies könnte bei den schneller arbeitenden Gruppen als Bestrafung ausgelegt werden, und sie könnten ihr Tempo drosseln und den langsamer arbeitenden Gruppen anpassen. Diesen Bedenken können wir entgegnen: Gerade durch einen regelmäßigen Einsatz von Gruppenunterricht und die damit verbundene Erfahrung der Lernenden, für ihr Arbeiten selbst verantwortlich zu sein, sollte hier über einen längeren Zeitraum eine Einstellungsänderung erfolgen – mehr als ein »Abfallprodukt« von Gruppenunterricht.

6. Variation in der Auswertungsphase: Hier geht es um die Präsentation der Gruppenergebnisse. Die Gruppen selbst sollen animiert werden, sich sinnvolle Varianten zu überlegen. Dies können beispielsweise sein:

- freier Vortrag
- Referat mit Notizen (evtl. durch Folien unterstützt)
- Varianten von Spielen: szenisches Spiel, Rollenspiel, Puppenspiel, Pantomime
- Grafiken, Tabellen
- Bilder, Zeichnungen, Skizzen
- Wandzeichnung
- musikalischer Vortrag

Hier sollten erstmals den Fähigkeiten und Möglichkeiten der einzelnen Gruppen und ihrer Mitglieder seitens der Lehrkraft keine Grenzen gesetzt werden, um sich »austoben« zu können.

In der Auswertung beobachteten wir zwei typische Fehler:

Während der Gruppenarbeit gewähren die Lehrkräfte mehr Zeit als vorgesehen. Wenn sich dann die Stunde zum Ende neigt, meinen sie, in der Auswertung die Zeit wieder einsparen zu können. Doch damit wird man den Schülern nicht gerecht, die sich vielleicht gerade für die Präsentation ihrer Gruppenergebnisse etwas Tolles ausdachten.

Insgesamt ist genügend Zeit für die Auswertung einzuplanen, damit die Lehrperson die Balance zwischen straffem Durchziehen der Auswertung und dem Gebot, möglichst alle Gruppen mit ihrer Vielfalt dranzunehmen, findet. Damit sind wir beim zweiten Fehler. In dieser Phase ist die Gefahr groß, dass die Lehrkraft zu »belehrend« vorgeht und ihre eigene Lösung durchsetzen will. Zwar sollten Lehrkräfte wohl Fehler ansprechen, ohne jedoch die ganze Präsentation zu bestimmen, sie unnötigerweise zu unterbrechen oder zu zerreden.

7. Einüben in Metakommunikation und Feedback: Während und nach der Auswertungsphase sollte die Gelegenheit zu Metakommunikation über Inhalts- und Beziehungsaspekte der Kommunikation zwischen den Lernenden während der Gruppenarbeit häufig genutzt werden. Die Gruppenmitglieder lernen hier, wie man in Gruppen mit Konflikten umgehen kann. Einsetzen kann man hier beispielsweise Blitzlichtrunden, Fragebögen mit Feedback-Skalen oder Skalen, bei denen Punkte auf Flipchart oder Tafel geklebt bzw. gemalt werden.

Zusammenfassend soll festgehalten werden, dass die Rolle einer Lehrkraft im Gruppenunterricht eine ganz andere ist. Die Lehrkraft gibt ihre Führung weitgehend an die Gruppen oder in den Arbeitsauftrag ab, die Arbeitsfragen müssen klar gestellt sein, die Bewertungskriterien müssen bestimmt werden.

Das heißt: Die Lehrer müssen explizit die Schüler zu kooperativem Arbeiten anleiten, und sie müssen ihnen beibringen, selbst mit Lern- und Arbeitsmaterial umzugehen. Sie müssen den Schülern beibringen, verschiedene Rollen zu übernehmen und sie auch produktiv umzusetzen.

Systematisierend geht es um drei Fähigkeiten:

- Fähigkeit zum Kommunizieren, wie aktiv zuhören, miteinander Informationen teilen oder sich gegenseitig unterstützen
- Fähigkeit zum Erklären, d.h. anderen Gruppenmitgliedern helfen, dass auch sie die zu bewältigende Aufgabe verstehen
- Fähigkeit zum Führen wie planen, die Initiative ergreifen, auf die Zeit achten, die Aktivitäten und Diskussion koordinieren

5.3.6 Projektunterricht

»Das Projekt als Beitrag zur Bewältigung der Heterogenitätsproblematik ist dann pädagogisch stimmig, wenn gezielt alle Kinder einbezogen und gemäß ihrer individuellen Fähigkeiten eingesetzt werden (z. B. verschiedene Rollen bei einem Schulspiel oder Theaterstück)« (Schorch 2007, S. 196).

Nach der bisher in diesem Buch geführten Diskussion hat heute der Projektunterricht gute Chancen, sich im System der schulischen Lehr- und Lernformen einen sicheren Platz zu erobern.

Kurzer geschichtlicher Abriss

John Dewey: Vater des Projektunterrichts

John Dewey (1859–1952) führte den Projektbegriff in die Erziehungswissenschaft ein, der als Grundlage für die Arbeiten vieler anderer Autoren dient. In Deutschland gilt Dewey, Philosoph, Pädagoge und Gründer der Laborschule in Chicago, als der eigentliche Vater des Projektunterrichts, obwohl er nie eine eigenständige Theorie zur Projektmethode hervorgebracht hat.

Der Mensch gewinnt Erkenntnis, indem er sich tätig mit der Welt auseinandersetzt. Er gestaltet seine Umgebung aktiv und bewusst, erfährt die Folgen seiner Handlungen, indem die Umgebung auf ihn zurückwirkt, und gewinnt dadurch Erkenntnis. Dieser Erkenntnisprozess beschränkt sich jedoch nicht auf ein bloßes Erfassen vergangener oder festgelegter Vorgänge, sondern sein Ausgang ist grundsätzlich offen. Auf den Unterrichtsprozess bezogen wird deutlich, dass der Planbarkeit von Erkenntnisprozessen durch den Lehrer Grenzen gesetzt sind.

Deweys Erziehungskonzept setzt auf Wachstum durch Erfahrung (»learning by doing«) und hat die Erfahrungen der Schüler und das gegenwärtige Leben zum Ausgangspunkt und Antrieb (Dewey 1993; Emer/Lenzen 2002).

Die übliche Trennung von Lernen und Anwenden, Theorie und Praxis, Schule und Gesellschaft soll aufgehoben werden, der Schüler soll über Mit- und Selbstbestimmung im Unterrichtsgeschehen auch zur Öffnung nach außen geführt und befähigt werden.

Vier Bedingungen

In den Neunzigerjahren des 19. Jahrhunderts entwickelt Dewey das Unterrichtskonzept der »active and social occupations«, die besser für Herausforderungen des Lebens vorbereiten sollen als die von ihm kritisierte »alte Schule«. Er nennt vier Bedingungen, damit diese Projekte erzieherisch wirken können:

- Projekte sollen im Interesse der Schüler liegen. Wenn sie deren Gefühle und Bedürfnisse nicht berücksichtigen, so wird sich auch deren Verstand von ihnen abwenden. Dabei sollen die Interessen nicht einer kurzfristigen Begeisterung entspringen, sondern bleibend sein.
- Die Aktivität soll sich auf etwas Wesentliches richten. Dies heißt nicht, dass es sich um etwas nur aus der Sicht der Erwachsenen Sinnvolles handelt.
- Ein Projekt soll im Verlauf seiner Entwicklung Probleme aufzeigen, die die Neugierde und das Verlangen nach weiterer Information der Kinder wecken und beispielsweise weitere Beobachtungen nach sich ziehen.
- Ein Projekt soll eine gewisse Zeitspanne umfassen, damit eine angemessene Bearbeitung möglich wird.

Begründungen für den Einsatz von Projektunterricht

Emer und Lenzen (2002) unterscheiden sieben Begründungsebenen:

- Schultheoretische Begründung: Sie sehen eine Bereicherung der Lernkultur durch
  - Schlüsselqualifikationen: Mehr als in anderen Unterrichtsformen werden Selbstständigkeit, Teamwork, Kreativität und vernetztes Denken erforderlich.
  - Prozesswissen: Es geht vor allem um das Wie: Wissen, wie man plant, entscheidet, Konflikte löst, kooperiert, Rollen definiert und einnimmt.
  - Demokratisches Handeln: Entscheidungsfindung, Gruppendiskussion und Anwendung von Wissen in einem sozialen Kontext üben demokratisches Handeln ein.
  - Selbstwirksamkeitsüberzeugung: Schwierige Anforderungen selbstständig und zugleich erfolgreich zu meistern, ist persönlichkeitsfördernd.
  - Nachhaltigkeit: Wissen, das zusammenfließt und gesellschaftlich produktiv wird, trägt zur Nachhaltigkeit bei.
- Lern- und kognitionspsychologische Begründung: Lernen, das aus Interesse, unterstützendem Handeln mit vielerlei Sinnen stattfindet, begünstigt im Gehirn eine multidimensionale Kodierung und damit eine größere Tiefendimension im Langzeitgedächtnis.
- Handlungstheoretische Begründung: Durch die Aufforderung, zu planen und diesen Plan umzusetzen, wird anstelle trägen Wissens ein zum Handeln befähigendes Wissen aufgebaut.

- Sozialisationstheoretische Begründung: Unmittelbare Erfahrungen werden vermittelt, Eigentätigkeiten ermöglicht, Zusammenhänge erfahrbar gemacht, Durchschaubarkeit hergestellt und soziales Lernen gefördert – allesamt Lernprozesse, die für die veränderten Lebenswelten und -bedingungen heutiger Schüler förderlich sind.
- Sozio-ökonomische Begründung: Moderne Produktionsprozesse und gesellschaftliches Handeln erfordern heute Kooperation, vernetztes Denken, Kreativität, Konfliktfähigkeit und Teamgeist.
- Politische Begründung: Für ein Gelingen einer demokratischen Gesellschaft hat die Schule ihren Beitrag zu leisten.
- Lernökologische Begründung: Hier können die Lernvoraussetzungen der Schüler gefördert werden, die Nachhaltigkeit des Lernens wird betont.

Gemeinsamkeiten aller Modelle

Mittlerweile liegt eine Fülle unterschiedlichster Modelle vor, deren Gemeinsamkeiten wie folgt aufgezeigt werden können (Traub 2012):

1. Bei allen Modellen steht eine Idee, eine Initiative oder ein Thema am Anfang des Projektes. Dieses wird von einem Teilnehmer vorgebracht und von den anderen aufgenommen, oder es wird aus verschiedenen Vorschlägen, die von Lehrenden oder Lernenden eingebracht werden, weiterverfolgt und nach Prüfung zum Projektthema erhoben.

2. Als nächste Phase folgt die Planung, in der die Lernenden mit oder ohne Hilfe des Lehrenden einen Plan erstellen, in dem das gemeinsame Vorgehen, das Ziel und die einzelnen Schritte der Durchführung festgehalten werden.

3. Nun folgt die eigentliche Durchführung des Projektes. Meist in kleinen Gruppen versuchen die Lernenden, ihren Plan umzusetzen und zu einem Ergebnis zu kommen. Dieses stellt meist ein vorzeigbares Produkt dar.

4. Das Ergebnis bzw. Produkt wird dann dem Plenum, der ganzen Schule oder sogar der Öffentlichkeit vorgestellt und erhält damit einen Echtcharakter.

5. Damit die Arbeit durchgeführt werden kann, sind an vielen Stellen Scharniersitzungen einzuplanen, in denen Raum für die Reflexion des Arbeitsprozesses, aber auch für Interaktionen bleibt.

In vorliegendem Kontext der individuellen Förderung sollte der Wert weniger darin liegen, dass alle irgendwie beschäftigt sind und unspezifisch irgendetwas lernen, »sondern dass ein gesetztes Ziel möglichst optimal unter Beteiligung aller Projektmitglieder und unter Beachtung ihrer unterschiedlichen Interessenlagen, Fähigkeiten und Kompetenzen erreicht wird« (Jürgens 2006, S. 121).

5.3.7 Instruktionale Unterstützung

Die zuletzt skizzierten Unterrichtskonzepte tutorielles Lernen, Gruppenunterricht und Projektunterricht können zu einer Überforderung der Schüler führen, speziell dazu, dass sie unter Umständen wenig zielführende Strategien verwenden. Man muss in Betracht ziehen, dass selbstständiges Arbeiten nicht einfach vorausgesetzt werden kann. Man darf nicht stillschweigend davon ausgehen, dass die Lernenden ihre Fehler und Schwierigkeiten bei der Bearbeitung von Aufgaben bemerken und selbstständig korrigieren können.

Eventuelle Überforderung des Schülers

Dabei sind folgende behindernde Faktoren auf Schülerseite bekannt (Haag/Streber 2012):

- Lernende haben Probleme, sich selbst Ziele zu setzen. Im alltäglichen Unterricht gewinnen Lernende keine Erfahrungen mit dem und Einsichten in den Sinn und Nutzen von Lernzielen.
- Die traditionelle Prüfungspraxis ist eher auf rein reproduktives Lernen ausgerichtet.
- Lernende nehmen im traditionellen Unterricht eher eine passive Rolle ein und sind an Lernaktivitäten weniger interessiert.
- Lehrer lassen zu wenig Möglichkeiten zum selbstständigen Lernen zu, sie variieren die Steuerung ihres Unterrichts zu wenig, sie geben vorschnell Lösungen vor und verhindern so eher das eigenständige Denken und Arbeiten.

Selbstständiges Lernen kann aber auch gefördert werden, wenn die folgenden Maßnahmen eingehalten werden:

Förderung selbständigen Lernens

- Lernende müssen zum selbstständigen Lernen angeleitet werden. Dies kann durch »scaffolding« und »fading« gewährleistet werden (3.3.2).
- Selbstständiges Lernen sollte in allen Fächern erfolgen, es gibt kein inhaltsneutrales Lernen.
- Transfermöglichkeiten müssen eingeübt und besprochen werden, Transfer stellt sich nicht von selbst ein.

5.3.8 Hausaufgaben (im Folgenden Haag 2007)

Da gerade die bisher bedachten weiten didaktischen Zugänge auch im Halbtagsunterricht greifen können, sollen hier Hausaufgaben mitbedacht werden.

Hausaufgaben stellen einen festen Bestandteil schulischer Realität in Deutschland dar, sie stehen in engem Zusammenhang mit dem Unterricht. Der Lehrer bezieht Hausaufgaben sorgfältig in die Planung und Vorbereitung des Unterrichts ein, während des Unterrichts bespricht er sie am richtigen didaktischen Ort zeitlich angemessen, er überprüft sie regelmäßig, sieht sie gelegentlich durch und würdigt sie. Sie werden in der Regel nicht benotet, doch sollten sie unter pädagogischen Aspekten Anerkennung finden.

Funktionen

Zwei zentrale Funktionen von Hausaufgaben

Eine Analyse der länderspezifischen Verordnungen lässt zwei zentrale Hausaufgabenfunktionen erkennen: (1) die didaktisch-methodische Funktion und (2) die erzieherische Funktion.

- *Didaktisch-methodische Funktion:* Zur Charakterisierung der didaktisch-methodischen Funktion von Hausaufgaben scheint folgende ältere Kategorisierung hilfreich. Hier wird unterschieden zwischen der
    - Mechanisierungsfunktion (Üben neuen Lernstoffs im engen Sinne von Einüben)
    - Übertragungs- und Kontrollfunktion (Transfer, produktive Anwendung; Überprüfung des neu Gelernten)
    - Erweiterungsfunktion (Ergänzung der Unterrichtsarbeit; Vervollständigung und Vertiefung; fortführende Systematisierung)
    - Erkundungs- und Motivationsfunktion (Unterrichtsvorbereitung)
- *Erzieherische Funktion:* Die erzieherische Funktion bezieht sich vor allem auf die Entwicklung von Befähigungen zur Selbstständigkeit und von persönlichkeitsstärkenden Haltungen, wie z.B. Arbeitsfreude, Fleiß, Ausdauer, Selbstdisziplinierung und dem Interesse für die eigene Beschäftigung mit Gegenständen des Unterrichts. Hierunter fällt die Befähigung, Lernvorgänge selbst zu organisieren, Arbeitszeit und Arbeitstechniken sowie Hilfsmittel selbstständig angemessen einzusetzen und das Selbstvertrauen der Schüler zu stärken.

Hausaufgaben werden in der schulischen Praxis überladen mit z. T. überzogenen Zielvorstellungen. Letztendlich werden Hausaufgaben damit legitimiert, dass sie einen unverzichtbaren, eigenständigen Beitrag zum schulischen Lernprozess darstellen, den der Unterricht – sei er auch noch so gut geplant – nicht zu leisten vermag. Scheinbar bis heute nicht konsensfähig ist die Beantwortung der (Gretchen-)Frage, ob Hausaufgaben diesen hohen Ansprüchen auch messbar genügen, d. h. ob sie empirisch nachweisbare (signifikante) Effekte, insbesondere in Form von Leistungssteigerungen, evozieren.

Wirksamkeit

Häufig aufgegebene Hausaufgaben üben einen positiven Einfluss auf die Leistungsentwicklung aus, eine große Hausaufgabenlänge ist dagegen eher hinderlich. Hausaufgaben, wenn sie regelmäßig aufgegeben werden, stellen offensichtlich wichtige außerschulische Lerngelegenheiten dar, die Wissenserwerbsprozesse fördern. Besonders scheinen von diesem Hausaufgabenvergabeverhalten die besseren Schüler einer Klasse zu profitieren. »Lieber oft als viel«, so könnte man hier folgern.

Wichtige außerschulische Lerngelegenheit

Die Erledigung von Hausaufgaben stellt per se eine extrinsisch motivierte Handlung dar. Die positive Verstärkung der Erledigung bzw. die Sanktionierung der Nicht-Erledigung lösen deren Bearbeitung aus. Eine extrinsisch angeregte Auseinandersetzung mit einem Gegenstand unterminiert erwartungsgemäß eine intrinsische Motivation, sodass eine interessengesteuerte Beschäftigung mit Fachinhalten durch Hausaufgaben eher unterlaufen werden kann. Deshalb behaupten auch Hausaufgabenkritiker schädliche Einflüsse auf pädagogische Erziehungsziele. Demgegenüber zeigt die empirische Befundlage ein klares Bild. Allein ein besonders großer Zeitaufwand für die Hausaufgaben wirkt sich negativ auf die Entwicklung des Fachinteresses aus.

Da Hausaufgaben als Nahtstelle zwischen Elternhaus und Schule fungieren, sollte der Einfluss der Eltern bei der Wirksamkeit nicht unberücksichtigt bleiben. Hausaufgaben verlagern den Lernprozess von der Institution Schule in die häusliche Umwelt. Oft schlüpfen Familienmitglieder in die Rolle einer zusätzlichen Lehrkraft. Die so generierte Lernumgebung sei dafür verantwortlich, dass der Lernprozess in erheblichem Maße durch die Qualität der familiären Bedingungen bestimmt sei, so kritische Stimmen. Immer wieder ist zu lesen und wird auch argumentiert, dass unterschiedliche sozio-ökonomische Voraussetzungen bzw. unterschiedliche Bildungshintergründe der Eltern bei der Hausaufgabenbetreuung als förderlich bzw. hinderlich für entsprechende

Nahtstelle zwischen Elternhaus und Schule

Leistungsdisparitäten angesehen werden. Die vorhandenen Befunde jedoch lassen ein anderes Deutungsmuster zu. Verläuft das Hausaufgabenengagement der Eltern produktorientiert, also besteht die Hilfe vor allem aus einer Überprüfung von Sauberkeit und Vollständigkeit der Hausaufgaben, so geht eine negative Schulleistungsentwicklung damit einher. Ist die Hilfe dagegen prozessorientiert angelegt, bezieht sie sich also auf die Förderung von Verständnis und weniger auf Kontrolle, so weist sie positive Leistungsentwicklungen auf. Zusammenfassend scheint ein hohes Maß an falsch verstandenem elterlichem Engagement bezüglich der Hausaufgaben nicht zu den erwünschten besseren Schulleistungen zu führen. Dass dies möglicherweise schichtspezifisch unterschiedlich aussehen mag, kann dann zu obiger Feststellung führen.

Kritik an der gängigen Hausaufgabenpraxis

Hausaufgabenbearbeitung in der Schule

Gerade aufgrund vorhandener Defizite im häuslichen Umgang mit Hausaufgaben werden stets Vorschläge zu einer alternativen Hausaufgabenpraxis gemacht. In vorliegendem Kontext liegt es nahe, Hausaufgaben ganz in den Verantwortungsbereich der Schule zu übergeben. Dabei werden zwei unterschiedliche Lösungen diskutiert. Bei einer Verlagerung der Hausaufgabenbearbeitung in die Schule geht man eher von einer organisatorischen Aufgabe aus, wie sie gerade im Kontext der Ganztagsschule diskutiert wird. Hier wird der Unterricht von einer Phase abgetrennt, in der Schüler in Einzel- und Stillarbeit vorwiegend üben und vertiefen.

Bei einer zweiten Möglichkeit, den sogenannten integrierten Hausaufgaben, stellen die Hausaufgaben einen Teil und eine Aufgabe des Schulunterrichts dar. Hier handelt es sich also nicht um zusätzliche Studier- oder Unterrichtszeiten. Der Unterricht und die Hausaufgaben sind dabei nicht mehr zeitlich und räumlich getrennte Einheiten des Lernprozesses, sondern gehen ineinander über. Besonderes Augenmerk sollte hier auf die Integration der Übung in den unterrichtlichen Lernzusammenhang gelegt werden. So kann eine wechselseitige Beziehung des Wahrnehmens des Lerngegenstands, seines Verstehens, Übens und Anwendens gewährleistet werden, und die Übung kann in sich selbst wieder alle Stufen des Lernprozesses enthalten.

5.4 Individuelle Förderung und Leistungsüberprüfung

Wenn Schüler differenziert und dazu noch auf unterschiedlichem Niveau arbeiten, kann man ihre Leistungen nicht mehr direkt miteinander nach einem einheitlichen Maßstab vergleichen. Wie sich ja individuelle Förderung am je individuellen Leistungsstand orientiert, so sollte sich logischerweise die Leistungsüberprüfung an der bisher erzielten Leistung orientieren, was die Betonung einer individuellen Bezugsnorm-Orientierung bedeutet.

Es herrscht mittlerweile in der pädagogisch-psychologischen Diagnostik ein reicher pädagogischer Diskurs darüber, welche Bezugsnorm nun die richtige bzw. angemessene sei. Es besteht weitgehend Konsens, dass die Anwendung aller drei Bezugsnormen ihre Berechtigung findet, bei der individuellen wird der individuelle Steigerungsaspekt betont, bei der sozialen der Selbsteinschätzungsaspekt und bei der sachlichen der Zielaspekt.

Anwendung aller drei Bezugsnormen berechtigt

5.4.1 Individuelle Bezugsnorm

Sacher (2009) favorisiert unter dem Förderaspekt ganz klar die individuelle Norm:

Erst wenn die unterschiedliche Bedeutung derselben Leistungsverbesserung für verschiedene Schüler mit in die Bewertung eingeht, ist optimale Förderung möglich. Seine Begründung ist klar: Wenn alle Schüler einer Klasse gleichmäßig gefördert werden, d.h. die schwachen Schüler zu mittelmäßigen, die durchschnittlichen zu guten und die leistungsfähigen zu noch besseren Leistungen gebracht werden, also alle gleichmäßig besser werden, ändert sich bei Anwendung der sozialen Norm am Notenbild nichts. Gestiegen sind nur die Anforderungen.

Somit ist schlüssig, dass eine Beurteilung nach der individuellen Norm nur sinnvoll ist, wenn auch den Schülern differenzierte Lernangebote gemacht werden. »Die Zugrundlegung der individuellen Norm erst bei der Leistungsbeurteilung würde auf einen bloßen Gnadenakt für schwächere Schüler hinauslaufen« (Sacher 2009, S. 91).

Sacher ist zu sehr Realist, als dass er einseitig in der gegenwärtigen Schullandschaft die individuelle Norm propagieren würde: »Die Orientierung an der individuellen Norm mag wohl Priorität haben, sie muss aber flankiert werden durch die soziale und kriteriale Norm, wenigstens insoweit, dass die soziale Dimension und die Sachdimension mitbedacht [...] werden« (S. 90 f.). »Leistungsbeurteilungen nach der sozialen Norm stimmen mit den gegenwärtigen Verhältnissen in Schule und Gesellschaft sehr viel besser überein« (S. 92). Und weiter: »Mit Rücksicht auf die geltende Rechtslage und die Prüfungen und Noten vorläufig noch zufallende Selektionsfunktion müssen offensichtlich nicht nur die Anforderungen, sondern auch die Prüfungsbedingungen und Prüfungsinhalte für alle Schüler gleich sein« (S. 100).

Außerdem zeigt die Literatur zur Selbstkonzeptforschung, dass der Verzicht auf soziale Vergleiche bzw. deren Reduktion möglicherweise zu verzerrten Selbsteinschätzungen der Schüler führen kann (Lüdtke/Köller 2002). Auch können soziale Vergleiche positive Auswirkungen auf die Leistungs- und Motivationsentwicklung haben.

Aufgrund ihrer Ergebnisse einer Studie zur aufgabenbezogenen Differenzierung und Entwicklung des verbalen Selbstkonzepts im Anfangsunterricht folgern die Autoren Lipowsky, Kastens, Lotz und Faust (2011, S. 881): »Angestrebt werden sollte vielmehr, dass Lehrkräfte negative Effekte sozialer Vergleiche vermeiden, indem sie insbesondere auch im Umgang mit schwächeren Schülern darauf hinarbeiten, dass diese ihre Leistungsstärken bewusst wahrnehmen und ihre eigenen Leistungen variabler attribuieren lernen, d.h. Erfolge auf die eigenen Fähigkeiten oder auf die eigene Anstrengung (internal stabil oder internal variabel) und Misserfolge auf mangelnde Anstrengung oder auf Pech (internal variabel oder external variabel) zurückführen.«

Sacher schlägt als Kompromiss die Unterscheidung in Grundanforderungen, erhöhte Anforderungen und reduzierte Anforderungen vor, denen dann Notenbereiche zuzuweisen wären. Grafisch könnte dies wie in Abbildung 13 ausschauen (Sacher 2009, S. 259).

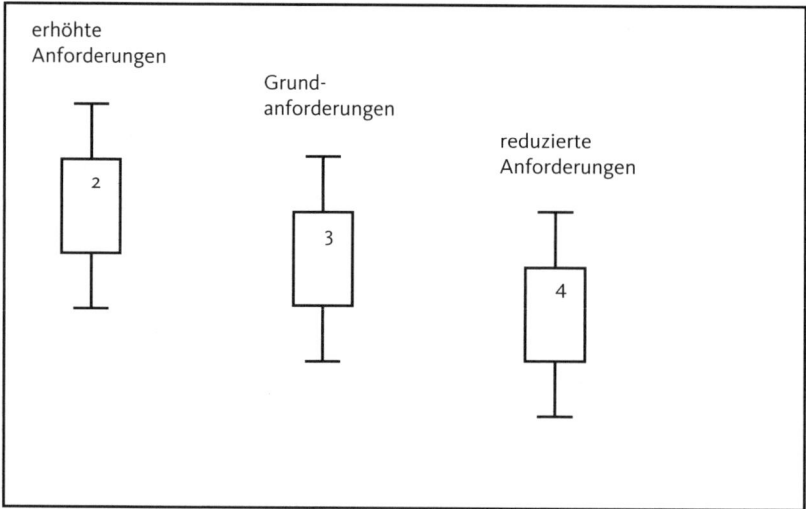

Abb. 13: Anforderungsniveau und zugewiesene Notenbereiche

Klafki (1985) sieht in seinem Plädoyer einer Neukonzeption des Leistungsprinzips in einer demokratischen Schule den Sinn einer Leistungsbeurteilung darin, »dem oder den Lernenden Rückmeldungen zu geben über ihren Lernprozeß: Wie weit bin ich jetzt eigentlich?« (S. 180). Leistungsbeurteilung sieht er nicht als fremde Endkontrolle, sondern als Lernhilfe! Die Leistungsbeurteilung soll in erster Linie Informationen *für, nicht über* das Kind liefern.

Eine solche schrittweise Leistungsbeurteilung wäre gleichzeitig eine Kontrolle der Qualität des vom Lehrer erteilten Unterrichts. Der Lehrer erfährt, wo er Hilfen bieten, steuernd eingreifen oder zusätzliche Anregungen geben muss, wo Unterforderungen oder Überforderungen vorliegen.

5.4.2 Neue Prüfungskultur im Dienste einer Förderdiagnose

In den letzten Jahren wird offenbar aus Unzufriedenheit mit den bisherigen Vorstellungen von Lernen, eben Lernen als einfache Informationsverarbeitung oder sogar als Dressur, von einer »Neuen Lernkultur« gesprochen.

Die Grundannahmen lauten (Haag/Streber 2012):

Grundannahmen neuer Lernkultur

- Lernen ist situations- und kontextgebunden.
- Lernen ist ein aktiver, konstruktiver Prozess.
- Lernen ist ein selbstgesteuerter Prozess.
- Lernen ist immer soziales Aushandeln von Bedeutungen.
- Motivation ist eine zentrale Bedingung für Lernen.

Hierunter fällt auch ein individualisiertes Lernen als zentraler Baustein.

Neue Wege der Leistungsbeurteilung mussten spätestens mit der Verbreitung der sogenannten Neuen Lernkultur beschritten werden. Zentrales Kennzeichen ist, dass neue Formen der Leistungsbeurteilung, die die bisherigen ergänzen, die Förderung individueller Lernprozesse zum Ziel haben. Dies bedeutet u. a.:

- Um möglichst viele Aspekte der Leistung zu erfassen, bedarf es vielfältiger diagnostischer Möglichkeiten.
- Es werden alle Möglichkeiten wahrgenommen, Leistungen in Prozessen zu erkennen.
- Neben dem fachlichen inhaltlichen Lernen geht es auch um methodisch-strategisches, sozial-kommunikatives und persönliches Lernen.
- Die Schüler werden als Subjekte behandelt, d. h. sie sind selbst Teil des Beurteilungsprozesses.

Als ein neuer Weg der Leistungsbeurteilung werden immer wieder folgende Verfahren gesehen. Wohl gemerkt, es geht nur um Verfahren, die innerhalb einer Förderdiagnose Sinn ergeben (z. B. Sacher 2009):

Selbstbeurteilung

Selbstbeurteilung ist der zentrale methodische Ansatz der Leistungsbeurteilung in der Neuen Lernkultur.

Gründe In Anlehnung an Sacher (2009, S. 231 ff.) werden folgende Gründe für eine Beteiligung der Schüler an der Beurteilung ihrer Leistungen angeführt:

- Eine stärkere Einbeziehung der Schüler entspricht demokratischen Grundsätzen.
- Eine Erhöhung der Transparenz von Bewertungsprozeduren führt zu weniger Prüfungsangst.
- Die Schüler selbst geben sich schnellere Rückmeldungen als über die Lehrer möglich.
- Die Schüler lernen ihre eigene Struktur der Leistungserbringung kennen.
- Die Wahrnehmung auch schon für kleine Lernfortschritte wird geschärft.
- Die Aufmerksamkeit wird auch auf Prozesse gelenkt.
- Die Metakognitionen, d. h. das Wissen über die eigenen Lernprozesse, werden gefördert.
- Die Beziehung zu den eigenen Arbeiten wird verbessert.
- Lehrerbeurteilungen erhalten eine höhere Akzeptanz.
- Durch Mithilfe der Schüler wird eine Prozessdiagnostik erleichtert.
- Das Machtgefälle zwischen Lehrern und Schülern wird reduziert.
- Die Leistungsbeurteilung der Lehrer wird dadurch zusätzlich abgesichert.
- Dadurch werden bei den Schülern realistische Überlegungen über ihr Lernen angeregt.
- Die Selbstbeurteilung der Schüler ist gewissermaßen das Nadelöhr, durch welches das Lehrerurteil hindurch muss, wenn es Auswirkungen auf ihren Lernprozess haben will.

Eine zentrale Bedingung, damit Selbstbeurteilung auch gelingen kann, ist der Aufbau von Qualitätskriterien für eine Leistung. Diese müssen gemeinsam zwischen Lehrern und Schülern erarbeitet werden.

Dabei ist es zu wenig, nur die Fehler zu markieren und gegebenenfalls diese durch richtige Lösungen auszutauschen. Sacher (2009) spricht von einer »Störstellenanalyse«, die vier Schritte umfassen sollte:

Störstellenanalyse

- Sensibilisierung für Fehler: Fehler müssen erst einmal von den Schülern selbst erkannt werden.
- Reflexion über Fehler: Zum einen geht es um eine Klassifizierung der Fehler. Handelt es sich beispielsweise um Wahrnehmungsfehler, Verwechslungen, Leichtsinnsfehler, systematische Fehler oder typische Fehler? Zum andern geht es um Kausalhypothesen. Handelt es sich beispielsweise bei den klassifizierten Fehlern um Aufmerksamkeitsmängel, Ermüdung, zu hohes Arbeitstempo, vergessene oder nicht verstandene Regeln, fehlende Grundlagenkenntnisse?
- Maßnahmen zur Vermeidung von Fehlern: Es geht darum, wie sich zukünftig nun Fehler vermeiden lassen. Wie kann beispielsweise sinnvoll wiederholt werden, wie können Analogien gebildet werden, wie können Eselsbrücken gefunden werden?
- Evaluation der ergriffenen Maßnahmen: Abschließend soll regelmäßig überprüft werden, inwieweit die eingeleiteten Maßnahmen auch wirklich zum Erfolg führen.

Lerntagebücher

Lerntagebücher zählen zu den dialogischen Beurteilungsverfahren. Sie dienen der Informationsrückkopplung und Reflexion, nicht der Zensurengebung.

Das Führen von Lerntagebüchern ist seit Mitte der 1990er-Jahre eine bewährte Methode, die eigene Lernpraxis zu dokumentieren, zu erkunden und zu überprüfen (Haag/Jäger 2009). Hier können tageweise/wochenweise die Fortschritte in der Bewältigung des Lerngegenstandes, auftauchende Probleme beim Lernen, gemachte Fehler, Fragen, Strategien, gewonnene Einsichten festgehalten werden.

Damit nützen Lerntagebücher oder auch Berichtshefte beiden Gruppen:

Wenn Lehrer sie einsammeln, gewinnen sie wichtige Einsichten in das individuelle Arbeiten, die Lernprozesse, das Denken und auch in die Lernprozesse ihrer Schüler. Daraus können sie wichtige Schlüsse für das weitere Unterrichten, insbesondere für differenzierende Maßnahmen ziehen.

Die individuell dokumentierten Hefte sind hilfreich für die Förderung metakognitiver Prozesse der Schüler. Dies kann man sich so vorstellen: Wenn Schüler im Sinne eines Self-Monitorings ihren Lernvor-

Selbst-regulatorische Kompetenzen gang über einen relativ langen Zeitraum beobachten, protokollieren und sogar bewerten und wenn Lehrer über ein »Kontrollieren« dafür sorgen, das Schülerengagement aufrechtzuerhalten bzw. zu verstärken, dann werden selbstregulatorische Kompetenzen aufgebaut. Diese wiederum sind zentral, damit Schüler es lernen und sich daran gewöhnen, sich auf ihre Aufgaben zu konzentrieren und abschweifende Gedanken auszublenden (Schmitz 2001).

Portfoliomethode

Eine ähnliche Funktion einer Reflexion über das eigene Arbeiten und die eigene Leistung kann die Portfoliomethode erfüllen. »Schülerinnen und Schüler unterschiedlicher Schularten heben übereinstimmend hervor, dass Portfolios die Lernökonomie, die Selbstständigkeit und die Selbstreflexion steigern und den Blick für den Lernprozess schulen« (Häcker 2011, S. 227).

Sammlung von Leistungsnachweisen Egal ob Arbeits-, Beurteilungs-, Prüfungs- oder Bewertungsportfolios, das Prinzip ist das gleiche, es werden Leistungsnachweise gesammelt und längerfristig einsehbar gehalten. Solche Dokumente können immer wieder eingesehen, ergänzt und beurteilt werden. Die Schüler können selbstständig und in eigenem Tempo daran arbeiten.

»Ein Portfolio ist eine zielgerichtete Sammlung von Arbeiten, welche die individuellen Bemühungen, Fortschritte und Leistungen der/des Lernenden auf einem oder mehreren Gebieten zeigt. Die Sammlung muss die Beteiligung der/des Lernenden an der Auswahl der Inhalte, der Kriterien für die Auswahl, der Festlegung der Beurteilungskriterien sowie Hinweise auf die Selbstreflexion der/des Lernenden einschließen« (Paulson, Paulson/Meyer 1991, S. 60; Übers. Häcker 2011, S. 217).

In folgenden zwei Elementen unterscheidet sich Portfolioarbeit zentral von bisherigen Zensuren:

- Leistung bleibt erhalten; denn sobald traditionell Leistungen mit einer Note versehen werden, verschwinden sie.
- Die übliche Frage, an die Schüler gerichtet: »Welches Notenzeugnis hast du?« wandelt sich in die Frage: »Was kannst du?« Und dieses »Was kannst du?« sollten die Schüler auch präsentieren und anderen zugänglich machen.

Saalfrank (2012, S. 87) gibt sehr klar und überblicksartig folgende Merkmale an, die für die Portfolioarbeit maßgebend sind:

Maßgebende Merkmale für Portfoliomethode

»1. Der Inhalt des Portfolios und die Entscheidungen hinsichtlich der Auswahl der einzelnen Dokumente sowie der Interaktionen zwischen den Lehrenden und den Lernenden wird durch den jeweiligen Zweck und auch das Ziel der Portfolioarbeiten bestimmt. Beide Elemente – Zweck und Ziel – werden in einem individuellen Gespräch vereinbart und verbindlich festgesetzt.
2. Ein Portfolio dient keinem Selbstzweck und muss eingebettet sein in einen entsprechenden Lehr-Lern-Prozess. So ist es wichtig, dass eine konkrete Frage- oder Problemstellung bzw. eine bestimmte Aufgabe festgelegt wird, die jedoch vom Charakter her offen und komplex sein sollte.
3. Die im Eingangsgespräch festgelegten und idealerweise selbstgestellten Ziele sollen durch das Portfolio am Ende dokumentiert und nachgewiesen werden. Wichtigstes Kriterium dieser schriftlich fixierten Ziele im Rahmen eines spezifischen Lehr-Lern-Arrangements sind Transparenz und Einsichtigkeit, d.h. der Lernende muss diese Ziele für sich akzeptieren und ohne Probleme durchschauen können. So wird eine Grundlage geschaffen für die Eigenbeurteilung und die Fremdbeurteilung. Darüber hinaus dienen die verschriftlichten Ziele als roter Faden, der beim Erreichen dieser Ziele hilft.
4. In der Arbeitsphase werden im Hinblick auf die Bearbeitung des komplexen Sachverhalts Dokumente selbst erstellt und gesammelt, die quasi Nachweise zur Rekonstruktion des jeweiligen Lernprozesses sind und deren Vielfältigkeit das zentrale Qualitätsmerkmal darstellt.
5. Zentraler Punkt im Rahmen der Portfolioarbeit bildet die Selbstreflexion als metakognitive Interpretation des eigenen Lernprozesses. Das Portfolio einerseits, aber auch die Reflexion über das Portfolio durch den Schüler andererseits ermöglicht das Nachdenken über das eigene Lernen und über das anschließende Weiterlernen und somit nicht nur die Präsentation von Materialien, die als Antwort auf den zu bearbeitenden Fragenkomplex dienen. Eine Selbstreflexion über das eigene Lernen bedeutet auch, eine Selbstkontrolle über Schwächen und Fortschritte im eigenen Lernen zu bekommen.
6. Wichtig ist auch, dass die Schüler in die Lage versetzt werden, eine Selbsteinschätzung ihres jeweiligen Lernfortschritts vornehmen zu können. Aus diesem Grund sollten neben den jeweiligen Lernzielen auch Standards bzw. Beurteilungsmaßstäbe – auch hier idealerweise in Gesprächen und Absprache mit den Schülern – transparent dargelegt und vereinbart werden.
7. Auch die Evaluation des Lernprozesses ist durch das Portfolio kommunikativ angelegt. Neben Beratungsgesprächen während der

Arbeit am Portfolio, die mit anderen Schülern, mit Lehrern und Eltern aber auch mit Experten stattfinden können, ist vor allem das Abschlussgespräch, verbunden mit einer Präsentation des Portfolios, von Bedeutung, da hierbei die vereinbarten Ziele überprüft werden«.

Hier geht es um eine Reform der Leistungsbewertung, indem »die Akte der Bewertung und Reflexion in alle Phasen des Unterrichts integriert, die Präsentation eigener Leistungen ermöglicht und die Kompetenz der Prüfung und Bewertung eigener und fremder Leistungen selbst in den Rang eines Bildungsziels« (Häcker 2011, S. 223) erhoben werden.

Förderorientierte Beurteilung wird in der Weise unterstützt, dass die Perspektive von den Produkten auf die Prozesse, von der Passivität auf die Aktivität und vom Monolog auf den Dialog ausgeweitet wird.

Beurteilung kooperativ erbrachter Leistungen

Wenn erweiterte didaktische Arrangements als ein praktischer Umgang vorgeschlagen sind (5.4), so muss man sich natürlich Gedanken machen, wie hier Leistungen zu bewerten sind, da ja hier eine individuelle Leistungserhebung vielfach nicht möglich ist.

Bei der Beurteilung gerade kooperativ erbrachter Leistungen sind folgende Aspekte zu beachten:

- die Arbeitsergebnisse
- der Arbeits- und Lernprozess
- der Teamprozess
- die Ergebnispräsentation

Im Idealfall wäre eine Lehrerbeurteilung um eine Selbstbeurteilung (s. o.) und Teambeurteilung zu ergänzen.

Vorschläge Sacher (2009) geht von folgenden »praktikablen« Vorschlägen aus:

- eine Note erteilen, die sich aus der Bewertung der Gruppenleistung und der Einzelleistung, soweit identifizierbar, zusammensetzt
- Lehrerbeobachtungen zum Arbeitsprozess und zu den Beiträgen der einzelnen Schüler einfließen lassen
- die Präsentation des Gruppenergebnisses durch ein einzelnes Gruppenmitglied bewerten
- die Erläuterung einzelner Aspekte durch einzelne Schüler bewerten

5.4.3 Beurteilungskonzept

Wenn individuelle Förderung als ein allgemeines Unterrichtsprinzip gesehen wird, dann – so abschließend – sollte für Schulen ein neues Konzept der Leistungsüberprüfung gelten, ein Programm, in dem das Kollegium einer Schule Zielsetzungen, Leitsätze und konkrete Abmachungen zur Prüfungs- und Beurteilungspraxis schriftlich fixiert.

Sacher (2009, S. 265) fasst Inhalte eines solchen Beurteilungskonzeptes zusammen:

Inhalte eines Beurteilungskonzepts

- »Funktionen der Leistungsüberprüfung und -beurteilung, auf die man besonders Wert legen will,
- Maßnahmen zur Absicherung der Gütekriterien,
- der Beurteilung zu Grunde gelegte Bezugsnormen,
- Absprachen über anforderungs- und benotungsfreie bzw. -arme ›Räume‹,
- Benotungsmodelle und Benotungsskalen,
- Absprachen über geforderte Mindestkompetenzen und Lernziele,
- Beschreibungen von Grundanforderungen, erhöhten Anforderungen und reduzierten Anforderungen,
- Vereinbarungen über die Anlage und Durchführung von Prüfungen,
- berücksichtigte Arten der Leistung, der Inszenierung der Leistungsbringung und der Beurteilung,
- Strategien des Beobachtens und Dokumentierens von Leistungen,
- Vorgehen bei der Prüfungs- und Aufgabenanalyse,
- Absprachen über Formen der Kooperation im Kollegium,
- Regelung des Informationsflusses zwischen Lehrkräften, Schülern, Eltern, Schulleitung und Gesamtkollegium«.

Am Abschluss dieses Teilkapitels soll folgendes Zitat stehen:

»Schon wiederholt wurde in unseren Ausführungen deutlich, dass alle Formen der Leistungsbeurteilung letztlich darauf abzielen müssen, die unmittelbare persönliche Kommunikation aller Beteiligten (Schüler, Lehrkräfte, Eltern) über schulische Lern- und Arbeitsprozesse, über ihre Ergebnisse und deren Präsentation und über die weitere Förderung der Schüler zu intensivieren und zu verbessern. Alle anderen Formen der Leistungsbeurteilung haben dafür dienende Funktion« (Sacher 2009, S. 260).

5.5 Unterrichtsdiagnostik (EMU)

Evidenzbasierte Unterrichtsdiagnostik

Geradezu passgenau auf die heutige Forderung nach adaptiver Lehrkompetenz geben die Autoren Helmke, Schrader und Helmke die Antwort (2012). Unterrichtsmaßnahmen können erst dann wirken, wenn die nötigen Lernprozesse in Gang kommen. Eine passgenaue Abstimmung auf die jeweiligen Lernbedürfnisse und -möglichkeiten der Schüler ist notwendig. Im Auftrag der KMK hat ein Autorenteam unter der Leitung von Helmke ein Konzept und entsprechende Werkzeuge für eine evidenzbasierte Unterrichtsdiagnostik entwickelt (EMU: Evidenzbasierte Methoden der Unterrichtsdiagnostik und -entwicklung). Der Begriff »evidenzbasiert«, bisher eher in der Medizin gebräuchlich, meint »auf der Basis empirisch zusammengetragener und bewerteter wissenschaftlicher Erkenntnisse erfolgend«.

EMU ist ein praktikables, flexibel einsetzbares und offen ausgestaltbares Instrument, um den Unterricht datengestützt weiterzuentwickeln. Kern des Ansatzes ist es, Daten über den eigenen Unterricht zu gewinnen und diese Daten zu nutzen, um den Unterricht zu verbessern. Im Idealfall wird der Unterricht mehrperspektivisch von der unterrichtenden Lehrkraft, einem hospitierenden Kollegen und den Schülern selbst auf seine Qualität hin beurteilt. »Die vergleichende Betrachtung dieser drei Urteilsperspektiven dient dazu, eigene Sichtweisen zu verdeutlichen, zu bestätigen oder zu korrigieren, die Einseitigkeiten der subjektiven Wahrnehmung zu überwinden und blinde Flecken zu beseitigen« (Helmke et al. 2012, S. 182).

Es werden Fragebögen eingesetzt, die den Fokus auf zentrale Dimensionen der Unterrichtsqualität richten. Für diese Zwecke werden im Netz vielfältige Materialien wie Fragebögen für die drei Zielgruppen, ein EDV-Tool zur Auswertung und Visualisierung der Ergebnisse kostenfrei zur Verfügung gestellt (www.unterrichtsdiagnostik.info).

»Umgang mit Vielfalt«

In vorliegendem Kontext nun interessant, haben die Autoren ein Zusatzangebot für den »Umgang mit Vielfalt« entwickelt.

Auch gilt das Grundprinzip von EMU: Zwar kann die Angemessenheit von Maßnahmen für bestimmte Schülergruppen von einer hospitierenden Lehrperson nicht immer klar beurteilt werden, doch in vielen Fällen kann schon aufgrund der bloßen Beobachtung einer zusätzlichen Lehrkraft beurteilt werden, ob eine Maßnahme für bestimmte Schülergruppen angemessen ist.

Im Folgenden werden die Items aufgeführt, die für die unterrichtende Lehrkraft vorgeschlagen werden. Entsprechend sind sie auf die hospitierende Lehrkraft zu modifizieren (vgl. obige Internetseite):

- Ich habe den unterschiedlichen Vorkenntnissen Rechnung getragen.
- Ich habe den Lernvoraussetzungen von Schüler/innen mit unterschiedlichem Sprachhintergrund Rechnung getragen.
- Ich habe berücksichtigt, dass es unter den Schüler/innen unterschiedliche Lernpräferenzen gibt.
- Ich habe den Interessen unterschiedlicher Schüler/innen Rechnung getragen.
- Ich habe den besonderen Lernvoraussetzungen von Schüler/innen mit besonderem Förderbedarf Rechnung getragen (Inklusion).
- Ich habe geschlechtsspezifische Unterschiede berücksichtigt.
- Es gab Spielräume, dem eigenen Lerntempo entsprechend zu lernen.
- Es gab Spielräume, um individuell unterschiedliche Lernwege zu berücksichtigen.
- Es gab Spielräume, um dem unterschiedlichen Bedarf an Hilfsmitteln Rechnung zu tragen.
- Es gab unterschiedlich schwierige Aufgaben.
- Es gab Aufgaben mit unterschiedlich gestuften Hilfen.
- Es gab qualitativ differenzierendes Lern- und Arbeitsmaterial.
- Es gab quantitativ differenzierendes Lern- und Arbeitsmaterial.
- Mein Unterricht hat sich an den individuellen Förderplänen orientiert.
- Ich habe mich einzelnen Schüler/innen mit besonderem Unterstützungsbedarf zugewendet.
- Ich habe für Lernarrangements (Medien, Material, Organisationsformen) gesorgt, die individuelles Lernen ermöglichen.
- Die Schüler/innen hatten die Möglichkeit, je nach Interesse oder Lernpräferenz zwischen unterschiedlichen Aufgaben, Medien oder Lernwegen zu wählen.
- Die Schüler/innen hatten die Möglichkeit, je nach Vorkenntnisniveau zwischen unterschiedlichen Aufgaben, Medien oder Lernwegen zu wählen.
- Im Unterricht wurde ein Helfersystem (tutorielles Lernen, Lernen durch Lehren) praktiziert.
- Die Schüler/innen konnten phasenweise in individuellem Tempo lernen.

Damit EMU zum Erfolg führen kann, müssen, so die Autoren, einige Rahmenbedingungen erfüllt sein:

EMU sollte im Team erfolgen. Lehrertandems sollten sich wechselseitig im Unterricht besuchen, Unterrichtsbeobachtungen durchführen und anhand dieser Beobachtungen miteinander über ihren Unterricht konstruktiv sprechen. Wir verweisen auf positive Ergebnisse mit dem Konstanzer Trainingsmodell (KTM), das zwar in anderem Kontext, doch in ähnlicher Tandemstruktur erfolgreich evaluiert werden konnte (Humpert/Dann 2012, insbesondere S. 199–208).

EMU sollte möglichst von vielen Tandems einer Schule genutzt werden, damit die gesamte Schule davon lernen kann.

5.6 Förderpläne

Da in den meisten Bundesländer mittlerweile Förderpläne von den Lehrern verlangt werden, liegt dazu auch umfangreiches Material vor, so in gedruckter Form (z. B. Kress et al. 2010) oder auf den Bildungsservern der Landesinstitute (z. B. für Hessen: igs.bildung.hessen.de/unterricht/lernplan.pdf; für Baden-Württemberg: www.kultusportal-bw.de/servlet/PB/show/1264824/BBBB_mit%20Lesezeichen.pdf). Auf diese Quellen wird im Folgenden Bezug genommen.

Manchmal wird anstelle des Begriffs des Förderplans, der seine Tradition in der Sonderpädagogik hat, auch der Begriff des Lernplans verwendet. Im Idealfall sollen solche Pläne jeden einzelnen Schüler unterstützen. Wo dies nicht möglich ist, können besondere Schülergruppen Pläne erhalten, wie sehr gut begabte Schüler, Schüler mit Teilleistungsschwächen (z. B. Leserechtschreibschwäche, Dyskalkulie oder ADHS) oder Schüler mit Defiziten oder Bedarf im sozialen Bereich.

Vertrag zwischen Lernenden und Lehrenden

Ein Förderplan ist eigentlich eine Art Vertrag zwischen Lernenden und Lehrpersonen. Dabei wird zunächst ein Stärken-/Schwächenprofil erstellt und dann gemeinsam vereinbart bzw. geplant, welche Kompetenzbereiche gefördert werden sollen. Diese Zielfestlegungen werden schriftlich fixiert und ermöglichen somit auch eine Erfolgskontrolle.

5.6.1 Sinn von Förderplänen

Förderpläne bilden die Grundlage für planvolles pädagogisches Handeln. Sie dienen nicht nur der Überprüfung der Ziele oder der Qualitätssteigerung im Unterricht, sondern sie sind ein Instrument einer individuellen und damit auch ganzheitlichen Förderung von Schülern. Sie bleiben somit nicht nur auf die Entwicklung fachlicher Kompetenzen beschränkt, sondern nehmen die Gesamtentwicklung, die personale Kompetenz ebenso wie die soziale Kompetenz von Lernenden in den Blick. Sie können als methodisches Hilfsmittel zur Planung, Strukturierung und auch Kommunikation einer individualisierten Lernförderung gesehen werden.

Schüler sollen lernen, sich selbst Ziele zu setzen und diese auch zu überprüfen.

Förderpläne sind ähnlich wie Hausaufgaben ein Bindeglied zwischen Schule, Schüler und Zuhause. Es kommt zu einem produktiven Dialog mit allen Beteiligten.

Sie setzen weniger an den Defiziten der Schüler an, sondern eher an den besonderen Fähigkeiten/Potenzialen.

Unter den Lehrern kommt es zu einem besseren Verständnis, auf welche übergreifenden Qualifikationen sie Wert legen wollen. Somit erhalten die Lehrer auch eine Orientierung, wo sie ihre Schwerpunkte setzen wollen.

Im Zuge einer zunehmenden Hinwendung zu einer Schülerselbstbeurteilung in der Neuen Lernkultur (5.4.2) sollten die Schüler daran gewöhnt werden, ihren gesamten Lernprozess selbst in die Hand zu nehmen.

5.6.2 Kriterien für das Erstellen

Sie müssen alltagstauglich sein, d.h. besonders altersangemessen und konkret. Sie sollen kommunizierbar, realitätsbezogen, fortschreibbar und auch handhabbar sein. Sie müssen für Schüler wie auch für Eltern transparent gemacht werden. Die Schüler sollen die Ziele als die ihrigen begreifen.

5.6.3 Konkrete Schritte

In der Praxis sind viele Formen und Modelle denkbar. Für die Erstellung eines individuellen Lernplanes sind folgende Schritte sinnvoll (igs.bildung.hessen.de):

Lernvoraussetzungen feststellen

Zuerst wird der Istzustand erfasst und erhoben. Mit verschiedenen diagnostischen Mitteln werden Informationen erfasst und Daten zu einzelnen Bereichen erhoben. Je genauer der Entwicklungsstand und die Lernausgangslage des Lernenden ermittelt wird, desto exakter kann der individuelle Förderplan später gestaltet werden.

Es soll herausgefunden werden,

- welche Kompetenzen das Kind besitzt
- welche Lösungswege es bevorzugt, um ein Ziel zu erreichen

- inwieweit es besser alleine, mit einem Partner oder in der Gruppe arbeitet
- welche besonderen Interessen es aufweist
- wo Lernprobleme bestehen

Zusätzliche Informationen über den Schüler sammeln

Eltern und Schüler sind wichtige Partner im Förderplanprozess. Nicht über ihre Köpfe hinweg sollen Maßnahmen erarbeitet werden, sondern gemeinsam mit ihnen findet ein Nachdenken darüber statt, in welche Richtung die pädagogische Förderung gehen soll, wer welche Verantwortung übernimmt und an welchen Merkmalen Fortschritte zu bemerken sind.

Elterngespräche Durch Elterngespräche können wichtige Informationen über die Kinder und die Vorstellungen der Eltern gewonnen werden:

- Wo sehen die Eltern die Potenziale ihrer Kinder (außerschulischer und innerschulischer Bereich), worauf sind Eltern und Kinder besonders stolz?
- Wo sehen die Eltern die Schwächen ihrer Kinder? Wo nehmen sie ihre Probleme wahr (innerschulischer und außerschulischer Bereich)?
- Ziele und Wünsche der Eltern für ihre Kinder: kurzfristig (bis Ende des Schuljahres) und langfristig (Schulzeit).

Der Schüler und seine Situationswahrnehmung werden miteinbezogen. Die Schüler werden aufgefordert, Tätigkeiten und Bereiche aus einzelnen Fächern zu nennen, die sie ihrer Meinung nach nicht so gut können; aber auch Probleme beim Umgang mit der Klasse und außerschulische Angelegenheiten sollen thematisiert werden. In der Regel können die Schüler sich selbst sehr gut einschätzen und kennen ihre zu fördernden Bereiche.

Der Lehrer oder das Lehrerteam bringen im Gespräch ihre Sichtweise mit ein. Doch der Schüler sollte die Lehreranregungen mitübernehmen.

Individualisierte Zielbestimmung

Nach erfolgter Bestandsaufnahme können nun die Informationen analysiert und ausgewertet werden. Bei diesem Schritt wird deutlich gemacht, welche Schwerpunkte für den Schüler relevant sind und welche zunächst in den Hintergrund treten. Entsprechend den einzelnen Bereichen werden Ziele formuliert. Je präziser und konkreter dies geschieht, desto praktikabler wird dann die Arbeit mit dem Förderplan. Die Planung kann sich auf Themen und Inhalte einzelner Fächer beziehen, es können aber auch Förderbereiche mit sozialen Kompetenzen oder Profile der Lern- und Arbeitstechniken festgelegt werden.

Konkrete Ziele formulieren

Es geht um den Aufbau oder die Erweiterung bestimmter Kompetenzen bei einzelnen Schülern. Diese Kompetenzen sollten auch im Lehrplan der jeweiligen Stufe enthalten sein.

Lernpläne erstellen

Im konkreten Plan werden nun die Ziele eingetragen. Sie müssen als Handlungsanweisung formuliert werden.

Die festgeschriebenen Ziele sollen durch entsprechende Maßnahmen erreicht werden. Dazu wird ein individueller Förderplan erstellt, indem Vereinbarungen zu sinnvollen Förder- und Änderungsmaßnahmen getroffen werden. Es sollte auch festgehalten werden, welche Personen wie eingebunden bzw. verantwortlich sind, wie lange die Fördermaßnahme gilt und in welcher Form der Erfolg kontrolliert werden soll. Die schriftlich fixierten Pläne sollten von allen Beteiligten unterschrieben werden.

Vereinbarungen treffen

Die Umsetzung des Förderplanes stellt die eigentliche Arbeit im Unterricht dar und nimmt die meiste Zeit in Anspruch. Im Rahmen der täglichen Unterrichtsarbeit werden die Lernenden konstruktiv begleitet.

Feedback, Reflexion, Korrektur

Nach Ablauf der Zeitspanne wird bewertet, inwieweit die gesetzten Ziele erreicht wurden und die durchgeführte Förderung erfolgreich war. Es wird ein Vergleich zwischen der Zielsetzung und der Entwicklung sowie dem erreichten Lernstand gezogen.

Diese Zielkontrolle ist die Basis für Neuformulierung und Modifizierung neuer individueller Förderpläne und Zielvereinbarungen. Die gewonnenen Einsichten und gezogenen Konsequenzen sind ein wichtiger Schritt, der gegebenenfalls in eine neue Förderspirale mündet.

Zielkontrolle

Dies alles wird auf dem Bogen unter der entsprechenden Rubrik eingetragen. Das Feedback der Eltern sowie der Schüler sollte hier mit einfließen.

5.6.4 Beispiel von Förderplänen

Software zur Förderplanerstellung

Es gibt Software zum Erstellen von Förderplänen (siehe z. B.: www.foerderplaner.de/downloads/foerderplaner_v2_dokumentation.pdf). Im Folgenden wird aus Kress et al. 2010 eine Checkliste vorgestellt, anhand derer selbstständig Förderpläne entworfen werden können (S. 153):

Gestaltung und Verwendung von Förderplänen

1. Für wen sollen Förderpläne geschrieben werden?
   - ❏ für alle
   - ❏ für Leistungsschwache
   - ❏ für Hochbegabte

2. In welchem Turnus sollen die Förderpläne ausgefüllt werden?
   - ❏ halbjährlich (Anbindung an die Zeugniskonferenzen)
   - ❏ vierteljährlich
   - ❏ in bestimmten Fällen häufiger

3. Wer soll die Pläne ausfüllen?
   - ❏ Anwesende bei Zeugniskonferenz gemeinschaftlich
   - ❏ alle die/den Schüler/in unterrichtenden Lehrer/innen (Umlaufverfahren)
   - ❏ das jeweilige Förderteam (Umlaufverfahren)

4. Wem sollen die Pläne vorgelegt werden (können)?
   - ❏ den Kolleg/innen
   - ❏ dem/der betroffenen Schüler/in der Schulaufsicht
   - ❏ bei Minderjährigen den Erziehungsberechtigten (Abendrealschule)

5. Welche Angaben soll der Plan enthalten?
   - ❏ Nennung der jeweiligen Schwächen/Unterstützungsbereiche
   - ❏ Nennung der jeweiligen Stärken
   - ❏ Hintergrundinformationen (Testergebnisse, soziales Umfeld …)
   - ❏ konkrete Förderziele, konkrete Fördermaßnahmen
   - ❏ Ort, Zeit und voraussichtliche Dauer der Fördermaßnahmen
   - ❏ Evaluationsergebnisse und Konsequenzen
   - ❏ Unterschrift der Eltern (nur in bestimmten Fällen)
   - ❏ Unterschrift des Schülers (Lernvertrag) (in bestimmten Fällen)

6. Wie frei sollen die Eintragungen formuliert werden (können)?
   - ❏ individuelle freie Formulierungen
   - ❏ Textbausteine (Auswahl aus vorgegebenen Formulierungen)
   - ❏ Kriterienkatalog zum Ankreuzen
   - ❏ Mischung

7. In welcher Form sollen die Förderpläne fixiert werden?
   - ❏ Papier
   - ❏ PC

Aus der gleichen Quelle wird ein Förderplan aus der Sekundarstufe vorgestellt (S. 153):

Förderplan für: Ali Gömken, Klasse 5a		
persönliche Stärken und Schwächen	**besondere Rahmenbedingungen**	**federführend/ zuständig ab**
+ sehr großes Interesse an Technik/Computern; »Tüftler«; sehr fleißig – sehr schwache Orthografie	In der Familie wird fast nur Türkisch gesprochen.	Hr. Naujock/16.01.09 Fr. König/27.05.09
Grund der Förderung	**Maßnahmen/Ziele, Fristen, Akteure**	**Ergebnisfeststellung, Datum**
besonderes Talent im Bereich Informatik *16.01.09 Naujock*	Aufnahme in Computer-AG ab 27.01.09 *Naujock*	gute Mitarbeit in Computer-AG; kann drinbleiben *27.05.09 Naujock*
Rechtschreibtest mit Lernserver am 14.01.09; dringender Förderbedarf *21.01.09 König*	gezielte Förderung mit Lernserver-Materialien in unserer neuen LRS-Gruppe (ab Herbst 09) *27.05.09 König*	
Kommentare an der Förderung beteiligter Kollegen		
Rechtschreibung auch in Geschichte sehr schwach; *Fritz 10.03.09* dito in Geografie; dringender Förderbedarf, *Ellinghaus 24.03.09*		

5.7 Adaptive Lehrkompetenz

Mit Blick auf Heterogenität lautet ein Fazit aus den großen Schulleistungsstudien: Eine große Anzahl der Schülerinnen und Schüler hätte aufgrund ihrer Lesekompetenz durchaus eine höhere Schullaufbahnempfehlung erhalten können. Die Homogenisierung in (drei oder vier) Schularten nach vermeintlicher Leistung gelingt (bisher) nicht.

Hattie (2012) geht davon aus, dass erfolgreiche Lehrkräfte Experten mit adaptiven Kompetenzen sind: »Teachers are adaptive learning experts who know where students are on the continuum from novice to capable to proficient, when students are and are not learning, and where to go next, and who can create a classroom climate to attain these learning goals« (S. 99).

Makro- und Mikro-Ebene

Corno und Snow (1986) unterscheiden bei Adaptivität eine Makro-Ebene von einer Mikro-Ebene. Bei Ersterer geht es um die Anpassung von Inhalt, Methode, Medien/Materialien, Sozialform und Lernzeit an die Voraussetzungen der Schüler, bei der Letzteren um die Anpassung in den Lehrer-Schüler-Interaktionen.

Wenn das Lehren und Lernen für möglichst viele Schüler mit verschiedenem Vorwissen, unterschiedlichen Lernvoraussetzungen und je unterschiedlich verlaufenden Lernprozessen erfolgreich abläuft, spricht man von einem guten Unterricht mit der dafür kennzeichnenden Qualität, dass das Gelernte nicht nur erworben, sondern auch verstanden worden ist. Ein Lehrer, der es schafft, »das Lehr-Lern-Geschehen unter bestmöglicher Berücksichtigung der inhaltlichen Anforderungen des Unterrichtsinhaltes (Sachkompetenz), der Vielfalt der Wissens- und Lernvoraussetzungen und der Lernverläufe der Schüler sowie der situativen Aspekte des Lernens (diagnostische Kompetenz), der Möglichkeiten und Chancen der didaktischen Gestaltung der Lernsituationen (didaktische Kompetenz), der pädagogischen Maßnahmen zur Steuerung, Führung und Begleitung einer Schülergruppe oder Klasse (Klassenmanagement) erfolgreich zu orchestrieren, verfügt über eine gut entwickelte und differenzierte ›adaptive Lehrkompetenz‹« (Beck et al. 2008, S. 37).

Adaptive Lehrkompetenz

Es geht also darum, dass von einem Lehrer mit adaptiver Lehrkompetenz folgende Kompetenzen vorausgesetzt werden:

- *Sachkompetenz:* reichhaltiges, flexibel nutzbares eigenes Sachwissen, in dem sich der Lehrer leicht und rasch bewegen kann.
- *Diagnostische Kompetenz:* die Fähigkeit, bezogen auf den jeweiligen Unterrichtsgegenstand, die Lernenden bezüglich ihrer Lernvoraussetzungen und -bedingungen (Vorwissen, Lerntempo, Lernschwächen usw.) sowie ihrer Lernergebnisse zutreffend einschätzen zu können. Die Forschungsergebnisse zeigen, dass hier bei den Lehrern Defizite vorliegen (Haag 2008). So wurde beispielsweise in der PISA-Studie festgestellt, dass deutsche Lehrer nur sehr begrenzt in der Lage waren, die Lesekompetenz ihrer Schüler korrekt einzuschätzen (Helmke 2003, S. 84–104).
- *Didaktische Kompetenz:* reichhaltiges methodisch-didaktisches Wissen und Können, wozu auch gehört, dass der Lehrer die Vor- und Nachteile der einsetzbaren didaktischen Möglichkeiten und die Bedingungen kennt, unter denen diese Erfolg versprechend eingesetzt werden können.
- *Klassenführungskompetenz:* die Fähigkeit, eine Klasse so zu führen, dass sich die Lernenden aktiv, anhaltend und ohne ein Zuviel an stö-

renden Nebenaktivitäten mit dem Unterrichtsgegenstand auseinandersetzen können.

Diese vier Kompetenzen lassen sich jeweils in adaptive Planungs- und Handlungskompetenzen aufschlüsseln. Diese Wechselwirkung zeigt Guldimann (2010) in Bezug auf die Klassenführungskompetenz von Berufseinsteigern und erfahrenen Lehrern auf. Während sich die Novizen bei ihrer Klassenführung auf disziplinarische Maßnahmen konzentrieren, gelingt es den erfahrenen Lehrern aufgrund ihrer adaptiven Planungskompetenz, Konflikte in der Klassenführung gar nicht erst aufkommen zu lassen, weil der Unterricht durch sorgfältige Planung sachlich und gut strukturiert ist, adäquates Lernmaterial bereitgestellt ist und rechtzeitig und konsequent die erwünschten Verhaltensregeln in der Klasse etabliert wurden.

Einem mit hoher adaptiver Lehrkompetenz ausgestattetem Lehrer gelingt es,

- »bei aller Individualität und Heterogenität der Schülerinnen und Schüler,
- in genauer Kenntnis des Unterrichtsinhalts,
- unter Ausschöpfung eines didaktischen Repertoires und
- durch Führung und Begleitung des Lernenden, einer Lerngruppe oder Schulklasse

den Unterricht so zu gestalten, dass möglichst viele Schülerinnen und Schüler ihren Voraussetzungen und Möglichkeiten entsprechend lernen und verstehen können. Eine Lehrperson mit adaptiver Lehrkompetenz schafft optimale Voraussetzungen für ›guten Unterricht‹« (Guldimann 2010, S. 260).

Merkmale hoher adaptiver Lehrkompetenz

Dabei zeigt das Attribut »adaptiv« den Prozesscharakter an. »Adaptiv-Sein« bedeutet, Unterschiede der Schüler während des Lernens und Schlüsselmomente in Lehr-Lern-Prozessen wie Nicht-Verstehen, Abschweifen oder Störungen sensibel wahrzunehmen und je situationsgerecht mit angemessenen didaktischen Maßnahmen darauf zu reagieren. Es gilt auch, Situationsmomente und Handlungsalternativen zu antizipieren und bereit zu sein zu reagieren, wenn eine Handlungsanpassung an eine neue Situation erwünscht bzw. erforderlich ist. »Adaptive Lehrkompetenz ist die fachübergreifende Voraussetzung für eine subjektorientierte Betrachtung- und Handlungsweise der Lehrperson beim Unterrichten« (Beck et al. 2008, S. 39).

Hattie (2012) drückt es so aus: »These teachers have high levels of empathy, and know how ›to see learning through the eyes of the students‹ and show students that they understand how they are thinking and how then their thinking can be enhanced« (S. 100).

Zu dem bisher Gesagten fügt er noch folgende Ergänzung bei: »Indeed, a powerful way in which to see such learning through the eyes of the students is to listen to student questions, and how students then answer their peers' questions« (S. 100).

Forschungsprojekt mit 50 Schulklassen

In einem dreijährigen Forschungsprojekt mit 50 Schulklassen (Primarstufe und Sekundarstufe I; Versuchs- und Kontrollklassen) wurde das Konzept der adaptiven Lehrkompetenz als Voraussetzung für den Umgang mit Heterogenität und Individualität im schulischen Lernen untersucht (Beck u. a. 2008). Durch eine Interventionsstudie wurde die adaptive Lehrkompetenz gefördert, und so konnten die Wirkungen adaptiver Planungs- und Handlungskompetenz auf den Unterricht und das schulische Lernen überprüft werden.

In folgenden zwei Abbildungen wird der Erfolg bei Lehrkräften mit hoher adaptiver Lehrkompetenz deutlich.

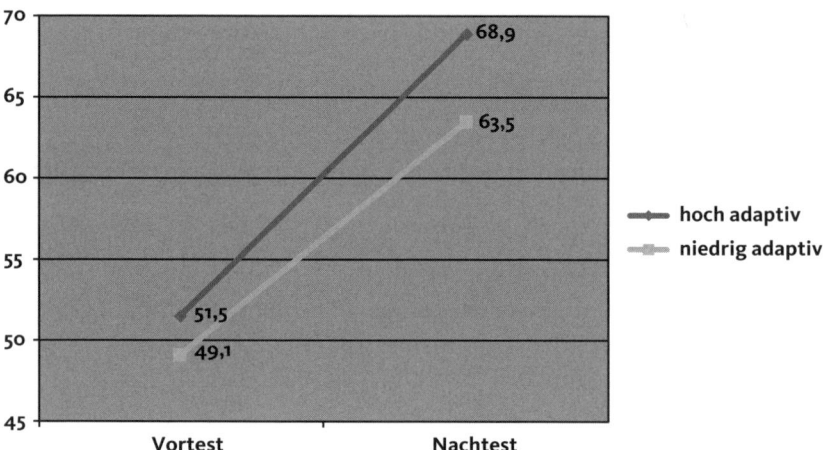

Abb. 14: Vergleich des Leistungszuwachses bei Klassen von Lehrpersonen mit hoher bzw. niedriger adaptiver Lehrkompetenz (Beck et al. 2008, S. 119, Abb. 12)

Hier finden sich signifikante Unterschiede: Wenn man die Leistungen des Vortests mitberücksichtigt, beträgt der Leistungszuwachs bei der Gruppe mit hohen adaptiven Lehrkompetenzen 3 Punkte mehr als bei den Lehrpersonen mit niedrigeren adaptiven Lehrkompetenzen.

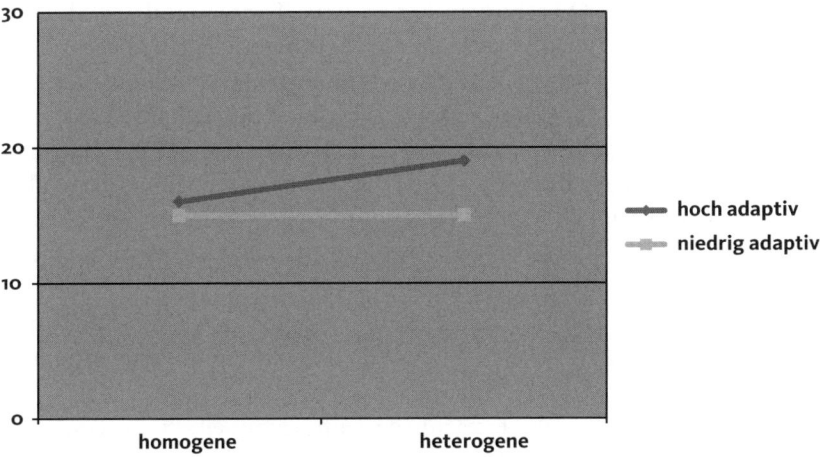

Abb. 15: *Adaptive Lehrkompetenz in Abhängigkeit von der Leistungsheterogenität der Klassen (Beck et al. 2008, S. 127, Abb. 15)*

Bemerkenswerterweise fallen die Leistungszuwächse bei den leistungsheterogenen Klassen sogar höher aus als bei den leistungshomogenen Klassen. Adaptivere Lehrkräfte erreichen mit leistungsheterogenen Klassen durchschnittlich einen um 4,6 Punkte signifikant größeren Lernfortschritt als Lehrkräfte mit geringerer adaptiver Lehrkompetenz.

Zusammenfassend lassen sich folgende Merkmale adaptiven Unterrichts angeben:

Merkmale adaptiven Unterrichts

- Grundverständnis: kognitiv konstruktivistisch
- Fokus auf Prozesscharakter des Unterrichts
- sensibel für Verschiedenartigkeit der Schüler
- Schlüsselprobleme des Lernens erkennen und darauf angemessen reagieren

5.8 Merkmale gelingender individueller Förderung bei Nachhilfe

Eine besondere Form der individuellen Förderung ist der Nachhilfeunterricht. Wie gehen Nachhilfelehrer in der Praxis vor? Die Beantwortung dieser Forschungsfrage war uns wichtig, um Anhaltspunkte zu erhalten, welche blinden Flecken oder Einseitigkeiten das Handeln von Nachhilfelehrern beeinflussen.

In ersten Studien konnte geklärt werden, auf welche Wirkfaktoren und tatsächlich ablaufenden Prozesse es bei erfolgreichem Nachhilfeunterricht ankommt (Mischo/van Kessel 2005; Thomas et al. 2006). Wissen hierzu könnte genutzt werden, um zielführende Formen der Individualisierung und Differenzierung auch im Regelunterricht aufzuzeigen.

Videoaufzeichnungen

Die Erfassung des Lehrerhandelns in Interaktion mit ihren Nachhilfeschülern erfolgte über audiovisuelle Aufzeichnungen. Grundlage der Analyse und Beurteilung des Lehrerhandelns waren die vorliegenden Videoaufzeichnungen. Fünf Wirkfaktoren (3.4) konnten identifiziert werden, und ihre Bedeutsamkeit wurde auf einer Skala von 1 bis 5 von unabhängigen Ratern eingeschätzt.

Exemplarisch soll hier die Variable »Instruktionsquantität« (»time on task«) aufgeführt werden. Sie wurde folgendermaßen operationalisiert:

Ein Indikator war die tatsächliche Unterrichtszeit. Dazu wurde die Zeit, die mit dem Nachhilfeunterricht verbracht wurde, gemessen und der Zeit, die anderweitig verbracht wurde, gegenübergestellt. Indikatoren dafür waren:

- Schüler erzählt von sich.
- Lehrkraft erzählt von sich.
- Lehrkraft macht einen Witz.
- Lehrkraft lässt sich ablenken.

Den Wert 5 sollten die Rater vergeben, wenn sich die Lehrkraft bemühte, die Nachhilfezeit effektiv zu nutzen, ohne sich zu Ablenkungsmanövern verleiten zu lassen und sich in Nebensächlichkeiten zu verlieren.

In der Abbildung 16 sind unsere Forschungsergebnisse zusammengefasst. Wir konnten vier Gruppen von Nachhilfelehrern identifizieren, und vor allem, wir können diese Gruppen mit den erzielten Leistungsverbesserungen auf Schülerseite in Beziehung setzen.

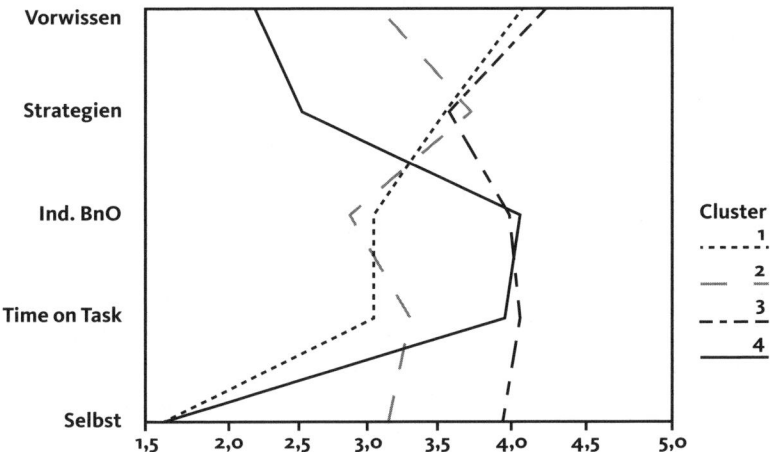

Abb. 16: Vier Cluster von Nachhilfelehrern; Vorwissen: Vorwissen sichern; Strategien: Lernstrategien; Ind. BnO: individuelle Bezugsnorm; Time on task: »time on task«; Selbst: selbstorganisiertes Lernen

Cluster 1

Die zur Verfügung stehende Nachhilfezeit ist der Nachhilfekraft sehr wichtig. Lediglich beim Profil von Cluster 2 wird die Lernzeit intensiver genutzt.

Die Nachhilfezeit wird am ehesten damit verbracht, dass die Nachhilfekraft sich auf das Leistungsniveau des Schülers einlassen möchte.

Es fehlen jedoch deutlich das Vermitteln des Vorwissens und das Fördern selbstkontrollierten Lernens. Auch das Vermitteln von Lernstrategien kommt unserer Meinung nach zu kurz.

Es ist anzunehmen, dass hier eine lehrerzentrierte Nachhilfe stattfindet, indem viel erklärt und auf den Schüler eingegangen wird. Doch die Nachhaltigkeit von Nachhilfe ist in Frage zu stellen.

Cluster 2

Bei diesem Cluster sind durchgängig mittlere Werte beobachtbar. Tendenziell wird auf die Vermittlung von Strategien mehr Wert gelegt. Nachhilfe dürfte eher langfristig wirksam sein. Die Effektivität von Nachhilfe könnte auf sich warten lassen.

Cluster 3

Bei Cluster 3 sind insgesamt überdurchschnittliche Werte erkennbar bei auffälliger Akzentuierung des Sicherns des Vorwissens.

Dies ist in der Studie der effektivste Nachhilfetyp, schnelle Direkthilfe wird gewährleistet bei langhaltigem Effekt durch einen sogenannten »Deep-Level-Approach« (Verständnisvermittlung statt reines Auswendiglernenlassen).

Cluster 4

Hier geht es um eine schnelle Direkthilfe durch Sicherung des Vorwissens mit geeigneten Strategien. Allerdings scheint die Lehrkraft weniger Wert auf selbstkontrolliertes Lernen zu legen, wodurch möglicherweise ein lehrerzentrierter Nachhilfeunterricht entsteht. Indem die Nutzung der Nachhilfezeit im mittleren Bereich liegt, scheint deren effiziente Nutzung weniger bedeutsam zu sein; womöglich werden bewusst Pausen eingelegt, oder die Nachhilfekraft gibt Raum für nachhilfeferne Aktivitäten. Obwohl der Ansatz, Vorwissen mit entsprechenden Strategien zu vermitteln, durchaus berechtigt ist, wäre die Nachhilfe bei einer strafferen Zeitnutzung effektiver!

Weitere Schlüsse und Folgerungen aus unseren Forschungsergebnissen:

Folgerungen
- Bei »time on task« ist noch »Luft nach oben«. Bis zu 34 Prozent der zur Verfügung stehenden Nachhilfezeit wird nicht genutzt.
- Die Bedeutung von »selbstkontrolliertem Lernen« bleibt weitgehend unterrepräsentiert.
- Insgesamt wird (zu) viel Zeit mit Lehrererklärungen verbracht (Lehrer- statt Schüler- Zentrierung).

Möchte man provozieren, ließe sich das Ergebnis auch folgendermaßen interpretieren: Wenn man die reine genutzte Lernzeit als Maß nimmt, bekommt ca. ein Drittel der Nachhilfekräfte, nachdem sie drei Nachhilfestunden erteilt haben, die vierte umsonst bezahlt.

Diese mikroskopisch erfolgte kleinschrittige Dokumentation über blinde Flecken und Einseitigkeiten des Handelns von Nachhilfelehrern sollte auch Mahnung für den Regellehrer sein. Die didaktischen Konsequenzen, formuliert als Mindeststandards für jede Form von Förderunterricht, müssten sein:

- Wie im Regelunterricht der hohe Anteil echter Lernzeit ein Merkmal guten Unterrichts ist (1.2), so muss es auch im Förderunterricht um gutes Zeitmanagement, Pünktlichkeit und Auslagerung von Organisationskram gehen. Die zur Verfügung stehende Zeit sollte auch für Fördermaßnahmen genutzt werden.
- Zumindest sollte nicht die Regel sein, was wir hin und wieder von Studierenden aus ihren Praktika zu hören bekommen: Eine an den

Vormittag entweder gleich angehängte Förderstunde oder die Zeit kurz nach einer Pause wird von Lehrkräften unter »time on task«-Aspekten etwas zu locker gesehen, sei es dass der Lehrer erst noch schnell was kopiert, sei es dass die Schüler gemächlich eintrudeln.
- Die Sicherung des Vorwissens sollte im Förderunterricht absolute Priorität haben. Wenn beispielsweise Förderstunden nur zur kontrollierten Hausaufgabenbetreuung genutzt werden, dann kommt dieser Aspekt, wenn die Hausaufgaben sich auf aktuellen/neuen Stoff beziehen, zu kurz.
- Das Vermitteln von Lernstrategien sollte beim Förderunterricht zu einem durchgängigen Prinzip werden.
- Wenn dann noch das Anbahnen selbstorganisierten Lernens mitberücksichtigt wird, dann wäre Förderunterricht weniger als schnelle Direkthilfe, sondern als eher langfristig angelegtes Arbeiten zu verstehen mit dem Anspruch auf nachhaltigen »Deep-Level-Approach«.

5.9 Umgang mit Heterogenität

Abschließend sollen nochmals Pädagogen zu Wort kommen, wie sie gerade einen erfolgreichen Umgang mit Heterogenität sehen.

Trautmann/Wischer (2011) heben folgende Anforderungen an professionelles Lehrerhandeln hervor:

- Als Grundvoraussetzung wird auf die Einstellung der Lehrer abgehoben. Heterogenität soll nicht als Belastung, sondern als Bereicherung und Chance betrachtet werden.
- Lehrkräfte benötigen eine hohe diagnostische Fähigkeit, um die individuellen Fähigkeiten als Voraussetzungen für Förderentscheidungen einschätzen zu können.
- Lehrer benötigen ein breites Repertoire an Unterrichtsstrategien, um sie adaptiv einsetzen zu können.

Wellenreuther (2008) schlägt folgenden Umgang mit Heterogenität vor. Er formuliert fünf Thesen:

- »Lehrer sollten mehr Mut für verständliches Erklären, Diskutieren und Strukturieren aufbringen, weil professioneller Unterricht ohne eine sorgfältige Entwicklung von Erklärungen nicht möglich ist. […]
- Unterrichtsmaterialien und individueller Lernstand müssen zusammenpassen. […]

- Die effektive Förderung der schwächeren Schüler setzt ein anderes System des Helfens, Erklärens und Beurteilens von Leistungen voraus. [...]
- Nachhaltig gelernte, in vielfachen Kontexten angewandte, fest verankerte Inhalte und Fertigkeiten benötigen Zeit. Um die erforderliche Zeit zu gewinnen, müssen professionelle Erklärungen dargeboten und mit den Kindern entwickelt werden sowie Tests zur Steuerung des nachfolgenden individuellen Lernangebots genutzt werden. [...]
- Schulische Praxis muss sich wie die Medizin auf strenge experimentelle Forschung stützen« (S. 187).

Riecke-Baulecke (2001) fragt, wie ein Unterricht beschaffen sein muss, der gleichzeitig alle Schüler fördert. Ein solcher Unterricht ist dadurch gekennzeichnet:

- »Es gibt klare Regeln, die Schüler und Lehrer miteinander vereinbart haben. Der Lehrer sorgt für die konsequente Einhaltung der Regeln.
- Die Unterrichtszeit wird intensiv für die Behandlung des Unterrichtsstoffs genutzt.
- Das Lernen findet häufig in Kleingruppen statt.
- Der Schwierigkeitsgrad von Aufgaben wird so variiert, dass die Schüler entsprechend ihren Fähigkeiten häufig mit anspruchsvollen Fragen konfrontiert sind.
- Gleichzeitig findet keine Überforderung der Schüler statt, indem schwierige Fragen dosiert eingesetzt werden.
- Schwächere Schüler werden besonders gefördert.
- Die Lehrer tolerieren Langsamkeit bei der Lösung von Aufgaben und reagieren mit Geduld und Gelassenheit auf Verzögerungen und Probleme beim Lernen.
- Die Lehrer zeigen eine diagnostische Sensibilität, wobei sie vor allem auch die affektiven Lernvoraussetzungen der Schüler wahrnehmen (zum Beispiel: Versagensängste).
- In der Klasse herrscht eine positive Stimmung, wozu Ermutigung durch den Lehrer und Humor gehört.
- Leistungsorientierter Unterricht wird nicht als Selbstzweck verstanden. Der Lehrer legt keinen eingeengten Leistungsbegriff zu Grunde und versteht es, Leistungsängste bei den Schülern abzubauen« (S.141).

Kiper (2008b) resümiert folgende Wege zum Umgang mit Heterogenität (S. 138 f.):

- Ausgleich von Vorkenntnisunterschieden
- Differenzierung mit Blick auf unterschiedlich umfangreiche oder anspruchsvolle Lernziele auf der Basis von Lernzieltaxonomien
- Differenzierung mit Blick auf das kognitive Niveau der Auseinandersetzung mit Fragestellungen und Problemen auf unterschiedlichen Denkniveaus
- Differenzierung mit Blick auf den Stoffumfang (Unterscheidung von Fundamentum und Additum)
- Verwendung unterschiedlicher Methoden, Medien, Arbeitsmaterialien
- Differenzierung mit Blick auf die Anzahl notwendiger Durchgänge für die Informationsaufnahme, -verarbeitung, -speicherung und -anwendung
- Differenzierung mit Blick auf das Ausmaß und den Grad der Hilfe
- Differenzierung mit Blick auf Kleinschrittigkeit bei der Aneignung der Inhalte
- Gewährung von mehr oder weniger Zeit für das Lernen, Wiederholen und Üben

Zusammenfassend kann man durch folgende Maßnahmen individuelle Unterschiede für den Unterricht nutzbar machen:

- Individualisierung
- Binnendifferenzierung
- Methodenkompetenz, d.h. korrekte Diagnose der Fähigkeiten, Einordnung in den Leistungszusammenhang der Schulklasse und dann die Schaffung entsprechender Lernarrangements
- Methodenvielfalt
- Einsatz von Förderplänen
- Einstellung der Lehrer: Heterogenität nicht als Belastung, sondern als Chance und Bereicherung

Kurz und präzise drückt es das Forum Bildung (2002) aus: Seinen Empfehlungen zufolge ist individuelle Förderung durch »differenzierte Lernangebote, neue Formen des Lehrens und eine zunehmende Selbststeuerung von Lernprozessen durch die Lernenden« (S. 23) realisierbar. Besonderes Augenmerk legen die Autoren auf den Ausbau der Ganztagsschulen. »Ganztagsschulen bieten zumindest für jüngere Kinder bessere Bedingungen für einen individuelle Förderung« (S. 23). Um sinnvolle Bildungsgänge soll es im folgenden Kapitel gehen.

6 Sinnvolle Bildungsgänge

Derzeit findet an unterschiedlichen Stellen ein Umbau des deutschen Schulsystems statt. Es geht sowohl um eine Erweiterung als auch um eine Neuorientierung der äußeren Differenzierung, was gleichsam einen Paradigmenwechsel der traditionell dreigliedrigen Schullandschaft bedeutet.

UN-Behindertenkonvention

Mit der Unterzeichnung der UN-Behindertenkonvention im Jahre 2009 durch die Bundesrepublik Deutschland ist eine Umgestaltung des Schulwesens in seiner inneren und äußeren Struktur verbunden. Dies bedeutet, dass an der Regelschule der Ausbau eines Förderangebots mit entsprechenden sonderpädagogischen Fachkräften eingeführt werden muss. Differenzierung bekommt eine neue Dimension, da bisher völlig ungewohnt in ein und derselben Klasse ein hochbegabtes sowie ein lernbehindertes Kind sitzen kann und beschult wird. Auf diese Inklusion soll hier nicht eingegangen werden. Verwiesen wird auf die in dieser Reihe vorliegende Publikation von Knauer (2008).

Infragestellung der Dreigliedrigkeit

Freilich, die Frage bleibt und darf gestellt werden, weshalb selektive Schulsysteme heute noch zeitgemäß sind. Was bedeutet eigentlich zu Ende gedacht die klassische Dreigliedrigkeit des bundesdeutschen Schulsystems, also die Aufteilung in Haupt-, Realschule und Gymnasium? Manche Autoren nehmen noch die Gesamtschule und als fünftes Glied die Sonder- bzw. Förderschulen dazu. Warum, wenn schon Gliedrigkeit, gerade die Zahl drei oder fünf?, so die etwas süffisante Frage. Ausgehend von den aktuellen Übertrittsquoten in Deutschland (Autorengruppe Bildungsberichterstattung 2012; Tabelle 18) könnte man doch fragen, weshalb, wenn schon von einem selektiven Schulsystem aus gedacht wird, nicht die große Gruppe der Gymnasiasten weiter aufgefächert werden sollte, nach dem Motto »Gymnasium für Gymnasiasten«. Also die Zahl der Gliedrigkeit könnte man sich noch weiter ausdifferenziert vorstellen.

Tab. 18: Übertrittsquoten 2010/11 (Bildungsberichterstattung 2012, S. 253)

Hauptschule	Realschule	Gymnasium	Integrierte Gesamtschule
14,4 %	23,2 %	41,4 %	11,9 %

Elsbeth Stern, Professorin an der ETH Zürich und eine der derzeit führenden Lernforscher, schreibt, was unkommentiert bleiben soll: »In Deutschland und Österreich dachte man zu lange, mit dem mehrgliedrigen Schulsystem sei das Problem gelöst. Hätte man sich einmal die Gaußsche Normalverteilung angeschaut, nach der sich die Intelligenz verteilt, hätte man sehen können, dass die Heterogenität der oberen 13 Prozent genau so groß ist wie bei den mittleren 70 Prozent. Lehrpersonen, die Heterogenität als etwas Problematisches und zu Überwindendes sehen, sind einem ganz grundlegenden Missverständnis erlegen. Schüler kommen mit unterschiedlichen Voraussetzungen in den Unterricht und am Ende unterscheiden sie sich im Lernzuwachs. Solange alle etwas dazugelernt haben, muss sich der Lehrer keine Sorgen über die Unterschiede machen« (Felten/Stern 2012, S. 84).

In Anlehnung an Bohl (2009) werden in Tabelle 19 denkbare Begründungsmuster für gegliederte Systeme mit entsprechenden Problemen zusammengetragen.

Tab. 19: Theoretische Begründung für gegliederte Systeme

Denkbares Begründungsmuster	Problem
Begabung	Einteilung in eher praktische, theoretische zu grob und unzutreffend
Intelligenz	hohe Bedeutung des Vorwissens
Leistung	Überlappungskurven (2.2)
spätere berufliche Tätigkeiten	Entscheidung in Jahrgangsstufe 4 zu früh
Schichtzugehörigkeit	nicht mehr begründbar
gezieltere Förderung in homogenen Gruppen	Schereneffekt und damit Bildungsbenachteiligung

In diesem Kapitel werden heute als sinnvoll erachtete und bereits praktizierte Bildungsgänge behandelt.

6.1 Jahrgangsübergreifendes Lernen

Durch den Rückgang der Schülerzahlen sind heute Grundschulen im ländlichen Bereich von der Schließung bedroht und wählen den Zusammenschluss gerade der Jahrgangsstufen 1 und 2 sowie 3 und 4. Dabei wird in der Argumentation – auch in der Diskussion als Elternproteste artikuliert – eher die Notwendigkeit aufgrund zu geringer Schülerzahlen betont als das Potenzial, das diese Zusammenschlüsse haben. Dabei gibt es neben diesen realen Entwicklungen auch in der pädagogischen Literatur genügend Gründe für jahrgangsübergreifendes Lernen.

Beispiele aus der Reformpädagogik

»Die Kritik an der Jahrgangsklasse ist nicht neu«, so schreibt Schorch (2007, S. 85) und geht auf reformpädagogische Vorbilder ein.

- Peter Petersen (1884–1952) sah in den Altersunterschieden die Chance, »fruchtbares Bildungsgefälle« zu nutzen. Deshalb fasst er in der Jena-Plan-Schule Schüler in jeweils drei Jahrgängen in sogenannten Stammgruppen zusammen, gleichsam kommen so »Lehrling, Geselle, Meister« zusammen.
- Maria Montessori (1870–1952) meinte, dass die altersgebundene Jahrgangsklasse das Helfen der Kinder verschiedenen Alters verhindere. Jedes Kind lernt am besten in seinem eigenen Rhythmus und seiner eigenen Art. So werden Materialien zur Verfügung gestellt, die sich das Kind selbst aussuchen kann.
- Berthold Otto (1859–1933) orientierte sich an der Familie und strebte die »geistige Gemeinschaft verschiedener Lebensalter« an, indem im »freien Gesamtunterricht« alle Schüler von 6 bis 17 Jahren gemeinsam im Gespräch sind.

Mit diesen Pädagogen hat sich eine neue Sichtweise durchgesetzt, die nicht von der schwierigen »Mehr-Klassigkeit« ausgeht, sondern von der pädagogisch wertvollen »Altersmischung«.

Große Tradition haben die Mehrklassenabteilungen gerade in der Primarstufe (Klassen 1–6) der kleinen alpinen Schulen in der Schweiz. Um 1885 sind 90 Prozent aller Schulklassen in der Schweiz mehrklassig organisiert, Ausnahme bilden allein die Stadtkantone (Metz 2011). Heute existieren Mehrklassenabteilungen noch mit 20 Prozent aller Abteilungen.

Anfang der Achtzigerjahre führte Knörzer (1985) eine Studie zum jahrgangsübergreifenden Unterricht durch. 179 Schüler aus acht kombinierten Klassen des dritten und vierten Jahrgangs wurden mit 147 Schülern aus sechs Jahrgangsklassen, je drei dritte und vierte Klassen, verglichen. Die Schulen sind gut miteinander vergleichbar. Zusammengefasst lässt sich sagen, dass sich im Leistungsbereich keine Unterschiede zwischen Kindern aus kombinierten und Jahrgangs-Klassen zeigen, im sozial-motivationalen Bereich sich jedoch geringe Vorteile zugunsten der Schüler aus kombinierten Klassen ergeben.

Ähnlich lässt sich die Befundlage in anderen Ländern zusammenfassen.

Gutiérrez und Slavin (1992) unterscheiden in ihren Analysen zwei Typen (Rossbach 2008):

Im Typ 1 wird die Jahrgangsstruktur dadurch aufgebrochen, dass für einzelne Fächer flexibel jahrgangsübergreifende, doch in dem jeweiligen Fach leistungshomogene Lerngruppen gebildet werden. In den nicht betroffenen Fächern wird der Unterricht in jahrgangsspezifischen Klassen erteilt. Diese Form des jahrgangsheterogenen Unterrichts wirkt sich positiv auf die Lernleistungen der Schüler aus, d.h. diese Kinder schneiden im Vergleich zu Jahrgangsklassen besser ab.

Im Typ 2 geht der jahrgangsheterogene Unterricht vom Konzept des individualisierten Unterrichts aus. In einem solchen jahrgangsheterogenen individualisierten Unterricht unterscheiden sich die Schülerleistungen nicht von jenen in traditionellen jahrgangsspezifischen Klassen, wohlgemerkt sind hier die Leistungen nicht besser. Die Erklärung ist darin zu suchen, dass die Zeit für individualisierte Maßnahmen wie Arbeit mit Lernstationen und vielfältigen Lernmaterialien, offenen Unterrichtselementen, Stillarbeit zulasten einer direkten Lehrerzuwendung genutzt wird, die ja als effektive Unterrichtsform gilt.

Veenman (1996) legt die wohl international umfassendste Metaanalyse vor, in der er die Auswirkungen von jahrgangskombinierten und altersgemischten Klassen analysiert.

Metaanalyse: Auswirkungen von jahrgangskombinierten und altersgemischten Klassen

Die Ergebnisse sind eindeutig: In beiden Formen unterscheiden sich die Schulleistungen nicht von den Leistungen von Schülern aus traditionellen Jahrgangsklassen. Altersgemischte Klassen haben in kognitiver Hinsicht so gut wie keine Vorteile, aber auch keine Nachteile. Hinsichtlich des nicht kognitiven Bereichs wie vor allem im sozialen Verhalten zeigen sich leichte Vorteile zugunsten des Unterrichts in jahrgangskombinierten und altersgemischten Klassen.

Schorch trägt folgende Gründe für altersgemischte Lerngruppen aus der Literatur zusammen:

Gründe für altersgemischte Gruppen

- Vor dem Hintergrund veränderter Kindheit (mehr Einzelkinder) soll die altersgemischte Gruppe kompensatorisch wirken.
- Die Schule wird zum Erprobungsfeld sozialen Umgangs.
- Mit Blick auf das Erziehungsziel der Solidarität werden in heterogenen Lernsituationen mehr Hilfesituationen gesehen, die gegenseitiges Helfen initiieren.

- Zurückstellungen würden keine bloßen Jahrgangswiederholungen mehr bedeuten. »Retention has been found to have a negative effect on academic achievement«, so resümiert Hattie (2009, S. 97) in seiner Synthese der über 800 vorliegenden Metaanalysen.
- Die Lebenserfahrung der Älteren dient als Anregungspotenzial für die Jüngeren.
- Die Sprachkompetenz im Sinne der Kindersprache weist nicht so große Unterschiede zur Erwachsenensprache auf.
- Es gibt eine Wechselwirkung zwischen sprachlicher Vorbildwirkung und einem bewussteren Sprechen.
- Von den Lernstrategien der Älteren können die Jüngeren profitieren.
- Das Selbstwertgefühl der Jüngeren steigt, die stolz sind, mit den Älteren zusammen arbeiten zu dürfen.
- Es erfolgt ein Statuswechsel durch die Doppelfunktion des Gebens und Nehmens.

Ganser und Mayr (2012, S. 30) stellen tabellarisch zusammen, was jahrgangsübergreifender Unterricht für Lehrkräfte und Schüler bedeutet (Tabelle 20).

Tab. 20: Konsequenzen jahrgangsübergreifenden Unterrichts

für Lehrkräfte	für Schüler
Mehrarbeit, im Laufe der Zeit aber auch mehr Berufszufriedenheit	Rücksicht, Hilfsbereitschaft
Herausforderung, Spannung	Selbstständigkeit
Rollenveränderung	helfen und selbst Hilfe bekommen
Aufbruch	Kontakt zu »größeren« Themen
jedes Kind im Blick haben	Neugier
differenzierte Angebote bereitstellen	Vorbilder haben und Vorbild sein
Diagnosefähigkeit ausbauen	Motivation und Schutz vor Überforderung
Chancen zur Teamarbeit nutzen	eigene Stärken erkennen und nutzen
	in eigenem Tempo lernen

Zusammenfassend könnten abwägend die Voraussetzungen, Vorteile und Nachteile altersgemischter Gruppen so aussehen:

Voraussetzungen:

- Kindorientierung und Individualisierung, Binnendifferenzierung und Methodenvielfalt
- offene Lernformate wie tutorielles Lernen
- Bereitschaft, die Bereicherung für das Lernen von und mit anderen zu sehen
- die Schüler müssen individuelle Verantwortung für ihren eigenen Lernerfolg übernehmen

Vorteile:

- Verminderte Konkurrenz unter den Schülern
- Akzeptanz von Verschiedenheit
- positives Selbstbewusstsein

Nachteil:

- mögliche Unterforderung der Älteren

6.2 Flexible Grundschule

In den letzten Jahren hat sich gezeigt, dass die Schulanfänger immer größere Unterschiede in ihren Vorkenntnissen und Fertigkeiten aufweisen. Aufgrund verschiedener Lebenshintergründe weicht die Entwicklung der Kinder um bis zu drei Jahre ab. Diese Tatsache muss die Grundschule von Anfang an angemessen berücksichtigen und sicherstellen, dass alle Schüler ein passgenaues Lernangebot erhalten.

Deshalb wurde zum Schuljahr 2010/2011 in Bayern der Modellversuch Flexible Grundschule gestartet (Bayerisches Kultusministerium 2011). Ziel des Schulversuchs Flexible Grundschule ist es, das erste schulische Angebot verstärkt an die individuelle Entwicklung des einzelnen Kindes anzupassen und eine flexible, für das einzelne Kind optimale Bildungsbiografie zu ermöglichen, um Bildungspotenziale besser zu nutzen. Die Flexible Grundschule bietet den Schülerinnen und Schülern ein Höchstmaß an individueller Förderung. Zu Beginn des ersten Schuljahrs wird der Lernstand jedes Kindes erhoben. Dadurch ist es möglich, jedes Kind von Anfang an so zu fördern, wie es seinem individuellen Entwicklungs- und Leistungsstand entspricht. So können dem Kind die Lernbausteine angeboten werden, die seinem Leistungsvermögen passgenau entgegenkommen. Die Möglichkeit, die Eingangsstufe in einem, zwei oder drei Schuljahren zu durchlaufen, gewährleistet, dass jedes

Start zum Schuljahr 2010/2011

Kind die Zeit erhält, die es für die Aneignung gesicherter Grundkompetenzen im Lesen, Schreiben und Rechnen benötigt.

In ersten Rückmeldungen betonen die Lehrkräfte positiv, dass sich der intensive Arbeitseinsatz lohnt: Die Kinder lernen miteinander und voneinander und profitieren im Hinblick auf ihre Lern- und Sozialentwicklung. Die verstärkte unterrichtliche Arbeit in offenen Lernformen und mit Lernbausteinen ist für die Kinder sehr motivierend. Sie fördert ihre Selbstständigkeit ebenso wie das Selbstvertrauen in ihr Können. Die individuelle und differenzierte Förderung ist mit diesem Konzept in der Schulwirklichkeit angekommen.

Cycle-System

Im frankophonen Sprachraum spricht man vom Cycle-System. Die Lehrpläne beziehen sich nicht auf einzelne Jahre, sondern auf die ganze Bildungsstufe. Ein solcher Unterricht bedingt eine konsequente Individualisierung. Er stützt sich auf soziales Lernen in altersgemischten Gruppen, und man verzichtet auf Repetition und Überspringen.

Die Chancen bei individueller Förderung könnten so aussehen:

Ausgehend von individuellen Lernausgangslagen werden ein individueller Förderbedarf und Förderziele festgelegt. Es werden individualisierte Lernangebote gemacht, die gemeinsam und allein bearbeitet werden. Die Beratung der Eltern ist ein wichtiges Element.

Dies alles bietet folgende Vorteile:

- Kinder im ersten wie auch im zweiten Schulbesuchsjahr erfahren von Anfang an Unterstützung durch ihre Mitschüler.
- Diese wiederum erleben sich als Könnende.
- Sie übernehmen Mitverantwortung und gewinnen dadurch an Selbstvertrauen in die eigenen Fähigkeiten.

6.3 Zusammenlegung von Haupt- und Realschule

In den neuen Bundesländern bestehen seit der Wende Sekundar- bzw. Mittelschulen. Rheinland-Pfalz führte in den 1990er-Jahren die Regionalschulen ein. Mittlerweile geht in allen Bundesländern die Tendenz dahin, Haupt- und Realschulen zusammenzulegen.

Mittelschulen

Wenn man auch in Bayern offiziell an der Dreigliedrigkeit festhält (Stand 2012), wurde die Hauptschule zur Mittelschule weiterentwickelt. Fast alle Hauptschulen sind zum Schuljahr 2011/2012 allein oder im Schulverbund bereits Mittelschulen. Künftig garantieren diese Mittelschulen flächendeckend einzeln oder in Schulverbünden den Schülerinnen und Schülern eine breite Palette pädagogischer Elemente in ihrem Bildungsangebot – mit dem Ziel auch des mittleren Schulabschlusses.

Die folgende Aufstellung soll die babylonische Sprachenvielfalt aufzeigen, die derzeit in Deutschland herrscht:

- Baden-Württemberg: Gemeinschaftsschule
- Brandenburg: Gesamtschule
- Berlin: Integrierte Sekundarstufe
- Bremen: Oberschule (=Sekundarstufe I)
- Hamburg: Stadtteilschule
- Hessen: Integrierte Gesamtschule
- Mecklenburg-Vorpommern: Gesamtschule
- Niedersachsen: Oberschule
- Nordrhein-Westfalen: Sekundarschule
- Rheinland-Pfalz: Integrierte Gesamtschule
- Saarland: Erweiterte Realschule; ab 2012/13: Gemeinschaftsschule
- Sachsen: Mittelschule
- Sachsen-Anhalt: Gesamtschulen (5.-12./13.)
- Schleswig-Holstein: Gemeinschaftsschule Jahrgang 5 bis Jahrgang 10; Abschluss: Hauptschulabschluss, Mittlerer Abschluss oder Übergang auf die gymnasiale Oberstufe
- Thüringen: Regelschule

Inwieweit man da ein Prophet sein muss, bis aus einer ehemals Dreigliedrigkeit eine reale Zweigliedrigkeit wird, bleibt dem Leser überlassen.

Die Vorteile/Chancen der individuellen Förderung werden im nächsten Unterpunkt mitgesehen.

6.4 Gemeinschaftsschule

Der konsequente Schritt nach Etablierung einer Zweigliedrigkeit könnte eine echte Gemeinschaftsschule sein.

Veränderungen der Schulstruktur als Konsequenz demografischer und gesellschaftlicher Entwicklungen führen heute dazu, dass Gemeinschaftsschulen entstehen. Zum einen entstehen sie aus dem Wunsch nach einem längeren gemeinsamen Lernen, zum anderen werden sie aus der Not geboren, dass aufgrund des demografischen Wandels Schulen in ihrem Bestand gefährdet sind und Schüler zu lange Wege fahren müssten, um ihren Schulzweig besuchen zu können. So war Schleswig-Holstein ein Vorreiter, da auf dünn besiedelten Inseln die Schulwege zu lange geworden wären.   **Gründe**

Durchgesetzt hat sich folgende Definition, wie sie Rösner (2004) definiert hat: »Diese Schule, die alle Grundschulabgänger aufnehmen und zu den verschiedenen Abschlüssen der Sekundarstufe I führen kann, soll als *Gemeinschaftsschule* bezeichnet werden« (S. 8).

Leitziele Eine Gemeinschaftsschule geht von folgenden Leitzielen aus:

- Entwicklung und Förderung individueller Fähigkeiten und Fertigkeiten durch Lernen und Lehren in heterogenen Gruppen
- maximale Leistungsentwicklung für alle Schüler durch Unterstützung individueller Lernwege

Folgende Kernpunkte für eine Gemeinschaftsschule lassen sich festmachen:

- Ganztagesangebot
- Mindestgröße: Zweizügigkeit
- alle Abschlüsse sind möglich bzw. anschlussfähig und Zentralabschlüsse sind förderlich
- mehr und vielfältiges Personal
- »andere« Lehrkräfte:
  die einen bringen zu wenig Fachkenntnisse mit; die anderen haben zu wenig didaktische Fähigkeiten; beide Gruppen beherrschen nicht/kaum, die Bandbreite an Begabungen zu unterrichten.
- Zentrale Herausforderung ist der Umgang mit Heterogenität
- Möglicher Jahrgangsplan (in Anlehnung an das Modell in Schleswig-Holstein):
  - 5./6. Jahrgangsstufe: gemeinsamer Unterricht und individuelle Förderpläne
  - ab 7. Jahrgangsstufe: 2. Fremdsprache und/oder anderes Fach als Pflichtfach
  - 7./8. Jahrgangsstufe: gemeinsamer Klassenunterricht oder differenzierte Lehrgänge (A, B Züge); Ergänzungsunterricht (z.B. für starke Schüler: englische Konversation, für schwache: Mathe-Förderunterricht); Wahlpflichtfächerangebot
  - ab 9. Jahrgangsstufe: abschlussbezogenes Lernen = Brückenjahr
  - nach 10. Jahrgangsstufe: Möglichkeit in die gymnasiale Oberstufe

Vorliegende Ergebnisse

Evaluationsergebnisse liegen mittlerweile von zwei Projekten vor:

Pilotprojekt in Berlin mit 14 Gemeinschaftsschulen (Ramboll 2011)

Ab Schuljahr 2008/2009 wurde in Berlin das Pilotprojekt Gemeinschaftsschule mit wissenschaftlicher Begleitung eingeführt, das bis 2013 bestehen bleibt und danach in einer besonderen Form der Sekundarschule weitergeführt wird. Gemeinschaftsschulen ohne eigenen Grundschulteil oder ohne eigene gymnasiale Oberstufe gehen verbindliche Kooperationen mit Grundschulen oder Schulen mit gymnasialer Oberstufe ein.

Befragt wurden 353 Lehrer, 1122 Schüler (Jahrgangsstufe 7–9) und 448 Eltern in den Jahren 2009 bis 2011.

In der Tabelle 21 werden zentrale Ergebnisse mitgeteilt.

Tab. 21: Ergebnisse des Berliner Projekts Gemeinschaftsschule

	2009	2010	2011	
Einstellung zur Gemeinschaftsschule (Lehrer)	3.02	2.92	2.98	=
Grad der Überzeugung von der Gemeinschaftsschule (Eltern)	3.20	3.40	3.45	↑
Zufriedenheit mit der Förderung leistungsschwacher Schüler (Eltern)	75 %	79 %	79 %	=
Zufriedenheit mit der Förderung leistungsstarker Schüler (Eltern)	79 %	81 %	79 %	=
Einstellung zur Heterogenität (Lehrer) (z. B.: »Ein länger gemeinsames Lernen verbessert die Lernvoraussetzungen aller Schüler«)	3.33	3.10	3.07	↓
Kompetenz im Umgang mit Heterogenität (Lehrer)	2.71	2.66	2.61	↓
Individualisierungsbemühungen der Lehrer (Schüler)	3.10	3.00	2.97	↓

Die Lehrer formulierten folgenden Unterstützungsbedarf:

- Schulung ihrer Kompetenzen im Umgang mit Heterogenität
- Konzept der Ganztagsschule und vor allem die Gestaltung des Nachmittagsangebots nicht zufrieden stellend
- Fortbildungsangebote im Umgang mit lernbehinderten und sozial auffälligen Kindern.

Schulversuche »Schulen mit besonderem Pädagogischen Profil/Gemeinschaftsschulen« (Sachsen 2008–2011) (Schmechtig et al. 2011)

In einer Längsschnittstudie wurden 3 Schulversuchsschulen vs. 2 Vergleichsschulen in der Jahrgangsstufe 6 (2008/09) und 8 (2010/11) (N = 240) miteinander verglichen. In der Tabelle 22 werden zentrale Ergebnisse mitgeteilt.

Tab. 22: Ergebnisse des Projekts Gemeinschaftsschule in Sachsen		
Schulfreude (Schüler)	für alle Schulen	↓
individuelle Förderung (Schüler)	für alle Schulen	↓
Unterrichtsqualität (Schüler)	für Versuchsschulen	↓
höhere schulische Belastung (Schüler)	für Versuchsschulen	↑

Hier besteht offenbar noch großer Handlungsbedarf, was die Optimierung gerade der Schulversuchsschulen betrifft.

In der Tabelle 23 werden anhand von Kompetenztests die Leistungen der drei Gemeinschaftsschulen mit den beiden Vergleichsschulen verglichen.

Tab. 23: Kompetenztests zwischen Vergleichs- und Gemeinschaftsschulen			
	Deutsch	Mathematik	Englisch
Mittelschule Niveau	+ - +	= = +	= - +
Gymnasium Niveau	- =	= -	- -

Insgesamt sind bei den kognitiven Fähigkeiten am Gymnasium höhere Ausgangsleistungen festzustellen.

Nach zwei Lernjahren halten die Schulversuchsschulen und das Gymnasium ihr Niveau, die Mittelschule fällt ab. Im Einzelfall erreicht eine Versuchsschule das Niveau des Gymnasiums.

Zurzeit sind in den Bundesländern folgende Bildungsgänge mit Gemeinschaftsschulenbezug möglich – Hauptschule, Realschule und Gymnasium unter einem Dach:

- Baden-Württemberg (13.12.2011): »Alle allgemein bildenden weiterführenden Schulen können sich zu Gemeinschaftsschulen entwickeln.«
- Nordrhein-Westfalen: Als Schulversuch entstanden Gemeinschaftsschulen durch die Zusammenführung bereits bestehender Schulen. Alle Schulformen des gegliederten Systems können sich daran betei-

ligen. Anstelle des auslaufenden Schulversuchs gibt es mittlerweile nach einem Schulkonsens die Sekundarschule. Sie ist eine Schule der Sekundarstufe I. Sie umfasst die Jahrgänge 5 bis 10 und ist in der Regel eine Ganztagsschule.
- Sachsen: zeitlich befristetes Projekt.
- Thüringen: An einer Thüringer Gemeinschaftsschule ist der Erwerb des Abiturs grundsätzlich möglich.

Pädagogisches Konzept der Stadtteilschule Jöllenbeck (Oktober 2011)

Im Folgenden wird auf ein pädagogisches Konzept der Stadtteilschule Jöllenbeck eingegangen, die als eine Schule für alle konzipiert, doch so nicht realisiert wurde. Nach mündlicher Mitteilung von Prof. Eiko Jürgens, einem Mitglied der wissenschaftlichen Beratung von der Universität Bielefeld, dient augenblicklich das Papier als Blaupause für Sekundarschulen in Nordrhein-Westfalen.

Zentrale Aspekte des pädagogischen Konzepts werden dargelegt:

1. Leitbild: Eine Schule für alle Kinder bedeutet

- eine gerechte Schule für alle Kinder der Jahrgänge 5 bis 10, d.h. eine gemeinsame – inklusive – Schule, an der hochbegabte Kinder genauso wie leistungsschwächere mit sonderpädagogischem Förderbedarf willkommen sind;
- eine Schule des Helfens und des Vertrauens, an der ein »Sitzenbleiben« vermieden werden soll; die Differenzierung von Lerngelegenheiten nach Interessen- und Leistungsschwerpunkten gehört zum Alltag der Schule;
- eine Schule der individuellen Förderung, bei der die stärkenorientierte Forderung und Förderung auf individuumszentriertem Unterricht basiert; dabei werden curriculare Standards generell und gymnasiale Standards im Besonderen kompetenzorientiert gesichert;
- eine moderne Schule mit Kultur, wobei der Ganztag für intensives Lernen und gemeinsames Leben ausreichend Raum bietet (gebundene Ganztagsschule);
- eine demokratische Schule, an der das längere gemeinsame Zusammenleben die Möglichkeit bietet, den Erziehungsauftrag ganzheitlicher wahrzunehmen; dabei werden regionale Kooperationspartner miteinbezogen.

2. Individuelle Förderung

- Es wird Bezug genommen auf Paragraph 1 des Schulgesetzes für Nordrhein-Westfalen (s. 2.5.1). – Dabei wird mit folgenden Maßnahmen umfassend »guter Unterricht« zu verwirklichen versucht, wie sie in Kapitel 5 näher aufgeführt sind:
  - Selbstwirksamkeit und Motivation
  - schüleraktive Unterrichtskultur
  - selbstgesteuertes Lernen
  - adaptive Aufgabenkultur
  - offene Unterrichtsformen
  - individuelle Arbeits- und Lernzeiten
  - Lernpläne/Förderpläne
  - Begabtenförderung und Tutorenprogramme
  - Lern-Förderstützpunkt
  - Feedback-Kultur
- Explizit wird eine adaptive pädagogische Diagnostik hervorgehoben. Kernstück sind Kompetenzstufenmodelle, die auf der Basis von Bildungsstandards Hinweise geben, welche Kompetenzen in den einzelnen Stufen zu erreichen sind. Für jede fachliche und überfachliche Kompetenz gibt es Kompetenzstufen, sodass Schüler, je nach Lernstand, in unterschiedlichen Fächern auf unterschiedlichen Niveaustufen lernen können. Neben Mindeststandards gibt es Regelstandards und Maximalstandards, sodass hier gezielte individuelle stärken- und begabungsorientierte Förderung in einem inklusiven und jahrgangsgemischten Kontext möglich ist.
- Für eine solche Realisierung bedarf es Ressourcen räumlicher und personeller Art und eines geschulten Personals.

3. Inklusion
Eine inklusive Schule ist eine stärkenorientierte Schule für alle Kinder. Bei entsprechenden räumlichen und personellen Rahmenbedingungen sowie Fortbildungen des Gesamtkollegiums sollte es gelingen, Lernmöglichkeiten für alle Förderschwerpunkte bereitzustellen.

4. Schulstruktur
Die pädagogische Rahmenkonzeption sieht gemeinsamen Unterricht vor, Neigungs- und Leistungsdifferenzierung, individuelle Förderung sowie Profilangebote.

5. Ganztag
Die Schule ist als gebundene Ganztagsschule konzipiert. Das Konzept wird durch folgende Maßnahmen flankiert:

- Elternbeteiligung
- offene Tür
- sinnvolle Rhythmisierung
- veränderte Stundentaktung
- verbindlicher Nachmittagsunterricht an drei langen Tagen
- kurze Tage und Öffnung zum Stadtteil
- Angebote in den Schulferien und an Brückentagen
- Stundentafel

6. Soziales Netzwerk Schule
Als Ansprechpartner sollen verlässlich zur Verfügung stehen: Schulsozialarbeit und Schulpsychologie.

7. Regionale Identität
Als außerschulische Lernorte bieten sich zur Berufswahlorientierung eine Kooperation mit außerschulischen Partnern im Stadtteil an sowie für vielfältige Arbeitsgemeinschaften und Projekte Kooperationen mit Musikschule, Sportvereinen, karitativen Einrichtungen, Handwerksbetrieben und dem Gewerbe.

8. Qualitätssicherung und Qualitätsentwicklung
Beide Punkte sind ein zentrales Ziel, wie es für jede Einzelschule gilt.

Vorteile:
Die soeben aufgeführten zentralen Aspekte, insbesondere der Punkt 2 Individuelle Förderung und die den Ganztag begleitenden Maßnahmen im Punkt 5 lassen sich in einer gebundenen Ganztagsschule ideal verwirklichen.

6.5 Ganztagsschule

In Deutschland konnte die allgemeine Schulpflicht im 19. Jahrhundert nur als Halbtagsschule durchgesetzt werden, weil zum einen die Kinder nachmittags bei Haus- oder Hofarbeit eingesetzt wurden, andererseits der mangelnde Schulraum durch Zweischichtbetrieb aufgefangen werden musste.

Anders als in Frankreich oder Skandinavien konnte die Ganztagsschule in Deutschland nie eine große Verbreitung finden. Seit der Veröffentlichung der ersten »PISA 2000«-Studie rückten bildungspolitische Argumentationen in den Vordergrund: Ganztagsschulen sollten durch ihre Angebote dazu beitragen, die Leistungen gerade der Schüler aus bildungsbenachteiligten Familien zu verbessern.

Investitions-programm Zukunft, Bildung und Betreuung

Vor diesem Hintergrund wurde vom Bund im Jahre 2003 das »Investitionsprogramm Zukunft, Bildung und Betreuung« (IZBB) aufgelegt, das einen spürbaren Schub in Richtung Ganztagsschulen in Deutschland bewirkte. Vier Milliarden Euro hat die Bundesregierung zwischen 2003 und 2009 für den Auf- und Ausbau von Ganztagsschulen zur Verfügung gestellt.

Vier Ziele der Bildungspolitik

Mit der Einrichtung von Ganztagsschulen in Deutschland verfolgte die Bildungspolitik vor allem vier Ziele:

»1. individuelle Förderung im Leistungsbereich, aber auch in anderen Kompetenzbereichen und hinsichtlich der Motivation von Kindern und Jugendlichen,

2. soziale Integration, insbesondere von sozial benachteiligten Gruppen sowie von Schülerinnen und Schülern aus zugewanderten Familien,

3. thematische und konzeptionelle Ausweitung der pädagogischen Praxis und der Organisationsprozesse von Schulen, einschließlich ihrer stärkeren Verbindung mit dem sozialen Umfeld, sowie

4. Betreuung und erzieherische Versorgung, die Familien entlasten und nicht zuletzt die bessere Vereinbarkeit von Beruf und Familie für Eltern ermöglichen« (Fischer et al. 2011, S. 344).

War bei diesem Thema das schulpolitische Klima über Jahrzehnte in Deutschland vergiftet – man kann rückblickend von ideologisch und parteipolitisch angeheizten Pro-Kontra-Diskussionen sprechen –, so steigt die Anzahl der Befürworter von Ganztagsschulen zunehmend – über die Parteigrenzen hinweg. Eine 2011 durchgeführte Studie des Instituts für Demoskopie Allensbach zeigt, dass mehr als 60 Prozent der Befragten sich für die Ganztagsschule aussprechen.

Mit der zunehmenden Etablierung dieser Schulform ist der Wunsch verbunden, eine neue Qualität in das deutsche Bildungssystem zu bringen. Ganztagsschulen bieten den Rahmen für eine neue Lernkultur. Es sollen nur die unmittelbaren Vorteile für die Kinder am Nachmittag herausgestrichen werden. Ganztagsschulen bedeuten

- mehr Zeit zum Lernen
- Vertiefung des Gelernten
- nachmittägliche Betreuung
- miteinander lernen und spielen
- intensiverer Kontakt mit den Lehrkräften
- eine regelmäßige warme Mahlzeit

Eine Chance der Umsetzung von individualisierenden Maßnahmen bietet sich vor allem in Ganztagsschulen. So sehen die Leitlinien einer Förderstrategie der Kultusministerkonferenz zur Förderung leistungsschwächerer Schüler vom März 2010 die Förderung der genannten

Schüler eindeutig in der Verantwortung der Schulen: »Die Kultusministerkonferenz sieht im Ausbau und der qualitativen Weiterentwicklung von Ganztagsangeboten einen Ansatz, Bildungsbenachteiligungen abzubauen und mangelnde häusliche Unterstützungsmöglichkeiten auszugleichen«.

Dabei kann zusätzliches Personal in die Schulen geholt werden. Dies reicht von den Eltern als Kooperationspartnern bis hin zu Praktikanten, Studierenden im Praktikum, Kooperationen mit der Stelle zur Ableistung eines Freiwilligen Sozialen Jahres, Kooperationen mit Seniorenvereinen.

Wissenschaftlich begleitet wurde das IZBB-Programm von der Studie zur Entwicklung von Ganztagsschulen (StEG, Fischer et al. 2011). Insgesamt wurden in den Jahren 2005, 2007 und 2009 in 14 Bundesländern Daten an 371 Ganztagsschulen erhoben. Die Stichprobe beinhaltet Schüler der Klassenstufen 3, 5, 7 und 9, ihre Eltern, Schulleitungen, Lehrer und weiteres pädagogisches Personal von Ganztagsschulen. Die »zentrale Kohorte« bestand aus Schülern, die längsschnittlich 2005 in der 5. Jahrgangsstufe und zum letzten Mal 2009 befragt wurden. Diese Kohorte konnte mit Mitschülern verglichen werden, die keine Ganztagsangebote besuchten (Fischer et al. 2011; Kurzfassung: Fischer 2011). Diese Studie, die Veränderungen in mehr als 300 Schulen über vier Jahre hinweg verfolgt, bietet ein bisher in Deutschland beispielloses Material zur Ganztagsschule.

Im Folgenden wird die Breite an Angeboten deutlich, die Ganztagsangebote möglich machen (Fischer et al. 2011, S. 81):

Angebote einer Ganztagsschule

- Angebotsindex 1, Hausaufgabenbetreuung und Förderung: Hausaufgabenhilfe/Hausaufgabenbetreuung; Förderunterricht für Schülerinnen und Schüler mit niedrigen oder hohen Fachleistungen; spezifische Fördermaßnahmen für Schülerinnen und Schüler nichtdeutscher Muttersprache/Herkunft
- Angebotsindex 2, fachbezogene Angebote: mathematische Angebote; naturwissenschaftliche Angebote; Angebote im Bereich Deutsch/Literatur; Fremdsprachenangebote; sportliche Angebote; musisch-künstlerische Angebote
- Angebotsindex 3, fächerübergreifende Angebote: handwerkliche/hauswirtschaftliche Angebote; technische Angebote/neue Medien; Gemeinschaftsaufgaben und Formen von Schülermitbestimmung; Formen sozialen Lernens; Formen interkulturellen Lernens; Dauerprojekte
- Angebotsindex 4, Freizeitangebote: Freizeitangebote in gebundener Form; freiwillig zu nutzende Freizeitangebote; Beaufsichtigung von Schülerinnen und Schülern in der Freizeit

In der Tabelle 24 haben wir die Schülerteilnahme an Ganztageselementen in Grundschulen und der Sekundarstufe für die letzte Erhebung 2009 zusammengestellt.

Tab. 24: Schülerteilnahme am Ganztagesangebot

	Grundschule	Sekundarschule
Hausaufgabenbetreuung	46,1 %	30,2 %
Fördergruppen/Förderunterricht	---	25,2 %
fachbezogene Förderangebote	28,2 %	24,9 %
Arbeitsgemeinschaften	77,3 %	64,8 %
regelmäßige Themenangebote	40,0 %	40,4 %
Freizeit/Spiel	79,1 %	32 %

Bei der Belegung fällt auf, dass der Schwerpunkt der Schülerteilnahme bei außerunterrichtlichen Elementen liegt und nicht im Bereich der Hausaufgabenbetreuung und fachlichen Förderung.

Die Autoren folgern:

»Insgesamt wird damit sichtbar, dass entweder in den Ganztagsschulen eine zu geringe Platzkapazität innerhalb der einzelnen Angebotsformen besteht oder dass jeweils nur eine Minderheit der Ganztagsteilnehmer Angebotsformen der Förderung, der aufgabenbezogenen Lernzeiten und der fachlichen Gestaltungselemente wählt bzw. die Schule diese deutlich überwiegend nicht verbindlich macht. Vor allem im Bereich der Fördermaßnahmen könnten niedrige Teilnahmequoten darauf hindeuten, dass sie vorwiegend von Lernschwächeren besucht werden [...]. Damit wäre dann wiederum das Risiko einer problematischen Gruppenzusammensetzung, die im Hinblick auf positive Effekte von Fördermaßnahmen ungünstig wäre, gegeben« (S. 116).

Die mittlerweile vorliegenden Ergebnisse zeigen:

Insgesamt kommt es weniger auf das Modell an, ob gebunden oder offen, als vielmehr auf folgende Merkmale:

- Dauer der Nutzung von Ganztagsangeboten
- Intensität der Nutzung
- Schulqualitätsmerkmale (Sozialbeziehungen in der Schule)
- individuelle Lehrmethoden
- Qualität der Angebote: Partizipation, Lebensweltbezug, Passung von Anforderungen und Kompetenzen

Hier Ergebnisse in einzelnen Bereichen:

Notenentwicklung

Hierzu können keine klaren Angaben gemacht werden. Dies dürfte damit zusammenhängen, dass hier die Schulnoten längsschnittlich im Abstand von jeweils zwei Jahren erfragt wurden. Dieser Zeitraum dürfte zu grobkörnig gewählt worden sein. Dennoch ergeben sich Hinweise darauf, dass sowohl die Intensität der Teilnahme als auch die pädagogische Qualität der Angebote einen Einfluss auf die Entwicklung der Schulnote haben.

Bei einer dauerhaften Teilnahme am Ganztag und an mindestens drei Tagen pro Woche entwickeln sich die Schulnoten günstig.

Der Einsatz individualisierender Lehrformen (Binnendifferenzierung) ist mit der positiven Entwicklung der Schulleistung verknüpft, und zwar bei allen Schülern, in besonderem Maß aber bei jenen, die an Ganztagsangeboten teilnehmen.

Zum Leistungsaspekt lautet der Grundtenor der Studie: »Es ist aber Zurückhaltung geboten, wenn man sich pauschal durch Ganztagsschulangebote Fördereffekte im Leistungsbereich erhofft« (S. 347).

Hinweise auf günstige Entwicklung

Wiederholung

Geprüft wurde, ob durch Inanspruchnahme von Ganztagsangeboten das individuelle Risiko für das Eintreten einer Klassenwiederholung reduziert wird.

Abbildung 17 (Fischer 2011, S. 5) zeigt: Bei dauerhafter Teilnahme an Ganztagsangeboten sinkt das Risiko, in der Sekundarstufe I eine Klasse wiederholen zu müssen. Hier ist auch der Einfluss des Modells wichtig: In gebundenen Ganztagsklassen ist das Wiederholungsrisiko signifikant geringer als in offenen. Verantwortlich hierfür wird vor allem gesehen, dass die Ganztagsteilnahme zu einer besseren sozialen Integration der Kinder beiträgt.

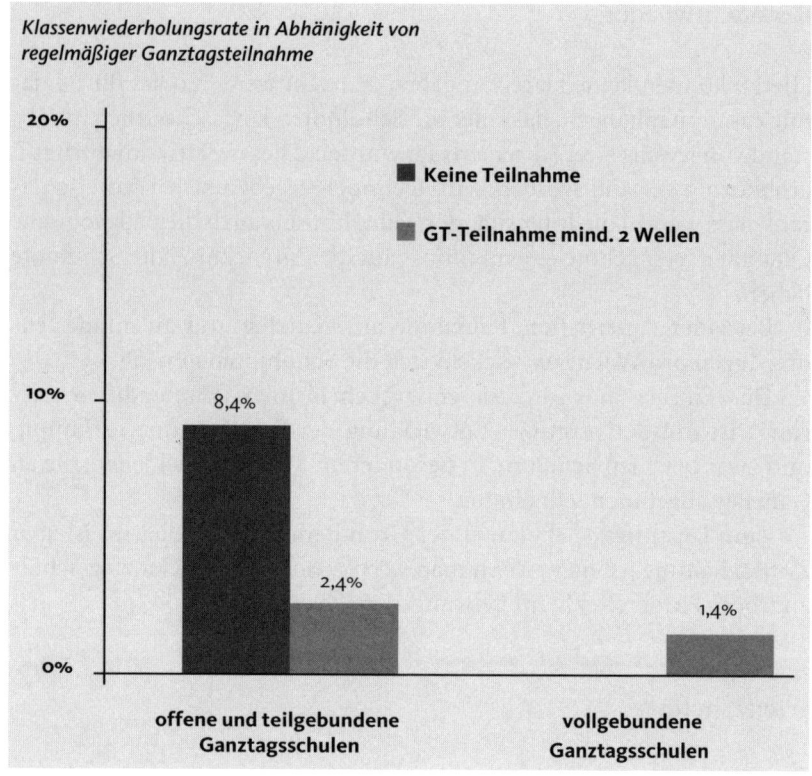

Abb. 17: Teilnahme an Ganztag und Klassenwiederholung

Motivation und Schulfreude

In Klassen mit Binnendifferenzierung nimmt die Lernmotivation und Schulfreude zu. Dabei gibt es auch einen indirekten Effekt: Höhere Kooperation innerhalb der Schulen führt zu mehr Differenzierungsmaßnahmen, die wiederum Noten und Motivation positiv beeinflussen.

Sozialverhalten

Über die Zeit hinweg entwickelt sich das Sozialverhalten der regelmäßigen Teilnehmer positiver als das ihrer Klassenkameraden – die Ganztagsangebote haben eine ausgleichende Wirkung.

Zusammenfassend lässt sich sagen, dass der Ganztag wirken kann, doch spezifische Förderung ist davon abhängig, dass die Schulen ihr Potenzial auch nutzen, indem sie individuelle Lehrmethoden anwenden und bei der pädagogischen Ausgestaltung ihrer Angebote auf Qualität achten.

Die Autoren kommen abschließend zu diesen Folgerungen: »Sollen Ganztagsangebote über eine allgemeine protektive Funktion hinaus spezifische Förderung im Bereich von Leistung, Motivation und sozialem Verhalten bieten, bedarf es zum einen einer systematischeren Qualitätsentwicklung, zum anderen aber auch einer gezielten, durchgängigen und intensiven Nutzung durch die Jugendlichen selbst« (S. 345).

6.6 Schlussgedanke

Beim Schreiben gerade des letzten Kapitels ist noch unklar, wohin die bundesdeutsche Reise in den nächsten Jahren gehen wird. Zwei zentrale Themenkomplexe bleiben offen:

Offene Themenkomplexe

- Wird das Gymnasium seine zweifelsohne im Vergleich zu den anderen Schularten prominente und unantastbare Rolle als eigenständige Schulform bewahren? Die Zeichen stehen eher hierfür.
- Wohin wird sich die Ganztagsschule in Deutschland entwickeln? Wird es bei eher offenen Nachmittagsangeboten bleiben bei Beibehaltung des schon immer gewohnten Schulvormittags, der sogenannten additiven Form? Oder wird sich die Ganztagsschule als echte Unterrichtsschule etablieren, in der sogenannten integrativen Form, in der es über den ganzen Tag verteilt um einen rhythmischen Ausgleich von Lernphasen, Übphasen, Bewegung und Kreativität geht? Die Zeichen stehen eher für sehr »kleinschrittige« Lösungen.

Die Beantwortung beider Fragen hat mit dem Thema dieses Buches zu tun. Es geht darum, ob individuelle Förderung ein nationales Projekt wird oder ob sie eher feigenblattartig hier und dort im Schulsystem auftaucht. Bildungspolitik in Deutschland war und wird spannend bleiben.

Unsere Position ist klar: Unabhängig von Strukturdebatten und Beharrungen oder Veränderungen im Schulsystem, die letztendlich vom Wählerwillen abhängig sind, sollte beim heutigen Wissensstand klar sein: Kein Lehrer in keiner wie auch gearteten Schulart sollte von homogen zusammengesetzten Schulklassen ausgehen. Damit muss das Anliegen des Buches, ein Plädoyer für eine individuelle Förderung, auch in jeder Art von Unterricht umgesetzt werden.

Literatur

Aebli, H. (1963): Psychologische Didaktik. Stuttgart: Klett.
Aebli, H. (1969): Grundformen des Lehrens. Stuttgart: Klett.
Aebli, H. (1980): Denken: das Ordnen des Tuns. In: Kognitive Aspekte der Handlungstheorie, Band 1. Stuttgart: Klett.
Aebli, H. (1981): Denken: das Ordnen des Tuns. In: Denkprozesse, Band 2. Stuttgart: Klett.
Aebli, H. (1983): Zwölf Grundformen des Lehrens. Eine Allgemeine Didaktik auf psychologischer Grundlage. Stuttgart: Klett-Cotta.
Aebli, H. (1987): Grundlagen des Lehrens. Eine Allgemeine Didaktik auf psychologischer Grundlage. Stuttgart: Klett-Cotta.
Autorengruppe Bildungsberichterstattung (2012): Bildung in Deutschland 2012. Bielefeld: Bertelsmann.
Bauer, R. (Hrsg.) (2003): Offenes Arbeiten in der Sekundarstufe I. Ein Praxishandbuch. Berlin: Cornelsen Scriptor.
Baumert, J./Becker, M./Neumann, M./Nikolova, R. (2009): Frühübergang in ein grundständiges Gymnasium – Übergang in ein privilegiertes Entwicklungsmilieu? Zeitschrift für Erziehungswissenschaft,12, S. 189–215.
Baumert, J./Kunter, M. (2006): Stichwort: Professionelle Kompetenz von Lehrkräften. In: Zeitschrift für Erziehungswissenschaft 9, S. 469–520.
Baer, M./Fuchs, M./Füglister, P./Reusser, K/Wyss, H. (Hrsg.) (2006): Didaktik auf psychologischer Grundlage. Bern: h.e.p. verlag ag.
Bayerisches Kultusministerium: www.km.bayern.de/allgemein/meldung/242.html (Abruf 31.10.2012).
Beck, E./Baer, M./Guldimann, T./Bischoff, S./Brühwiler, C./Müller, P./Niedermann, R./Rogalla, M./Vogt, F. (2008): Adaptive Lehrkompetenz. Münster: Waxmann.
Beck, K./Krapp, A. (2001): Wissenschaftstheoretische Grundfragen der Pädagogischen Psychologie. In: Krapp, A./Weidenmann, B.: Pädagogische Psychologie. 4. vollständig überarbeitete Auflage. München/Weinheim: Beltz, S. 31–73.
Bildungskommission NRW (Hrsg.) (1995): Zukunft der Bildung. Schule der Zukunft. Neuwied: Luchterhand.
Boekaerts, M. (1999): Self-regulated learning: Where we are today. In: International Journal of Educational Research, 31, S. 445–457.
Bohl, T. (2009): Umgang mit Heterogenität im Schulsystem und im Unterricht – Herausforderungen und Befunde. Vortrag 12.3.2009 auf der 14. Württembergischen Landessynode Stuttgart/Hospitalhof. www.elk-wue.de/fileadmin/media pool/elkwue/dokumente/landessynode/fruehjahrstagung_09/berichte-reden/TOP2_Referat_Bohl_UmgangHeterogenitaet.pdf (Abruf 28.2.2013).

Bohl, T. (2010): Forschung für den Unterricht: Zwischen selbstbestimmtem Lernen und Classroom-Management. In: Bohl, T./Kansteiner-Schänzlin, K./Kleinknecht, M./Kohler, B./Nold, A. (Hrsg.): Selbstbestimmung und Classroom-Management. Bad Heilbrunn: Klinkhardt, S. 15–30.

Bohl, T./Kucharz, D. (2010): Offener Unterricht heute. Konzeptionelle und didaktische Weiterentwicklung. Weinheim und Basel: Beltz.

Bönsch, M. (2006): Allgemeine Didaktik. Ein Handbuch zur Wissenschaft vom Unterricht. Stuttgart: Kohlhammer.

Bos, W./Hornberg, S./Arnold, K.-H./Faust, G./Fried, L./Lankes, E.-M./Schwippert, K./Valtin, R. (Hrsg.) (2007): IGLU 2006. Lesekompetenzen von Grundschulkindern in Deutschland im internationalen Vergleich. Münster: Waxmann.

Bos, W./Lankes, E.M./Prenzel, M./Schwippert, K./Valtin, R./Walther, G. (Hrsg.) (2003): Erste Ergebnisse aus IGLU. Schülerleistungen am Ende der vierten Jahrgangsstufe im internationalen Vergleich. Münster: Waxmann.

Bos, W./Pietsch, M. (Hrsg.) (2006): KESS 4 – Kompetenzen und Einstellungen von Schülerinnen und Schülern am Ende der Jahrgangsstufe 4 in Hamburger Grundschulen. Münster: Waxmann.

Bos, W./Scharenberg, K. (2010): Lernentwicklung in leistungshomogenen und -heterogenen Schulklassen. In: Bos, W./Klieme, E./Köller, O. (Hrsg.): Schulische Lerngelegenheiten und Kompetenzentwicklung. Münster: Waxmann, S. 173–194.

Brody, C.M. (1993): Kooperatives Lernen und implizite Theorien der Lehrer aus konstruktivistischer Sicht. In: Huber, G.L. (Hrsg.): Neue Perspektiven der Kooperation. Baltmannsweiler: Schneider Hohengehren, S. 105–117.

Brophy, J.E./Good, T.L. (1986): Teacher behaviour and student achievement. In: Wittrock, M.C. (Hrsg.): Handbook on research on teaching, 3rd ed. London: Macmillan, S. 328–375.

Brosig, K.M. (2007): Verändertes Sozialverhalten im Unterricht. Göttingen: Cuvillier.

Cognition and Technology Group at Vanderbilt (1997): The Jasper project: Lessons in curriculum, instruction, assessment, and professional development. Mahwah/ NJ: Erlbaum.

Collins, A./Brown J.S./Newman S.E. (1989): Cognitive apprenticeship: Teaching the crafts of reading, writing and mathematics. In: Resnick, L.B. (Hrsg.): Knowing, learning and instruction. Essays in the honour of Robert Glaser. Hillsdale/NJ: Erlbaum, S. 453–494.

Comenius, J.A. (1970): Böhmische Didaktik. Hrsg. von K. Schaller. Paderborn: Schöningh.

Condorcet, M.D. (1966): Allgemeine Organisation des öffentlichen Unterrichtswesens. Weinheim: Beltz.

Corno, L./Snow, R.E. (1986): Adapting teaching to individual differences among learners. In: Wittrock, M.C. (Hrsg.): Handbook of research on teaching. New York: MacMillan, S. 605–629.

Cranach, M.V./Doise, W./Mugny, G. (Hrsg.) (1992): Social representations and the social bases of knowledge. Lewiston: Hogrefe/Huber.

Daniels, Z. (2008): Entwicklung schulischer Interessen im Jugendalter. Münster: Waxmann.

Dann, H.-D. (2000): Lehrerkognitionen und Handlungsentscheidungen. In: Schweer, M.K.W. (Hrsg.): Lehrer-Schüler-Interaktion. Pädagogisch-psychologische Aspekte des Lehrens und Lernens in der Schule. Opladen: Leske + Budrich, S. 79–108.

Dann, H.-D. (2007): Subjektive Theorien von Lehrkräften zum kooperativen Lernen. In: Euler D./Pätzold G./Walzik S. (Hrsg.): Lernen in der beruflichen Bildung. Zeitschrift für Berufs- und Wirtschaftspädagogik, Beiheft 21. Stuttgart: Franz Steiner, S. 187–201.

Dann, H.-D./Diegritz, T./Rosenbusch, H. S. (Hrsg.) (1999): Gruppenunterricht im Schulalltag. Realität und Chancen (Erlanger Forschungen Reihe A, Bd. 90). Erlangen: Universitätsbund Erlangen-Nürnberg e. V.

Dann, H.-D./Humpert, W. (2002): Das Konstanzer Trainingsmodell (KTM) – Grundlagen und neue Entwicklungen. In: Zeitschrift für Pädagogik, 48. Jahrgang 2002, 2, S. 215–226.

Deci, E. L./Ryan, R. M. (2002): Handbook of self-determination research. Rochester/NY: University of Rochester Press.

Deutsches PISA-Konsortium (Hrsg.) (2001): PISA 2000. Opladen: Leske + Budrich.

Dewey, J. (1993): Demokratie und Erziehung. Eine Einleitung in die philosophische Pädagogik. Herausgegeben von Jürgen Oelkers, übersetzt von Erich Hylla. Weinheim und Basel: Beltz.

Dollasse, R. (1995): Die virtuelle oder psychologische Reduzierung der Schulklassengröße. Bildung und Erziehung, 48 (2), S. 131–144.

Dorow, S./Breidenstein, G./Menzel, C./Rademacher, S. (2012): Anstellen statt Melden – Die Warteschlange im individualisierten Unterricht. In: Hellmich, F./Förster, S./Hoya, F. (Hrsg.): Bedingungen des Lehrens und Lernens in der Grundschule. Jahrbuch Grundschulforschung, 16. Wiesbaden: Verlag für Sozialwissenschaften, S. 77–80.

Ehri, L. C./Dreyer, L. G./Flugman, B./Gross, A. (2007): Reading Rescue An Effective Tutoring Intervention Model for Language-Minority Students Who Are Struggling Readers in First Grade. American Educational Research Journal, 44 (2), S. 414–448.

Elsässer, T. (2000): Choreografien unterrichtlichen Lernens als Konzeptionsansatz für eine Berufsfelddidaktik. SIBP Schriftenreihe Nummer 10.

Emer, W./Lenzen, K.-D. (2002): Projektunterricht gestalten – Schule verändern. Hohengehren: Schneider.

Erlbaum, B./Vaughn, S./Hughes, M/Moody, S. (2000): How Effective Are One-to-One Tutoring Programs in Reading for Elementary Students at Risk for Reading Failure? A Meta-Analysis of the Intervention Research. Journal of Educational Psychology, 92 (4), S. 605–619.

Europäisches Forum für Migrationsstudien – efms (Hrsg.) (2009): Förderunterricht für Kinder und Jugendliche mit Migrationshintergrund. Evaluation des Projekts der Stiftung Mercator. Kurzfassung: www.mercator-foerderunterricht.de/file admin/user_upload/INHALTE_UPLOAD/Microsite%20Foerderunter richt/Kurzbericht%20der%20Evaluation.pdf (Abruf 31.10.2012).

Felten, M./Stern, E. (2012): Lernwirksam unterrichten. Im Schulalltag von der Lernforschung profitieren. Berlin: Cornelsen Scriptor.

Fend, H. (2008): Schule gestalten. Systemsteuerung, Schulentwicklung und Unterrichtsqualität. Wiesbaden: VS.

Fischer, N. (2011): Individuelle Förderung in der Ganztagsschule? Ergebnisse der Studie zur Entwicklung von Ganztagsschulen. Schule heute, 7, S. 4–7.

Fischer, N./Holtappels, H.-G./Klieme, E./Rauschenbach, T./Stecher, L./Züchner, I. (Hrsg.) (2011): Ganztagsschule: Entwicklung, Qualität, Wirkungen. Längsschnittliche Befunde der Studie zur Entwicklung von Ganztagsschulen (StEG). Weinheim und Basel: Juventa.

Frey, A./Jung, C. (Hrsg.) (2011a): Kompetenzmodelle, Standardmodelle und Professionsstandards in der Lehrerbildung: Stand und Perspektiven. (Lehrerbildung auf dem Prüfstand, Sonderheft). Landau: Verlag Empirische Pädagogik.
Frey, A./Jung, C. (2011b): Kompetenzmodelle und Standards in Lehrerbildung und Lehrerberuf. In: Terhart, E./Bennewitz, H./Rothland, M. (Hrsg.): Handbuch der Forschung zum Lehrerberuf. Münster: Waxmann, S. 540–572.
Friedrich, G. (2005): Allgemeine Didaktik und Neurodidaktik. Frankfurt: Peter Lang.
Ganser, B./Mayr, T. (2012): Gebundene Ganztagsschule. Das Praxisbuch. Donauwörth: Auer.
Glöckel, H. (2003): Vom Unterricht. Bad Heilbrunn: Klinkhardt.
Götz, T. (2006): Selbstreguliertes Lernen. Donauwörth: Auer.
Götz, T. (Hrsg.) (2011): Emotion, Motivation und selbstreguliertes Lernen. Paderborn: Schöningh.
Götz, T./Lohrmann, K./Ganser, B./Haag, L. (2005): Einsatz von Unterrichtsmethoden – Konstanz oder Wandel? Empirische Pädagogik, 19, S. 342–360.
Gräsel, C. (1997): Problemorientiertes Lernen. Göttingen: Hogrefe.
Greeno, J. G./Smith, D. R./Moore, J. L. (1993): Transfer of situated learning. In: Detterman, D. K./Sternberg, R. J. (Hrsg.): Transfer on trial: Intelligence, cognition, and instruction. Norwood/NJ: Ablex, S. 93–167.
Gröhlich, C./Scharenberg, K./Bos, W. (2009): Wirkt sich Leistungsheterogenität in Schulklassen auf den individuellen Lernerfolg in der Sekundarstufe aus? In: Journal for Educational Research Online 1 (1), S. 86–105.
Guldimann, T. (2010): Adaptive Lehrkompetenz – das Wissen der Lehrpersonen über guten Unterricht. In: Jürgens, E./Standop, J. (Hrsg.): Was ist »guter« Unterricht? Bad Heilbrunn: Klinkhardt, S. 275–277.
Gutiérrez, R./Slavin, R. E. (1992): Achievement effects of the nongraded elementary school: A best evidence synthesis. Review of Educational Research, 62, S. 333–376.
Forum Bildung (2002): Empfehlung des Forum Bildung. Bonn: Bund-Länder-Kommission für Bildungsplanung und Forschungsförderung.
Haag, L. (1999): Die Qualität des Gruppenunterrichts im Lehrerwissen und Lehrerhandeln. Lengerich: Pabst.
Haag, L. (2006): Erfolgreicher Gruppenunterricht auf der Basis von Lehrerwissen und Lehrerhandeln. In: Plöger, W. (Hrsg.): Was müssen Lehrerinnen und Lehrer können? Paderborn: Schöningh, S. 179–192.
Haag, L. (2007): Hausaufgaben. In: Honal, W.H./ Graf D./Knoll F. (Hrsg.): Handbuch der Schulberatung, 20. Ausgabe. Landsberg: Olzog.
Haag, L. (2008): Diagnostische Kompetenz von Lehrern. In: Stadler-Altmann, U./Schindele, J./Schraut, A. (Hrsg.): Neue Lernkultur – neue Leistungskultur. Bad Heilbrunn: Klinkhardt, S. 292–303.
Haag, L. (2010): Nachhilfeunterricht. In: Rost, D. H. (Hrsg.): Handwörterbuch Pädagogische Psychologie, 4. Auflage. Weinheim: Beltz, S. 591–599.
Haag, L. (2011): Problemorientierung, Handlungsorientierung, Erfahrungsorientierung. In: Kiel, E./Zierer, K. (Hrsg.): Basiswissen Unterrichtsgestaltung, Band 3. Hohengehren: Schneider, S.31–48.
Haag, L./Jäger, R. (2009): Potentiale von Nachhilfeunterricht. Empirische Pädagogik, 23 (3), S. 277–289.

Haag, L./Mischo, C. (2003): Besser unterrichten durch die Auseinandersetzung mit fremden Subjektiven Theorien? Effekte einer Trainingsstudie zum Thema Gruppenunterricht. Zeitschrift für Entwicklungspsychologie und Pädagogische Psychologie, 35 (1), S. 37–48.

Haag, L./Streber, D. (2012): Klassenführung. Weinheim: Beltz.

Häcker, Th. (2011): Portfolioarbeit – ein Konzept zur Wiedergewinnung der Leistungsbeurteilung für die pädagogische Aufgabe der Schule. In: Sacher, W./Winter, F. (Hrsg.): Diagnose und Beurteilung von Schülerleistungen. Professionswissen für Lehrerinnen und Lehrer, Band 4. Baltmannsweiler: Schneider Verlag Hohengehren, S. 217–230.

Hartinger, A./Fölling-Albers, M. (2002): Schüler motivieren und interessieren. Bad Heilbrunn: Klinkhardt.

Hattie, J.A.C. (2009): Visible learning. A synthesis of over 800+ meta-analyses on achievement. London: Routledge.

Hattie, J.A.C. (2012): Visible Learning for Teachers. Maximizing impact on learning. Oxon: Routledge.

Heimann, P. (1962): Didaktik als Theorie und Lehre. Die Deutsche Schule 54 (9), S. 407–427.

Helmke, A. (2003): Unterrichtsqualität. Erfassen – Bewerten – Verbessern. Seelze-Velber: Kallmeyer.

Helmke, A. (2010): Unterrichtsqualität und Lehrerprofessionalität. Diagnose, Evaluation und Verbesserung des Unterrichts. Stuttgart/Seelze: Klett/Kallmeyer.

Helmke, A./Schrader, F.-W. (2010). Determinanten der Schulleistung. In: Rost, D.H. (Hrsg.): Handwörterbuch Pädagogische Psychologie, 4. Auflage. Weinheim: Beltz, S. 90–102.

Helmke, A./Schrader, F.-W./Helmke, T. (2012): EMU: Evidenzbasierte Methoden der Unterrichtsdiagnostik und -entwicklung. Schulverwaltung, 35 (6), S. 180–183. www.unterrichtsdiagnostik.info (Abruf 31.10.2012).

Hentig, H. von (1999): Bildung. Ein Essay. München: Beltz.

Helsper, W. (1996): Antinomien des Lehrerhandelns in modernisierten pädagogischen Kulturen. Paradoxe Verwendungsweisen von Autonomie und Selbstverantwortlichkeit. In: Combe, A./Helsper, W. (Hrsg.): Pädagogische Professionalität. Untersuchungen zum Typus pädagogischen Handelns. Frankfurt: Suhrkamp, S. 521–569.

Herbart, J. F. (1806): Allgemeine Pädagogik, aus dem Zweck der Erziehung abgeleitet. In: Herbart, J. F.: Pädagogische Texte (Hrsg. v. W. Asmus). Band 2. Düsseldorf: Küpper.

Herbart, J. F. (1957): Aphorismen Herbarts. In: Rutt, T.: Sammlung Pädagogischer Schriften. Quellen zur Geschichte der Pädagogik Johann Friedrich Herbarts. Paderborn: Schöningh, S. 176.

Hessisches Kultusministerium, Arbeitsgruppe »ILP« (2005): Individuelle Lehrpläne…, denn wir haben Stärken. Wiesbaden. igs.bildung.hessen.de/unterricht/lernplan.pdf (Abruf 25.2.2013).

Humpert, W./Dann, H.-D. (2001): KTM kompakt. Basistraining zur Störungsreduktion und Gewaltprävention für pädagogische und helfende Berufe auf der Grundlage des »Konstanzer Trainingsmodells«. Bern: Huber.

Humpert, W./Dann, H.-D. (2012): KTM kompakt. Basistraining zur Störungsreduktion und Gewaltprävention für pädagogische und helfende Berufe auf der Grundlage des »Konstanzer Trainingsmodells«. Bern: Huber (2. überarbeitete und erweiterte Auflage).

Ingenkamp, H. (1969): Zur Problematik der Jahrgangsklasse. Weinheim: Beltz.

James, W. (1899): Psychologie und Erziehung. Leipzig: Engelmann.
Johnson, D.W./Johnson, R.T. (2008): Wie kooperatives Lernen funktioniert. Friedrich Jahresheft 26, Individuell lernen – Kooperativ arbeiten, S. 16–20.
Jürgens, E. (2006): Lebendiges Lernen in der Grundschule. Ideen und Praxisbausteine für einen schüleraktiven Unterricht. Weinheim: Beltz.
Kiel, E. (2013): Unterrichtsprinzipien. In: Haag, L./Rahm, S. (Hrsg.): Studienbuch Schulpädagogik. Bad Heilbrunn: Klinkhardt.
Kiper, H. (2006): Unzureichende Rezeption Aeblis in Deutschland. In: Baer, M./Fuchs, M./Reusser, K./Wyss, H./Füglister, P. (Hrsg.): Didaktik auf psychologischer Grundlage. Bern: h.e.p. verlag ag, S. 74–85.
Kiper, H. (2008a): Zur Diskussion um Heterogenität in Gesellschaft, Pädagogik und Unterrichtstheorie. In: Kiper, H./Miller, S./Palentien, C./Rohlfs, C. (Hrsg.): Lernarrangements für heterogene Gruppen. Bad Heilbrunn: Klinkhardt, S. 78–105.
Kiper, H. (2008b): Unterrichtsplanung für heterogene Lerngruppen. In: Kiper, H./Miller, S./Palentien, C./Rohlfs, C. (Hrsg.): Lernarrangements für heterogene Gruppen. Bad Heilbrunn: Klinkhardt, S. 127–152.
Klafki, W. (1958): Didaktische Analyse als Kern der Unterrichtsvorbereitung. Die Deutsche Schule 50 (10), S. 450–471.
Klafki, W. (1963): Studien zur Bildungstheorie und Didaktik. Beltz: Weinheim.
Klafki, W. (1985; 1991, 2. erweiterte Auflage): Neue Studien zur Bildungstheorie und Didaktik. Weinheim: Beltz.
Klafki, W./Stöcker, H. (1982): Innere Differenzierung des Unterrichts. In: Topsch, W. (Hrsg.): Unterricht in der Grundschule. Bochum: Kamp, S. 87–116.
Klicpera, C./Gasteiger-Klicpera, B. (1995): Psychologie der Lese- und Schreibschwierigkeiten. Weinheim: Beltz, Psychologie Verlags Union.
Klieme, E./Warwas, J. (2011): Konzepte der Individuellen Förderung. Zeitschrift für Pädagogik, 57 (6), S. 805–818.
Kluwe, R. (1979): Wissen und Denken. Stuttgart/Berlin/Köln/Mainz: Kohlhammer.
Knauer, S. (2008): Integration. Inklusive Konzepte für Schule und Unterricht. Weinheim: Beltz.
Knörzer, W. (Hrsg.) (1985): Sind Schüler in kombinierten Grundschulklassen benachteiligt? Eine empirische Untersuchung. Baltmannsweiler: Schneider.
Köller, O. (2012a): What works best in school? Hatties Befunde zu Effekten von Schul- und Unterrichtsvariablen auf Schulleistungen. Psychologie in Erziehung und Unterricht, 59, S. 72–78.
Köller, O. (2012b): Interview in: LEHRERINFO, 01/2012, S. 7/8. München: Bayerisches Staatsministerium für Unterricht und Kultus.
Köller, O./Möller, J. (2010): Selbstwirksamkeit. In: Rost, D. (Hrsg.): Handwörterbuch Pädagogische Psychologie, 4. Auflage. Weinheim: PVU, S. 767–774.
Konrad, K. (2011): Wege zum erfolgreichen Lernen. Ansatzpunkte, Strategien, Beispiele. Weinheim: Beltz.
Kounin, J.S. (1970): Discipline and group management in classrooms. New York: Holt, Rinehart/Winston.
Kounin, J.S. (1976): Techniken der Klassenführung. Bern/Stuttgart: Huber/Klett. (2006: Reprint bei Waxmann, Münster).
Krapp, A. (2010): Interesse. In: Rost D. (Hrsg.): Handwörterbuch Pädagogische Psychologie, 4. Auflage. Weinheim: PVU, S. 311–323.
Kress, K./Rattay, C./Schlechter D./Schneider, J. (2010): Individuell fördern. Das Praxisbuch. Donauwörth: Auer.

Kunze, I. (2008): Begründungen und Problembereiche individueller Förderung in der Schule – Vorüberlegungen zu einer empirischen Untersuchung. In: Kunze, I./Solzbacher, C. (Hrsg.): Individuelle Lernförderung in der Sekundarstufe I und II. Hohengehren: Schneider, S. 13–26.

Landesinstitut für Schulentwicklung (Baden Württemberg) (2009): Neue Lernkultur. Lernen im Fokus der Kompetenzorientierung. Individuelles Fördern in der Schule durch Beobachten – Beschreiben – Bewerten – Begleiten. www.kultusportal-bw.de/servlet/PB/show/1264824/BBBB_mit%20Lesezeichen.pdf (Abruf 5.1.2013).

Lehmann, R. H./Lenkeit, J. (2008): Element. Erhebung zu Lese- und Mathematikverständnis. Entwicklung in den Jahrgangsstufen 4 bis 6 in Berlin: Abschlussbericht über die Untersuchungen 2003, 2004 und 2005 an Berliner Grundschulen und grundständigen Gymnasien. Berlin: Humboldt Universität zu Berlin. www.berlin.de/imperia/md/content/sen-bildung/schulqualitaet/element6_bericht_komplett.pdf. (Abruf 16.1.2013).

Lipowsky, F. (2004): Was macht Fortbildungen für Lehrkräfte erfolgreich? Befunde der Forschung und mögliche Konsequenzen für die Praxis. Die Deutsche Schule, 96, S. 462–480.

Lipowsky, F./Kastens, C./Lotz M./Faust, G. (2011): Aufgabenbezogene Differenzierung und Entwicklung des verbalen Selbstkonzepts im Anfangsunterricht. Zeitschrift für Pädagogik, 57 (6), S. 868–884.

Lüdtke, O./Köller, O. (2002): Individuelle Bezugsnormorientierung und soziale Vergleiche im Mathematikunterricht. Einfluss unterschiedlicher Referenzrahmen auf das fachspezifische Selbstkonzept der Begabung. Zeitschrift für Entwicklungspsychologie und Pädagogische Psychologie, 34 (3), S. 156–166.

Maaz, K./Watermann, R./Baumert, J. (2007): Familiärer Hintergrund, Kompetenzentwicklung und Selektionsentscheidungen in gegliederten Schulsystemen im internationalen Vergleich. Zeitschrift für Pädagogik, 53 (2), S. 444–461.

Marx, E. (2008): Reziprokes Gruppentraining oder Einzeltraining? Eine Studie zum Einfluss der Art des Trainings auf den Trainingseffekt und auf dessen Nachhaltigkeit. Zeitschrift für Pädagogische Psychologie, 22 (1), S. 83–88.

May, P. (2001): Lernförderlicher Unterricht. Teil 1: Untersuchungen zur Wirksamkeit von Unterricht und Förderunterricht für den schriftsprachlichen Lernerfolg. Frankfurt: Peter Lang.

Messner, R. (2003): PISA und Allgemeinbildung. Zeitschrift für Pädagogik, 49 (3), S. 400–412.

Messner, H. (2006): Lernen durch Denken und Tun. Anmerkungen zur »Psychologischen Didaktik von Hans Aebli«. In: Baer, M./Fuchs, M./Reusser, K./Wyss, H./Füglister, P. (Hrsg.): Didaktik auf psychologischer Grundlage. Bern: h.e.p. verlag ag, S. 127–129.

Messner, R. (2007): Allgemeine Didaktik und Lehr-Lernforschung. In: Koch-Priewe, B./Stübig, S./Arnold, K.-H. (Hrsg.): Das Potenzial der Allgemeinen Didaktik. Weinheim: Beltz, S. 43–59.

Messner, H./Reusser, K. (2006): Aeblis Didaktik auf psychologischer Grundlage im Kontext der zeitgenössischen Didaktik. In: Baer, M./Fuchs, M./Reusser, K./Wyss, H./Füglister, P. (Hrsg.): Didaktik auf psychologischer Grundlage. Bern: h.e.p. verlag ag, S. 52–73.

Metz, P. (2011): Lektionen aus der Schulgeschichte der Schweiz. In: Grunder, H.-U./Kansteiner-Schänzlin, K./Moser, H. (Hrsg.): Professionswissen für Lehrerinnen und Lehrer. Band 9. Grunder, H.-U. (Hrsg.): Aus der Geschichte lernen? Hohengehren: Schneider, S. 15–50.

Meyer, H. (2004): Was ist guter Unterricht? Berlin: Cornelsen.
Meyer, H.: Zehn Merkmale guten Unterrichts. www.member.uni-oldenburg.de/hilbert.meyer/9290.html (Abruf 31.10.2012).
Mischo, C./van Kessel, M. (2005): Wie wirkt Nachhilfe? Mögliche Wirkfaktoren im Wissen der Nachhilfelehrer. Empirische Pädagogik, 19, S. 28–46.
Moschner, B./Dickhäuser, O. (2010): Selbstkonzept. In: Rost, D. (Hrsg.): Handwörterbuch Pädagogische Psychologie, 4. Auflage. Weinheim: PVU, S. 760–767.
Müller, D. K./Zymek, B. (1978): Sozialgeschichte und Statistik des Schulsystems in den Staaten des Deutschen Reiches 1800–1945. Göttingen: Vandenhoeck & Ruprecht.
Niggli, A. (2000): Lernarrangements erfolgreich planen. Didaktische Anregungen zur Gestaltung Offener Unterrichtsformen. Aarau: Sauerländer.
Niggli, A. (2005): Unterrichtsgespräche im Mentoring. Aarau: Sauerländer.
Nürnberger Projektgruppe (Barth, A.-R./Dann, H.-D./Diegritz, T./Fürst, C./Haag, L./Rosenbusch, H. S.) (2001): Erfolgreicher Gruppenunterricht – Praktische Anregungen für den Schulalltag. Stuttgart: Klett.
OECD (2004): Messages from PISA 2000. www.oecd.org/dataoecd/31/19/34107978.pdf (Abruf 6.7.2012).
Oelkers, J. (2005): Reformpädagogik: eine kritische Dogmengeschichte, 4. Auflage. Weinheim: Beltz.
Oser, F. (2001): Standards: Kompetenzen von Lehrpersonen. In: Oser, F./Oelkers, J. (Hrsg.): Die Wirksamkeit der Lehrerbildungssysteme. Von der Allrounderausbildung zur Ausbildung professioneller Standards. Chur/Zürich, S. 215–342.
Oser, F. K./Baeriswyl, F. J. (2001): Choreographies of Teaching: Bridging Instruction to Learning. In: Richardson, V. (Hrsg.): Handbook of Research on Teaching. Washington, D. C.: American Educational Research Association, S. 1031–1065.
Oser, F./Hascher, T./Spychiger, M. (1999): Lernen aus Fehlern. Zur Psychologie des »negativen« Wissens. In: Althof, W. (Hrsg.): Fehlerwelten. Vom Fehlermachen und Lernen aus Fehlern. Opladen: Leske+Budrich, S. 11–41.
Oser, F./Spychiger, M. (2005): Lernen ist schmerzhaft. Zur Theorie des Negativen Wissens und zur Praxis der Fehlerkultur. Weinheim: Beltz.
Pädagogisches Konzept der Stadtteilschule Jöllenbeck (2011): www.bielefeld.de/ftp/dokumente/PaedKonzept.pdf (Abruf 29.1.2013).
Paradies, L./Linser, H. J. (2006): Lerngruppendifferenzierter Unterricht. In: Arnold, K.-H./Sandfuchs, U./Wiechmann, J. (Hrsg.): Handbuch Unterricht. Bad Heilbrunn: Klinkhardt, S. 345–351.
Passow, H (1972): »Der Irrgarten der Forschung zur Leistungsdifferenzierung« (The maze of the research on ability grouping). In: Yates, A. (Hrsg.): Lerngruppen und Differenzierung. Weinheim: Beltz, S. 175–185.
Paulson, L. F./Paulson, P. R./Meyer, C. A. (1991): What Makes a Portfolio a Portfolio? Eight thoughtful guidelines will help educators encourage self-directed learning. Educational Leadership, 48 (5), S. 60–63.
Ramboll Management Consulting (2011): Wissenschaftliche Begleitung der Pilotphase Gemeinschaftsschule, 2. Zwischenbericht. www.ramboll-management.de/news/viewnews?newsid=89592DB1-4600-4E89-9D4C-A5C37F1C680B (Abruf 9.7.2012).
Rechter, Y. (2011): Bedeutung individueller Lernförderung als Unterstützung schulischen Lernens. Bad Heilbrunn: Klinkhardt.
Reh, S. (2005): Warum fällt es Lehrerinnen und Lehrern so schwer, mit Heterogenität umzugehen? Historische und empirische Deutungen. Die Deutsche Schule, S. 76–86.

Resnick, L. B. (1987): Learning in school and out. In: Educational Researcher, Heft 9, S. 13–20.

Ricken, G. (2008): Förderung aus sonderpädagogischer Sicht. In: Arnold, K./Graumann, O./Rakhkochkine, A. (Hrsg.): Handbuch Förderung. Grundlagen, Bereiche, Methoden der individuellen Förderung von Schülern. Weinheim: Beltz, S. 74–83.

Riecke-Baulecke, Th. (2001): Effizienz von Lehrerarbeit und Schulqualität. Bad Heilbrunn: Klinkhardt.

Rohlfs, C. (2006): Freizeitverhalten von Grundschulkindern. Eine qualitative Sekundäranalyse von Fallstudien. Weinheim: Juventa.

Rohlfs, C. (2008): Heterogenität unter veränderten Bedingungen des Aufwachsens. In: Kiper, H./Miller, S./Palentien, C./ Rohlfs, C. (Hrsg.): Lernarrangements für heterogene Gruppen. Bad Heilbrunn: Klinkhardt, S. 18–42.

Rösner, E. (2004): Gutachten des Instituts für Schulentwicklungsforschung (IFS) Universität Dortmund, September 2004: Veränderungen der Schulstruktur in Schleswig-Holstein als Konsequenz demografischer und gesellschaftlicher Entwicklungen.

Rossbach, H.-G. (2008): Empirische Vergleichsuntersuchungen zu den Auswirkungen von jahrgangsheterogenen und jahrgangshomogenen Klassen. In: Laging, R. (Hrsg.): Altersgemischtes Lernen in der Schule. Hohengehren: Schneider, S. 80–91.

Roth, H. (1957): Pädagogische Psychologie des Lehrens und Lernens. Hannover: Schroedel.

Rothland, M./Terhart, E. (2007): Beruf: Lehrer – Arbeitsplatz: Schule. In: Rothland, M. (Hrsg.): Belastung und Beanspruchung im Lehrerberuf. Wiesbaden: VS Verlag für Sozialwissenschaften, S. 11–31.

Saalfrank, W.-T. (2012): Differenzierung. In: Kiel, E. (Hrsg.): Unterricht sehen, analysieren, gestalten, 2., überarbeitete Auflage. Bad Heilbrunn: Klinkhardt, S. 65–97.

Sacher, W. (Hrsg.) (2009): Leistungen entwickeln, überprüfen und beurteilen, 2. Auflage. Bad Heilbrunn: Klinkhardt.

Sandfuchs, U. (2001): Fördern und Förderunterricht. In: Einsiedler, W./Götz, M./Hacker, H./Kahlert, J./Keck, R./Sandfuchs, U. (Hrsg.): Handbuch Grundschulpädagogik und Grundschuldidaktik. Bad Heilbrunn: Klinkhardt, S. 292–298.

Scheunpflug, A. (2001): Evolutionäre Didaktik. Unterricht aus system- und evolutionstheoretischer Sicht. Weinheim: Beltz.

Scheunpflug, A. (2008): Lernen in heterogenen Gruppen – Möglichkeiten einer natürlichen Differenzierung. Anmerkungen zum Thema Heterogenität aus der Sicht Allgemeiner Didaktik. In: Kiper, H./Miller, S./Palentien, C./Rohlfs, C. (Hrsg.): Lernarrangements für heterogene Gruppen. Bad Heilbrunn: Klinkhardt, S. 66–77.

Schmechtig, N./Adolph, A./Melzer, W. (2011): Wissenschaftliche Begleitung der Schulversuche »Schulen mit besonderem Pädagogischen Profil/Gemeinschaftsschulen«. tu-dresden.de/die_tu_dresden/fakultaeten/erzw/erzwisg/spsf/forschung/gemeinschaftsschule (Abruf 31.10.2012).

Schmitz, B. (2001): Self-Monitoring zur Unterstützung des Transfers einer Schulung in Selbstregulation für Studierende. Eine prozessanalytische Untersuchung. Zeitschrift für Pädagogische Psychologie, 15, S. 181–197.

Schnotz, W. (2006): Pädagogische Psychologie. Weinheim: Beltz.

Schönbächler, M.-T. (2008): Klassenmanagement. Situative Gegebenheiten und personale Faktoren in Lehrpersonen- und Schülerperspektive. Bern: Haupt.

Schorch, G. (2007): Studienbuch Grundschulpädagogik. Bad Heilbrunn: Klinkhardt.

Schulgesetz für das Land Nordrhein-Westfalen (2011): www.vbe-nrw.de/downloads/PDF%20Dokumente/Schulgesetz2011.pdf (Abruf 5.1.2013).

Sekretariat der Ständigen Konferenz der Kultusminister der Länder (KMK) (2004): Standards für die Lehrerbildung: Bildungswissenschaften Internet. www.kmk.org/fileadmin/veroeffentlichungen_beschluesse/2004/2004_12_16-Standards-Lehrerbildung.pdf (Abruf 1.7.2012).

Skinner, B. F. (1967): Die Wissenschaft des Lernens und die Kunst des Lehrens. In: Weinert, F. E. (Hrsg.): Pädagogische Psychologie. Köln: Kiepenheuer & Witsch, S. 247–258.

Solzbacher, C. (2008): Positionen von Lehrerinnen und Lehrern zur individuellen Förderung in der Sekundarstufe I – Ergebnisse einer empirischen Untersuchung. In: Kunze, I./Solzbacher, C.: Individuelle Förderung in der Sekundarstufe I und II. Hohengehren: Schneider, S. 27–42.

Spychiger, M. B. (2010): Fehlerkultur und Reflexionsdidaktik. In: Jürgens, E./Standop J. (Hrsg.): Was ist »guter« Unterricht? Bad Heilbrunn: Klinkhardt, S. 175–197.

Staub, F. C. (2001): Fachspezifisch-pädagogisches Coaching: Theoriebezogene Unterrichtsentwicklung zur Förderung von Unterrichtsexpertise. Beiträge zur Lehrerbildung, 19 (2), S. 175–198.

Stern, E. (2006): Kommentar zu Hans Aeblis »Psychologischer Didaktik« aus Sicht einer lern-lehrtheoretischen Didaktik, S.139–141. In: Baer, M./Fuchs, M./Füglister, P./Reusser, K./Wyss, H. (Hrsg.) (2006): Didaktik auf psychologischer Grundlage. Bern: h.e.p. verlag ag.

Streber, D. (2011): Qualifizierungsgrad von Nachhilfelehrern – eine empirische Studie über die Wirksamkeit von Nachhilfelehrern. Göttingen: Cuvillier.

Stübig, F./Stübig, H. (2007): Mit Klafki Offenen Unterricht planen? In: Koch-Priewe, B./Stübig, S./Arnold, K.-H. (Hrsg.): Das Potenzial der Allgemeinen Didaktik. Weinheim: Beltz, S. 108–120.

Tennstädt, K.-Ch./Krause, F./Humpert, W./Dann, H.-D. (1995): Das Konstanzer Trainingsmodell (KTM). Neue Wege im Schulalltag: Ein Selbsthilfeprogramm für zeitgemäßes Unterrichten und Erziehen, Band 1: Trainingshandbuch (2. korrig. und erweit. Aufl.). Bern: Huber.

Terhart, E. (2006): Kompetenzen von Grundschullehrerinnen und –lehrern: Kontext, Entwicklung, Beurteilung. In: Hanke, P. (Hrsg.): Grundschule in Entwicklung, Herausforderungen und Perspektiven für die Grundschule heute. Münster: Waxmann, S. 233–248.

Tillmann, K.-J./Wischer, B. (2006): Heterogenität in der Schule. Forschungsstand und Konsequenzen. Pädagogik, 59(3), S. 44–48.

Thomas, J./van Kessel, M./Lohrmann, K./Haag, L. (2006): Wirkfaktoren im Wissen und Handeln der Nachhilfelehrer – Einzelfallbetrachtungen. Psychologie in Erziehung und Unterricht, 53, S. 35–43.

Traub, S. (2012): Projektarbeit – ein Unterrichtskonzept selbstgesteuerten Lernens? Eine vergleichende empirische Studie. Bad Heilbrunn: Klinkhardt.

Trautmann, M./Wischer, B. (2011): Heterogenität in der Schule. Eine kritische Einführung. Wiesbaden: VS.

van Kessel, M./Haag, L. (2011): Praxisleitfaden für Nachhilfelehrer. Bad Honnef: Lehrerselbstverlag.

Veenman, S. (1996): Effects of multigrade and multi-age classes reconsidered. Review of Educational Research, 66, S. 319–381.

Vodafone Stiftung Deutschlang (2011): SCHUL- UND BILDUNGSPOLITIK IN DEUTSCHLAND 2011.

Wahl. D. (1991): Handeln unter Druck. Weinheim: Deutscher Studien Verlag.

Wahl, D. (2006): Lernumgebungen erfolgreich gestalten. Bad Heilbrunn: Klinkhardt.

Wang, M.C./Haertel, C.D./Walberg, H.J. (1993): Toward a Knowledge Base for School Learning. Review of Educational Research, 63 (3), S. 249–294.

Weinstein, C. S. (1999): Reflections on best practices and promising programs. In Freiberg, H. J. (Hrsg.): Beyond Behaviorism. Changing the Classroom Management Paradigm. Boston: Allyn and Bacon, S. 147–163.

Weinert, F. E. (1996): Enzyklopädie der Psychologie. Psychologie des Lernens und der Instruktion, Band 2. Göttingen: Hogrefe.

Wellenreuther, M. (2008): Wieweit lösen individualisierende Methoden Probleme der Heterogenität in Schulklassen? Eine Diskussion anhand empirisch-experimenteller Forschung. In: Lehberger, R./Sandfuchs, U. (Hrsg.): Schüler fallen auf. Bad Heilbrunn: Klinkhardt, S. 178–190.

Wenning, N. (2007): Heterogenität als Dilemma für Bildungseinrichtungen. In: Boller, S./Rosowski, E./Stroot, T. (Hrsg.): Heterogenität in Schule und Unterricht. Handlungsansätze zum pädagogischen Umgang mit Vielfalt. Weinheim/Basel: Beltz, 21–31.

Wiater, W. (2009): Bildung und Erziehung. In: Apel, H.J./Sacher, W. (Hrsg.): Studienbuch Schulpädagogik. Bad Heilbrunn: Klinkhardt, S. 311–336.

Wiater, W. (2011): Regulierende Unterrichtsprinzipien. In: Kiel, E./Zierer, K. (Hrsg.): Basiswissen Unterrichtsgestaltung, Band 3. Hohengehren: Schneider, S. 95–117.

Wild, K.-P. (2010): Lernstrategien und Lernstile. In Rost, D.h.(Hrsg.): Handwörterbuch Pädagogische Psychologie (4. Aufl.), S. 479–485. Weinheim: Beltz.

Yates, A. (Hrsg.) (1972): Lerngruppen und Differenzierung. Weinheim: Beltz.